AMRA

Frank Joseph

Die Überlebenden von Atlantis

Wie der Untergang einer Zivilisation die Welt veränderte

Aus dem Amerikanischen von
Dr. Baal Müller

AMRA

Besuchen Sie unseren Shop:
www.AmraVerlag.de

Ihre 80-Minuten-Gratis-CD erwartet Sie.
Unser Geschenk an Sie ... einfach anfordern!

Amerikanische Originalausgabe:
Survivors of Atlantis. Their Impact on the World

Deutscher Erstdruck im AMRA Verlag
Auf der Reitbahn 8, D-63452 Hanau
Hotline: + 49 (0) 61 81 – 18 93 92
Service: Info@AmraVerlag.de

Herausgeber & Lektor	Michael Nagula
Textredaktion	Silvia Neumeier
Einbandgestaltung	Guter Punkt
Layout & Satz	Birgit Letsch
Druck	CPI books GmbH

ISBN Printausgabe 978-3-939373-17-9
ISBN eBook 978-3-95447-064-8

Ebenfalls von Frank Joseph bei uns erhältlich:
Der Untergang von Atlantis. Ende einer Zivilisation
Lemurien. Aufstieg und Fall der ältesten Weltkultur

Inhalt

Für N. Thomas Miller,
in dessen Kunst der Geist von Atlantis lebt

EINLEITUNG

Eine Million Tonnen Kupfer

Es gab und es wird noch viele verschiedene Katastrophen geben, um die Menschheit zu vernichten, die größten in Form von Feuer und Wasser.

PLATON: *TIMAIOS*

Atlantis! Kaum ein anderer Name bewegt so viele Millionen von Menschen auf der ganzen Welt selbst noch nach tausenden von Jahren. Er taucht in Kinofilmen und Fernsehsendungen auf, und selbst ein Space Shuttle wurde danach benannt. Mehr Bücher als jemals zuvor werden heute über das versunkene Reich veröffentlicht; insgesamt sind etwa zweitausendfünfhundert Bände und Zeitschriftenartikel zum Thema Atlantis erschienen. Unter konventionellen Gelehrten genügt die bloße Andeutung, dass es für die Existenz der verschollenen Stadt eine faktische Grundlage geben könnte, um als »Mythomane« verurteilt zu werden. Doch trotz der offiziellen Ablehnung hat sich die populäre Faszination für Atlantis dauerhaft erhalten. Und auch ein kleiner internationaler Kreis meist unabhängiger Wissenschaftler glaubt, dass es einmal Realität gewesen sein könnte. Zu Beginn des einundzwanzigsten Jahrhunderts ist dieser Kreis nun unversehens gewachsen, da neue Forschungsergebnisse aus Theorien Fakten machen könnten.

Trotz seines legendären Rufs wissen die meisten Menschen sehr wenig über Atlantis. Sie vermuten, dass es ein ozeanisches Reich war, das lange Zeit einen großen Teil des Globus beherrschte, bevor es durch eine Naturkatastrophe im Meer versank, worauf einige wenige Überlebende in verschiedene Regionen des Planeten flohen. Viele Atlantisforscher glauben, dass die erste menschliche Zivilisation vor mindestens zwölf Jahrtausenden auf dem »Kontinent« von Atlantis entstand und um 9500 vor Christus durch eine große Flut zerstört wurde. Sowohl Skeptiker als auch wahre Gläubige könnten jedoch durch dieses Buch eines Besseren belehrt werden. Es ist kein Neuaufguss meines zuvor erschienenen Werkes *Der Untergang von Atlantis*, sondern präsentiert völlig neues Material. Der Atlantische Krieg, vier globale Katastrophen und das Schicksal der Überlebenden in verschiedenen Teilen der Welt werden hier zum ersten Mal beschrieben.

Die Überlebenden von Atlantis beruht auf einer Konferenz führender Wissenschaftler, die sich im englischen Cambridge trafen. Experten verschiedener akademischer Disziplinen, von der Geologie und Astrophysik bis hin zur Archäoastronomie und Ozeanographie, stellten ihre Erkenntnisse vor. Dabei skizzierten sie eine neue Sicht der Vergangenheit, die sich grundlegend von dem bisher vertretenen Bild unterscheidet. Die Beweise, die sie vorlegten, waren ebenso überraschend wie überzeugend. Sie zeigten, dass während der ersten Epoche der Menschheitsgeschichte eine Reihe von Kometen, die dicht an der Erde vorbeiflogen, zu vier verschiedenen katastrophalen Szenarien auf unserem Planeten führten. Diese Himmelsereignisse und die nachfolgenden

Geschehnisse sind nicht bloße Vermutungen von Theoretikern. Vielmehr existiert eine Fülle materieller Beweise, die bestätigen, dass diese weltweiten Katastrophen tatsächlich stattgefunden haben und dass die letzte davon die Zivilisation an den Rand des Aussterbens brachte.

Beim Studium der Präsentationen dieser Konferenz in Cambridge wurde mir eindringlich ins Bewusstsein gerufen, dass zahlreiche Kulturen auf der ganzen Welt sich an große Fluten erinnern, denen jeweils Massenwanderungen folgten. Diese Überlieferung existiert bei so unterschiedlichen Völkern wie den Inka in Peru, den keltischen Iren, den klassischen Griechen, den Azteken Mexikos und vielen anderen. Diese Erinnerungen passen gut zu dem, was die Wissenschaft heute als ein Quartett von Naturkatastrophen identifiziert hat, die vor mehr als fünftausend Jahren die Erde verwüsteten. Doch wenn zum Mythos, der Astronomie und der Geologie auch noch der Beweis durch geophysikalische Methoden der Archäologie hinzukommt, dann wirft das ein ganz neues Licht auf die uralte Vergangenheit. Dadurch enthüllen sich die bisher unsichtbaren Ursachen, die den Lauf der Geschichte bestimmten. Offensichtlich gibt es ein gemeinsames Thema, dessen Fäden immer wieder zusammenlaufen und das all den verschiedenen Drehungen und Wendungen des großen menschlichen Dramas einen Sinn gibt: Atlantis. Der Name ist ebenso unausweichlich wie kraftvoll.

Durch die Verbindung dieses versunkenen Reichs mit vier verschiedenen globalen Katastrophen lassen sich der Beginn sowie die Entwicklung der menschlichen Zivilisation erklären. Und gleichzeitig liegt Atlantis damit plötzlich innerhalb der glaubwürdigen Parameter realer Geschichte statt spekulativer Fantasie. Es erlebte nicht eine, sondern mehrere Katastrophen, zwischen denen jeweils viele Jahrhunderte lagen, bis schließlich ein viertes Ereignis das Reich auslöschte. Das vorliegende Buch beschreibt diese Einzelereignisse erstmals anhand von Überlieferungen aus Ägypten, Mesopotamien, Marokko, den Kanarischen Inseln, Irland, Wales, Skandinavien, dem präkolumbischen Nordamerika sowie Mittel- und Südamerika. Viele der Flutmythen über ein versunkenes Reich wurden noch nie einem allgemeinen Publikum zugänglich gemacht. Nun sollen sie endlich präsentiert werden, um den wissenschaftlichen Beweisen ein menschliches Gesicht zu geben. Schließlich waren die Männer und Frauen der vorklassischen Zeit Augenzeugen von Kataklysmen, die ihre Welt wiederholt zerstörten. Sie haben diese Katastrophen in einem unvergänglichen Medium dokumentiert. Papyri können verbrennen, in Stein gemeißelte Worte verwittern, Tontafeln zerbröseln. Doch eine Botschaft, die in einen Mythos gehüllt ist, überdauert den Lauf der Jahrhunderte wie der Körper eines Insekts, das in Bernstein eingeschlossen ist.

Die Überlebenden von Atlantis erzählt eine weitere Geschichte, von der bisher noch nie berichtet wurde, nämlich die des Krieges, den die Atlanter laut Platon begannen, um die Welt zu erobern. Dieses militärische Abenteuer, das von Historikern bisher vernachlässigt wurde, war eng mit den Naturkatastrophen verknüpft, von denen sie schließlich überwältigt wurden. Das Chaos, das die Menschheit auf der Erde angerichtet hatte, spiegelte sich in den erzürnten Himmeln wider. In dieser Hinsicht ist *Die Überlebenden von Atlantis* eine Weiterführung meiner ersten Untersuchung des Themas, welche den Krieg zwar erwähnte, aber nicht näher erläuterte.

Der Untergang von Atlantis konzentrierte sich auf die letzten Augenblicke dieser verlorenen Zivilisation, weil diese Momente uns zeitlich am nächsten liegen und daher leichter dokumentiert werden können. Leser, die der Annahme waren, dass Atlantis zum Zeitpunkt seines Untergangs um

10.000 vor Christus bereits viele Jahrtausende alt gewesen sei, erfuhren überrascht, dass die Stadt vor lediglich 3.200 Jahren ihr endgültiges Schicksal ereilte. Der Sinn des Buches war jedoch nicht, über die Ursprünge oder das Alter von Atlantis zu diskutieren, sondern ein endgültiges vernichtendes Ereignis in der Bronzezeit zu erklären. Mit deren plötzlichem Ende um 1200 vor Christus brach die vorklassische Zivilisation überall zusammen, vom pharaonischen Ägypten und dem homerischen Griechenland bis zum Hethiterreich und der chinesischen Shang-Dynastie. Atlantis war ein weiteres Opfer der weltweiten Katastrophe. Nach Platons Beschreibung war es – wie die anderen auch – eine nachweisbare Stadt während der Bronzezeit gewesen.

Die Dialoge *Timaios* und *Kritias*, die Platon um 340 vor Christus schrieb, enthalten die frühesten überlieferten Erzählungen ihrer Art. Sie stellen die Atlanter als hervorragende Seefahrer und Metallschmiede dar, die große Entfernungen zurücklegten und »Orichalcum« herstellten, eine außergewöhnlich hochwertige Bronzelegierung, die zu Platons Zeit nicht mehr verfügbar war. Durch ihren Export von Orichalcum, so erklärte er, wurden die Atlanter sagenhaft reich und mächtig. Er beschreibt sie als wohlhabende seefahrende Bergleute; dies ist das Beweisstück, das zwei große historische Rätsel miteinander verbindet.

Seit mehr als zehntausend Jahren war der nordamerikanische Kontinent nur spärlich von paläoindianischen Stämmen nomadisierender Jäger und Sammler bewohnt, die wandernden Tierherden folgten und nur wenig an materieller Kultur besaßen. In der Region der Großen Seen sammelten sie gelegentlich Stücke von Kupfer auf, die zurückweichende Gletscher hinterlassen hatten, und schmiedeten oder hämmerten diese zu Schmuckstücken. Doch dann, um 3000 vor Christus, entstanden plötzlich ehrgeizige Bergbauunternehmungen entlang der Ufer des Oberen Sees auf der Oberen Halbinsel sowie auf der Isle Royale. In den folgenden 2.200 Jahren wurden in fünftausend Gruben, von denen einige zweihundert Meter tief durch massives Gestein ausgeschachtet waren, mindestens 22.500 Tonnen hochwertiges Kupfer abgebaut. Wie in meinem bisher nur in den USA erschienenen Buch *Atlantis in Wisconsin* berichtet, wurden durchschnittlich 1.000 bis 1.200 Tonnen Erz pro Grube entnommen, die jeweils etwa 45 Tonnen Kupfer ergaben.

Für diese erstaunliche Ausbeute verwendeten die alten Bergleute einfache Techniken, die es ihnen ermöglichten, schnell und effizient zu arbeiten. Sie erzeugten intensive Feuer oberhalb einer Kupferader, erhitzten das Gestein damit auf sehr hohe Temperaturen und übergossen es anschließend mit kaltem Wasser. Das Gestein zerbrach, woraufhin sie das Kupfer mit Steinwerkzeugen extrahierten. Tief in den Gruben wurde eine Essigmischung verwendet, was den Aufschluss des Gesteins in einzelne Schichten beschleunigte und Rauchentwicklung vermied. Wie sie entsprechend hohe Temperaturen erzeugen konnten, ist Teil des Rätsels. Die Unterseite eines Feuers auf einer felsigen Oberfläche ist sein relativ kühlster Bereich. Selbst bei einem extrem heißen Holzfeuer würde es sehr lange dauern, um eine Ader ausreichend zu erhitzen, und es ist fraglich, ob es überhaupt möglich wäre. Wie die vorzeitlichen Bergleute solch hohe Temperaturen im Boden erzeugen konnten, ist eine Frage, die die moderne Technologie bisher nicht beantworten kann.

Ein beträchtlicher Teil ihrer Techniken lebt jedoch bis heute fort. Große Stücke Kupfergestein mit einem Gewicht von teilweise über 2,5 Tonnen wurden ausgegraben und mithilfe von ausreichend belastbaren Holzbehältern, Stein- und Holzplattformen an die Oberfläche befördert. Die Behälter wurden meist aus behauenen Stämmen in Art einer Blockhütte gebaut und konnten durch eine Reihe von Hebeln und Keilen angehoben werden. Ein Beispiel für die massiven

Abb. E1. Ein durch sein langes Gewand als Angehöriger der Seevölker identifizierbarer Mann trägt einen »Ochsenhautbarren« aus Kupfer. Darstellung auf einem Ständer für ein zypriotisches Räuchergefäß, um 1200 vor Christus. Nach Platon waren die Atlanter die führenden Kupferbarone der Bronzezeit. (Archäologisches Museum Bodrum, Türkei)

Proportionen des im alten Michigan abgebauten Gesteins ist der Ontonagon Boulder. Dieser Kupferbrocken, der um die Wende des neunzehnten Jahrhunderts zum Smithsonian gebracht wurde, wiegt fünf Tonnen. Eine sechs Tonnen schwere Kupfermasse wurde vor Ort auf einer erhöhten Holzkonstruktion entdeckt und dort anscheinend zurückgelassen. Sie ist drei Meter lang, neunzig Zentimeter breit, sechzig Zentimeter dick und teilweise behauen.

Angesichts dieser Dimensionen stellt sich die Frage, ob die Minenarbeiter, die Tonnen von rohem Kupfer auf Michigans Oberer Halbinsel bewegten, eventuell die gleichen Leute waren wie die, die auf ganz ähnliche Art und Weise die Steinblöcke der Großen Pyramide transportierten.

Unglaublicherweise wurden Tausende von Werkzeugen gefunden, die die alten Minenarbeiter benutzt hatten. Bereits im Jahr 1840 hat man zehn Wagenladungen mit Steinhämmern an einem einzigen Ort in der Nähe von Rockland, Michigan, entdeckt. Die Funde in McCargo Cove an der Nordküste der Isle Royale beliefen sich auf sage und schreibe 1.000 Tonnen. Auch waren diese Hämmer nicht etwa grob gefertigt. Roy W. Drier, ein Experte für alte Kupferminen, schreibt dazu:

> »Bei der Untersuchung der gefundenen Werkzeuge ist man unwillkürlich erstaunt über die Perfektion der Verarbeitung und über ihre Ähnlichkeit mit den Werkzeugen, die für vergleichbare Zwecke in heutiger Zeit hergestellt und verwendet werden; es sind die Prototypen der Werkzeuge unserer gegenwärtigen Zivilisation. Die Fassungen der Speere, Meißel, Pfeilspitzen, Messer und Fleischermesser sind in fast allen Fällen so symmetrisch und perfekt geformt, als seien sie vom besten Schmied der heutigen Zeit mit allen hochentwickelten Hilfsmitteln seiner Kunst gefertigt worden.« (DuTemple 1962, 27)

Die Minen selbst waren nicht nur einfache Gruben, sondern mit modernen Bewässerungssystemen ausgestattet, die es ermöglichen sollten, Schutt über bis zu hundertfünfzig Meter lange Gräben auszuschwemmen. Für William P. F. Ferguson, einen frühen und immer noch angesehenen Experten für den historischen Bergbau in Nordamerika, ist die Arbeit »kolossal«, denn sie bedeutete »die Umwandlung der gesamten Formation in ihrer Tiefe sowie die Bewegung von vielen Kubikmetern Stein – es wäre nicht übertrieben, von *Kubikmeilen* zu sprechen«.

Die Grabungen erstreckten sich über zweihundertvierzig Kilometer an der Küste des Oberen Sees und über fünfundsechzig Kilometer auf der Isle Royale. Würde man alle diese vorzeitlichen Grubenminen kombinieren, würden sie einen

Graben von mehr als acht Kilometer Länge, sechzig Meter Breite und neunzig Meter Tiefe bilden.

So plötzlich, wie die Minen entstanden waren, wurden sie um 1200 vor Christus aber auch wieder geschlossen. Octave DuTemple, die führende Expertin für diese einst im großen Stil betriebenen Gruben, fragt sich:

> »Warum haben diese Minenarbeiter ihre Gerätschaften so hinterlassen, als ob sie ihre Arbeit am nächsten Tag wiederaufnehmen wollten, und sind dann mysteriöserweise nie wieder zurückgekehrt? In den Legenden der Indianer werden diese Bergbauarbeiten nicht erwähnt. Dabei sind sie doch von einer Größenordnung, die es wert gewesen wäre, in die Geschichte jedes Volkes aufgenommen zu werden. Was die Legenden berichten, ist, dass es in der Geschichte der Indianer vor langer Zeit eine weiße Rasse gegeben habe, die vertrieben worden sei.« (DuTemple 1962, 59)

Die Indianer, auf die sich DuTemple bezieht, sind die Menominee, deren ursprüngliche Wurzeln auf Michigans Oberer Halbinsel liegen. Ihre volkstümlichen Überlieferungen sprechen von den »Meeresmenschen« – von hellhäutigen Seefahrern, die in großer Zahl über das Meer kamen, um »die Erdmutter zu verwunden, indem sie ihre glänzenden Knochen ausgruben« – eine poetische Anspielung auf das Kupfer. Das Rätsel um den vorzeitlichen Bergbau in Nordamerika wird noch größer, wenn wir uns bewusst machen, dass 25.000 Tonnen oder mehr Kupfer verschwunden sind. »Wo dieses Kupfer landete, ist noch immer ein Rätsel«, sagt DuTemple. Mit den Worten von Dr. James P. Scherz, einem emeritierten Professor an der Universität von Wisconsin in Madison:

> »Eine der grundlegenden Fragen, die noch nicht beantwortet wurde, lautet: Was geschah mit dem Kupfer vom

> Oberen See? Das Kupfer, das in Grabhügeln gefunden wurde – auch wenn es eine große Menge war – stellt nur einen kleinen Prozentsatz davon dar. Die Europäer haben ein vergleichbares Problem. Woher kam all ihr Kupfer? Die Europäer befanden sich von 3000 bis 1000 vor Christus in einem Kupferrausch, vergleichbar mit dem heutigen Handel mit Öl, weil Kupfer ihre Wirtschaft antrieb.« (Joseph 1995, 54)

Scherz stellt damit die andere Seite des Rätsels vor. Die Bronzezeit begann in Europa und im Nahen Osten, da Waffen und Werkzeuge aus Bronze jenen aus Kupfer oder Stein überlegen waren. Bronze ist härter, widerstandsfähiger und lässt sich besser zu einer scharfen Klinge schmieden als Kupfer, und es ist leichter als Stein. Um Bronze herzustellen, muss Kupfer mit Zinn und Zink amalgamiert werden. Je höher der Kupfergehalt, desto besser die Waffe oder das Werkzeug. Die Alte Welt verfügte jedoch nicht über genügend Quellen hochwertigen Kupfers, um die Massenproduktion hochwertiger Bronzewerkzeuge zu ermöglichen, wie sie damals in jedem Reich der zivilisierten Welt üblich war. Woher hatten die Metallschmiede all das hochwertige Kupfer für die Millionen Speere, Schwerter, Rammen, Meißel, Bohrer, Statuen, Kessel, Altäre, Tempeltüren und all die anderen unzähligen Gegenstände, die sie fertigten? Beweise, die mehr als nur Indizien sind, weisen auf die Obere Halbinsel von Michigan hin. Dort haben die »Meeresmenschen« nicht nur die weltgrößten Vorräte an hochwertigem Kupfer ausgegraben, sondern auch Zinn gewonnen, eine weitere wichtige Komponente in der Bronzeherstellung.

Auf halbem Weg zwischen Nordamerikas gewaltigem Kupferbergbaugebiet und der Alten Welt mit ihrem Hunger nach Kupfer lag Atlantis, das für seine Seefahrer und Bergarbeiter berühmt war. Der Zusammenhang zwischen dem

Abb. E2. Drei wohlgeformte Speerspitzen aus Kupfer von der Oberen Halbinsel in Michigan. Ihre Produktion zwischen 3100 und 1200 vor Christus fällt mit der Bronzezeit der Alten Welt zusammen, die von den reichen mineralogischen Quellen abhängig war, über die die Kuperbarone von Atlantis herrschten.

Kupferabbau in Michigan und dem Kupferverbrauch in der Alten Welt wird noch deutlicher, wenn man die Zeitparameter vergleicht: Der Kupfer- und Zinnbergbau auf der Oberen Halbinsel von Michigan startete um 3000 vor Christus, zur selben Zeit, als die Bronzezeit in Europa und im Nahen Osten begann. Sowohl der nordamerikanische Bergbau als auch die Bronzezeit der Alten Welt endeten gleichzeitig um 1200 vor Christus, dem Zeitpunkt – wie weiter unten beschrieben – der endgültigen Zerstörung von Atlantis.

Nach Platons Aussage müsste der Untergang von Atlantis 8.300 Jahre früher stattgefunden haben. Doch warum sollte seine Zeitvorstellung damals – im vierten Jahrhundert vor Christus – dieselbe gewesen ist wie unsere heutige? In der

Tat war sie nämlich ganz anders! Niemand weiß genau, was er damit meinte, als er berichtete, Atlantis sei vor 11.500 Jahren zerstört worden. Was bedeuteten diese »Jahre« für ihn? Sonnen- oder Mondjahre, siderische oder astrologische Jahre – all diese Maße und noch weitere waren in der Antike in Gebrauch, und Wissenschaftler haben lange darüber debattiert, welches System Platon verwendete. Ich plädiere für die Annahme, dass er sich auf den Mondkalender bezog, und zwar aus folgenden Gründen:

1. Damit lässt sich Atlantis in der späten Bronzezeit ansiedeln, als seine Zitadelle, wie von Platon beschrieben, typisch war für das monumentale Bauwesen jener Zeit im Mittelmeerraum. Diese Zitadelle hätte früher als 3000 vor Christus nicht erbaut werden können und wäre am Ende der letzten Eiszeit so fehl am Platze gewesen wie ein Wolkenkratzer mitten in der Bronzezeit.
2. Die endgültige Zerstörung von Atlantis fällt dadurch mit dem gleichzeitigen Ende der Bronzezeit in der Alten Welt und des Kupferbergbaus in Nordamerika zusammen.
3. Die ägyptischen Priester, die die Geschichte von Atlantis ursprünglich tradierten, benutzten einen Mondkalender.
4. Die Wissenschaft weiß heute, dass unser Planet um 1200 vor Christus eine sehr enge Begegnung mit einem Kometen hatte. Die Erde war damals einer globalen Katastrophe ausgesetzt, die alle zeitgenössischen Zivilisationen vernichtete, einschließlich der von Atlantis.

Neue Beweise zwingen uns dazu, alte Ansichten von der verlorenen Zivilisation von Atlantis aufzugeben. Sie war ein Phänomen der Bronzezeit und hatte ihre Blütezeit nicht während der letzten Eiszeit, wie früher angenommen wurde.

Diese Datierung würde auch nicht zu dem von Platon beschriebenen milden Klima passen. Heute sind wir in der Lage, sowohl die finale Zerstörung von Atlantis zu datieren als auch einen Teil seiner Geschichte zu rekonstruieren, nämlich fast zweitausend Jahre vor diesem Ereignis. Das vorliegende Buch, *Die Überlebenden von Atlantis*, verbindet Wissenschaft und Überlieferung, um zu eruieren, was aus jenen wurde, die der Katastrophe entrannen.

Wann genau Atlantis gegründet wurde und wie lange seine Blütezeit währte, ist jedoch nach wie vor unklar. Die Ereignisse vor der ersten Katastrophe von 3100 vor Christus lassen sich nicht nachvollziehen. Bis dahin war Atlantis allen Anzeichen nach bereits zu einer hochentwickelten Gesellschaft mit einer ausgeklügelten materiellen Kultur herangewachsen. Die Entwicklung von den ersten Ursprüngen in der Steinzeit muss Jahrhunderte gedauert haben. Wir können jedoch Parallelen finden, wenn wir die zeitgenössische Vorgeschichte in Westeuropa betrachten. Verschiedene neolithische Kulturen entwickelten sich während des vierten Jahrtausends vor Christus. Damals waren die Menschen bereits geübte Seefahrer – und teilweise schon lange davor, wie die moderne Wissenschaft entdeckt hat. Diese frühen Seefahrer und ihre Nachkommen brachten wahrscheinlich ihre Fähigkeiten auf die Insel mit, die später nach ihrem Hauptvulkan Atlas benannt wurde. Der fruchtbare Boden und das gemäßigte Klima der Insel erleichterten die Landwirtschaft und sorgten für ein rasches Bevölkerungswachstum, Grundlage jeder Zivilisation. Um 3500 vor Christus entwickelte sich eine Siedlung zwischen der Südküste und dem Vulkan zu einer Stadt – der »Tochter des Atlas«, Atlantis.

Im Sanskrit bedeutet Atlas »der Tragende«. Vor sechstausend oder mehr Jahren könnte dieses Wort einfach gleichbedeutend mit »Berg« gewesen sein. Einige Forscher fragen sich, ob das A in unserem modernen Alphabet eventuell ein Ideogramm aus atlantischer Zeit ist, das einen im Meer stehenden Berg darstellt. In jedem Fall hätte Atlantis ein hohes kulturelles Niveau erreicht haben können, vergleichbar mit dem zeitgenössischen Mesopotamien um die Mitte des vierten Jahrtausends vor Christus, wenn nicht gar fortgeschrittener.

Doch all das ist Spekulation. *Die Überlebenden von Atlantis* konzentriert sich stattdessen auf die vier globalen Katastrophen, die von der Wissenschaft identifiziert wurden und die in den Erzählungen aller Völker, deren Küsten vom Atlantischen Ozean überschwemmt wurden, anschaulich geschildert werden. Dabei rückt das verlorene Reich klarer in den Fokus als jemals zuvor.

Sein anhaltender Einfluss auf unsere gegenwärtige Zivilisation hebt sich zum ersten Mal deutlich ab – und wir gelangen zu der Erkenntnis, dass die Geschichte von Atlantis die Geschichte unserer Welt ist.

EINS

Atlantis im Krieg

Wenn Luxus herrscht, verzehrt Feuer die Welt,
und Wasser wäscht sie hinweg.

BURMESISCHES SPRICHWORT

Der erste große Weltkrieg begann nicht am 21. Juli 1914 in Serbien. Er begann mehr als dreitausend Jahre zuvor an der Nordwestküste des Landes, das heute die Türkei ist. Wie bei seinem Pendant im zwanzigsten Jahrhundert waren auch bei dem antiken Krieg anscheinend alle Völker der zeitgenössischen zivilisierten Welt am gegenseitigen Abschlachten beteiligt. Mächtige Flotten zogen eine Blutspur vom Atlantischen Ozean bis zum östlichen Mittelmeer. Schlachtfelder in Nordafrika und dem Nahen Osten waren bedeckt mit toten Soldaten und Zivilisten. Die Hauptstädte der feindlichen Reiche gingen in Flammen auf, während Millionen entwurzelter Menschen flohen, um ihr Leben zu retten. Niemals zuvor hatte es eine militärische Konfrontation dieser Größenordnung und Grausamkeit gegeben. Ganze Zivilisationen verschwanden, menschliche Rassen wurden ausgelöscht. Niemand blieb verschont. Eine ganze Ära brach zusammen, wobei Jahrtausende kultureller Errungenschaften ausgelöscht wurden. In der Folge zog ein finsteres Zeitalter über den schwelenden Ruinen der Menschheit herauf und verdunkelte für die nächsten fünfhundert Jahre ihre Erinnerungen.

Diese enorme Tragödie ist zwar größtenteils vergessen, doch wurde sie von vier führenden Persönlichkeiten ihrer Zeit aufgezeichnet – von zwei Ägyptern und zwei Griechen. Jeder von ihnen dokumentierte eine besondere Phase dieses gewaltigen Kampfes – das, was sie davon gehört oder selbst erlebt hatten. Im Zusammenhang gesehen, ergänzen sich ihre Berichte und enthüllen den Konflikt als ein ganzheitliches Panorama des Weltgeschehens.

Die früheste Version findet sich in den königlichen Berichten des Merenptah, eines Königs der 19. Dynastie, der Ägypten gegen die als Hanebu bezeichneten Seevölker verteidigte. Er beendete ihre Invasion des Nildeltas im Jahre 1229 vor Christus, doch vierzig Jahre später kehrten sie mit einer größeren Streitmacht zurück. Erneut wurden die Hanebu besiegt, dieses Mal von Merenptahs Nachfolger Ramses III., der nach seinem Triumph einen Siegestempel errichtete. Dieser weitläufige Komplex in Medinet Habu (siehe Abb. 1.1 und Abb. 1.2) wurde um das Jahr 1187 vor Christus im westlichen Theben im oberen Niltal erbaut und folgte den Traditionen der Baukunst des Neuen Reiches. Seine Mauern sind mit einem Augenzeugenbericht des militärischen Erfolges des Pharaos geschmückt, samt den Zeugnissen gefangener Angehöriger der Seevölker sowie Illustrationen von Uniformen, Waffen und Schiffen.

Diese Zusammenstöße in Ägypten ereigneten sich gleichzeitig und in Zusammenhang mit dem von Homer beschriebenen Trojanischen Krieg. Homers *Ilias*, verfasst etwa fünf Jahrhunderte nach den Ereignissen, die sie schildert, ist die poetische Zusammenfassung mündlicher Überlieferungen, die seit Generationen bekannt waren. Lange für Fantasie gehalten, wurde Ilios, die trojanische Hauptstadt, 1871 ent-

Abb. 1.1. Der Siegestempel von Ramses III. in Medinet Habu, wo der Bericht über Ägyptens Krieg mit Atlantis noch immer in Stein bewahrt ist.

deckt, zusammen mit physischen Beweisen für den Krieg, der mit ihrem Namen verbunden ist.

Um 355 vor Christus verfasste der athenische Philosoph Platon zwei Dialoge, *Timaios* und *Kritias*, die von einem Angriff gegen die Mittelmeerwelt berichten. Er erzählt, wie atlantische Flotten- und Landstreitkräfte das westliche Italien und einen großen Teil Nordafrikas eroberten. Sie bedrohten anschließend Ägypten, wurden aber von einer griechischen Koalition bezwungen. Inmitten dieses Debakels wurde die Hauptstadt Atlantis durch eine Naturkatastrophe zerstört.

Merenptah, Ramses III., Homer und Platon beschreiben denselben Krieg, jeder aus einer anderen Perspektive. Und sie waren nicht seine einzigen Chronisten. Ureinwohner Amerikas, von Neuengland bis zur Yucatán-Halbinsel, erzählen von einer großen Flut, vor der ihre Urahnen nach einem schrecklichen Krieg flüchteten. Eine Synthese dieser verstreuten Quellen von beiden Seiten des Atlantiks lässt zum ersten Mal ein vollständiges Bild des Konflikts entstehen. Er taucht auf als ein gewaltiger Schlagabtausch, der nicht nur ein ganzes Zeitalter durch Feuer beendete, sondern auch die Fundamente legte, auf denen unsere moderne Welt noch heute beruht.

Die Ursprünge dieses gigantischen Kampfes reichen fast zwei Jahrtausende in die Vergangenheit zurück. Gegen Ende des vierten Jahrtausends vor Christus hatte die Zivilisation auf der Insel des Atlas eine beispiellose Verfeinerung erreicht. Die kulturellen und technischen Errungenschaften ihrer Bewohner waren allen anderen auf der Welt weit voraus. Jedes Volk hat seine nationale Ethik, die seine Identität definiert; ebenso die Atlanter. Sie waren friedliebend und tugendhaft, stolz auf ihre einzigartigen Erfolge als Architekten, Bewässerungsspezialisten, Mediziner, Astronomen und Seefahrer. Ihre Wurzeln reichten zurück bis in die Altsteinzeit mit der Mystik ihrer bemalten unterirdischen Höhlen. Sie bewahrten und nährten den Glauben ihrer Ahnen, der die wiederkehrenden Zyklen einer grundlegenden, natürlichen Ordnung betonte. Die Menschen hatten, wie alle anderen Lebewesen auch, Teil am ewigen Kreislauf von Geburt, Reifung, Verfall, Tod und Wiedergeburt. Sich im Einklang mit den wahrgenommenen Mustern des Lebens zu verhalten brachte eine Gesellschaft im Gleichgewicht hervor, bei der die äußere materielle Größe ihre innere spirituelle Einheit widerspiegelte.

Doch diese Harmonie sowie die ursprüngliche Weltsicht wurden um 3100 vor Christus erschüttert. Ein Komet oder vielleicht sogar eine ganze Reihe von Kometen ließen Schauer von Meteortrümmern auf die Erde niedergehen, die zu geologischen Umbrüchen führten. Heimgesucht durch das vom Himmel stürzende Feuer und heftige seismische Aktivitäten

Abb. 1.2. Diese maßstabsgetreue Rekonstruktion zeigt den Tempel kurz vor seiner Vollendung, um 1185 vor Christus. Auf der großen Mauer ist ein gigantischer Ramses III. porträtiert, der die geschlagenen atlantischen Seevölker mit über den Köpfen gefesselten Händen in die Gefangenschaft führt. (Milwaukee Public Museum)

unter ihren Füßen, erlebten die Atlanter das Zerbrechen und die teilweise Überflutung ihres Heimatlandes. Bei diesem Aufruhr von Himmel, Meer und Erde kamen Tausende um, während die Zivilisation um sie herum in Trümmer fiel. Nachdem die heftigste Erschütterung vorüber war, erblickten die Überlebenden eine komplett veränderte Landschaft. Viele verzweifelten an der Aufgabe, ihre Heimat wiederaufzubauen, und flohen in entfernte Gegenden der Welt, weit weg von einem Ort, der offenbar von den Göttern verflucht war. Die meisten ihrer Führer und Denker schlossen sich der Massenmigration ins Niltal und nach Mesopotamien an. In diesen Regionen arbeiteten sie mit den einheimischen Bewohnern zuammen und gaben ihre Technologie und Spiritualität an sie weiter, wodurch neue Dynastien und Siedlungen entstanden. Dabei vermischte sich ihre Identität mit der der eingeborenen Bevölkerung, und so entstanden die Mischvölker und Kulturen des pharaonischen Ägypten und des sumerischen Schwemmlandes. Schwache Erinnerungen an die Atlanter sind in den Gründungsmythen der Ägypter sowie im *Gilgamesch-Epos* erhalten geblieben.

Andere Überlebende entschlossen sich, zu bleiben, die Trümmer zu beseitigen und eine neue Zivilisation auf den Überresten der alten zu errichten. Während dieser Zeit waren sie natürlich relativ ungeschützt gegenüber Angriffen von außen. Fremde Krieger nutzten die Notlage der traditionell friedfertigen Inselbevölkerung aus und unterwarfen sie, wenn auch nur zeitweise. Diese Demütigung führte zu einer Veränderung in der Psyche der Atlanter. Angesichts der harten Wirklichkeit der Bedrohung und Besatzung sowie des Traumas der Naturkatastrophe gaben die Inselbewohner die friedlichen Lehren ihrer Vorfahren von Harmonie und Menschlichkeit allmählich auf.

Ein weiterer einflussreicher Faktor trug zur Veränderung ihres Verhaltens bei: Reichtum. Einige Überlebende der Katastrophe segelten über das Meer, um an fernen Gestaden ein neues Leben zu beginnen. Ihre Flucht führte sie an die Küsten Nordamerikas. Dort trafen sie auf Ureinwohner, die den außergewöhnlichsten Kupferschmuck trugen, den die Atlanter jemals gesehen hatten. Nach dem Ursprung des Metalls befragt, brachten die Indianer sie tausende Kilometer tief ins Land, ins Gebiet der Großen Seen und der Oberen Halbinsel von Michigan. Dort stießen sie oberirdisch auf Brocken von gediegenem Kupfer, die Jahrtausende zuvor von zurückweichenden Gletschern zurückgelassen worden waren. Diese wurden von Stammesangehörigen gesammelt und zu Schmuck verarbeitet. Die Fremden sahen jedoch diese

Kupfervorkommen an den Küsten des Oberen Sees mit anderen Augen. Als erfahrene Erzsucher wussten sie, dass solche Funde unterirdischen Reichtum versprachen.

Sie kehrten also zurück zur Insel des Atlas, die sich noch von dem Unglück von 3100 vor Christus erholte, und erzählten ihren Landsleuten von dem mineralischen Reichtum jenseits des Meeres. Als Bergleute, nicht als Flüchtlinge, zogen sie nun aus und begannen auf der Oberen Halbinsel mit dem Abbau der Erze in wahrhaft atlantischer Größenordnung. Millionen Tonnen Erde wurden ausgehoben, um Tonnen von Kupfer auszugraben. Das gewonnene Kupfer wurde zu Barren geschmolzen, um es auf die Insel des Atlas zu transportieren, wo es mit Zink und Zinn legiert wurde. Das Bronzezeitalter war geboren.

Damit beherrschten die Atlanter den Markt und bestimmten das Angebot an Kupfer, unverzichtbares Element der Bronzeproduktion. Jeder Herrscher der zivilisierten Welt wurde zum Kunden dieser ozeanischen Metallbarone. Kein König konnte sein Reich gegen die Bronzewaffen eines Feindes schützen, wenn seine eigene Streitmacht nicht ebenso ausgerüstet war. Aus Bronze ließen sich außerdem hervorragende Werkzeuge herstellen, und Monarchen stellten ihren Reichtum und ihre Macht zur Schau, indem sie Stadtmauern und -tore damit verzieren ließen. Bronze war die Atomenergie jener Tage: Sie nicht zu besitzen, schloss ein Volk aus dem Verbund der zivilisierten Gesellschaften aus. Und die Atlanter waren die einzigen Händler. Infolgedessen flossen die Reichtümer der damaligen Welt auf ihre Insel und veränderten sie und ihr Volk für immer.

Als fähige Seefahrer bauten sie eine starke Flotte zur Verteidigung der geheimen Seewege nach Nordamerika mit seinen reichen Kupfervorkommen. Mächtige Schiffe transportierten nicht nur Ladungen des Metalls, sondern bekämpften auch Piraten und Konkurrenten, denn der atlantische Reichtum beruhte auf dem Monopol des Kupferhandels. Bald gründeten sie Kolonien, von Yucatán und Kolumbien bis zu den britischen Inseln, Spanien und Nordafrika – einschließlich anderer Atlantikinseln wie Azoren und Kanaren –, um die jeweiligen regionalen Ressourcen, wie zum Beispiel Nahrungsmittel, exotische Materialien, wertvolle Hölzer, Luxusgegenstände und andere Handelsgüter, zu nutzen.

Lange nachdem das Land sich von dem ersten Unglück erholt hatte, schlug 2193 vor Christus eine weitere Kometenkatastrophe zu. Wie zuvor flüchteten große Teile der Bevölkerung von der Insel, doch diesmal wanderten sie in die angegliederten Königreiche und Kolonien auf beiden Seiten des Atlantischen Ozeans aus, womit sie das Reich stärkten. Die Hauptstadt war stark beschädigt, aber der Wiederaufbau begann sofort. Zwar versanken einige Teile der Insel aufgrund vulkanischer Eruptionen im Meer, was zu neuen Auswanderungswellen zu den Küsten auf beiden Seiten des Atlantiks führte. Jedoch verloren die Atlanter niemals die Kontrolle über das Bronzezeitalter, das sie selbst hervorgebracht hatten.

Während der folgenden sechshundert Jahre lieferten die Minen von Michigan Millionen Tonnen von Kupfer für den unersättlichen Markt. Auch wenn die traditionelle Spiritualität von Atlantis vom Materialismus überschattet wurde, war das Volk zwar kommerziell orientiert, aber nicht militärisch aggressiv. Die Flotten und Armeen bewachten die Kolonien und verteidigten das Heimatland gegen jede äußere Bedrohung, aber Eroberungen wurden durch Handel gemacht, nicht durch Waffengewalt. Fast die ganze erste Hälfte des zweiten Jahrtausends vor Christus hindurch genossen die Atlanter beispiellosen Wohlstand und all die kulturellen Errungenschaften, die damit einhergehen. Das Idyll dauerte an, bis das »Feuer des Himmels« im Jahr 1628 vor Christus erneut zuschlug.

Noch einmal wurde die Welt Opfer eines mörderischen Kometen, von dem flammende Trümmer auf eine wehrlose Menschheit herabregneten. Der mittelatlantische Rücken bebte unter dem kosmischen Angriff und sandte Schockwellen in alle atlantischen Länder.

Wie schon zweimal zuvor in ihrer Geschichte machten die Atlanter Bekanntschaft mit Zerstörung und Auswanderung. Ihre Stadt litt, aber beim Wiederaufbau jener Epoche zeigte sich eine bemerkenswerte Veränderung. Vor langer Zeit hatte die Stadt Atlantis sich über den neolithischen Ruinen einer heiligen Stätte erhoben, aber mit dem Wachstum der Bevölkerung expandierte sie weiter und wurde schließlich zu einer Metropole. Nun offenbarte sich ihre militärische Einstellung in kreisförmigen Kanälen, die als Verteidigungsgräben für künstliche Inseln dienten, und hohen Mauern, die mit Wachttürmen gesäumt waren. Der innerste Kreis wurde zur Residenz des Reiches, zu einem geschäftigen Hauptquartier von Generälen und Admiralen, mit Paradeplätzen und Kasernen für Seeleute und Marinesoldaten. Ein neuer Hafen, der größte, wurde ausschließlich für Kriegsschiffe gebaut. Die hochgerüsteten Verteidigungsanlagen der Hauptstadt verraten die Sorge vor neuen potenziellen Gefahren und deuten vielleicht sogar auf eine aggressivere Außenpolitik hin. Tatsächlich reflektierten diese Veränderungen veränderte Bedingungen in anderen Teilen der Welt.

Die Naturkatastrophe von 1628 vor Christus hatte ihre schlimmsten Auswirkungen im östlichen Mittelmeer, wo sie die vulkanische Insel von Thera, das heutige Santorin, mit der Kraft eines gewaltigen nuklearen Ereignisses zur Explosion brachte. Die Zivilisation in der Ägäis wurde dadurch zwar nicht ausgelöscht, aber schwer angeschlagen, und die politischen Machtverhältnisse strukturierten sich neu. Vorher hatte das minoische Kreta mit seinen Handelsflotten diesen Teil der Welt dominiert, aber nun begegneten seine Seefahrer ernsthaften Konkurrenten. Die Erschütterungen hatten die Region destabilisiert, was zu einem Aufschwung der Piraterie rund um Zypern, Rhodos und die Kykladen führte. Auf dem griechischen Festland verheerten die Mykener die Randgebiete des minoischen Wirtschaftsimperiums mit Plünderungen und zunehmender Gewalt. Aus dieser Bedrohung wurde schließlich eine Invasion, wie sich durch die Einführung eines neuen Schrifttyps in Kreta, der Linearschrift B, belegen lässt.

Diese griechische Eroberung alarmierte ein anderes Volk nahe den Küsten des nordwestlichen Kleinasiens in der heutigen Türkei. Die Trojaner herrschten dort über ihr eigenes Reich von einer bekannten Stadt aus, Ilios, die auf einem Hügel thronte und einen guten Überblick über alle Zugänge bot, besonders die vom Meer aus. Die Hauptstadt besaß extrem starke Verteidigungsanlagen. Die Bewohner waren buchstäblich eingeschlossen hinter militärisch konstruierten Mauern voller Wachtürme und einer Reihe von Anti-Belagerungswaffen, die Tag und Nacht besetzt waren. Aber die Bewohner von Ilios waren nicht paranoid. Sie hatten guten Grund, die Außenwelt zu fürchten, denn ihre Stadt war schon einmal geplündert worden. Diese Niederlage hatte zwar in ferner Vergangenheit stattgefunden, doch nun waren die Trojaner reicher als jemals zuvor, weil sie die Dardanellen kontrollierten, die Meerenge, die dem europäischen Handel den Zugang zu den lukrativen Märkten rund um das Schwarze Meer ermöglichte.

Im Bewusstsein ihrer strategischen Bedeutung erhoben die Trojaner Zollgebühren von allen Händlern, die dort passieren wollten. Die resultierenden Einnahmen füllten die Kassen von Ilios und zogen Verbündete an, die vom Wohlstand der Stadt profitieren wollten. Doch sie machten sich damit auch Feinde, denn so einige missbilligten die hohen Zahlungen, die sie für das Durchsegeln der Dardanellen entrichten mussten. Der wichtigste dieser Konkurrenten, Mykene, hatte sich eben mit der Eroberung Kretas hervorgetan. Diese Übernahme trug enorm zur Erweiterung des mykenischen Einflussbereichs bei. Bereits im sechzehnten Jahrhundert vor Christus reichte ihr Handel bis Südfrankreich, aber auch über den Atlantik bis nach Cornwall. Dort traten sie mit den Atlantern in direkte Konkurrenz um den Handel mit Zinn, das wichtig war für die Bronzeproduktion, die die Könige von Atlantis als ihr eigenes Monopol betrachteten.

Die Übernahme des minoischen Handels, an dem Ilios seit Jahrhunderten aktiv beteiligt gewesen war, durch feindliche Griechen bedrohte die Trojaner, und sie suchten nach hilfreichen Verbündeten. Ihr mächtiger Nachbar im Osten, der hethitische Großkönig, war der Stadt Wilion, wie er die Hauptstadt Ilios nannte, durchaus wohlgesonnen. Doch sein Interesse konzentrierte sich auf den großen Rivalen Ägypten, dessen Reich sich damals bis ins heutige Nordsyrien erstreckte, wo sich in den Grenzregionen ernsthafte Konflikte zwischen den beiden Supermächten, dem ägyptischen und dem hethitischen Reich, anbahnten. Das Letzte, was er nun wollte, war eine Ablenkung in der Ägäis, wo hethitische Interessen nicht zur Debatte standen.

Im Westen hatten die trojanischen Abgesandten mehr Glück. Ihr Gründungsmythos beschreibt sie schließlich als Abkömmlinge des Dardanos, des Sohnes der Elektra, der Tochter von Atlas – und damit einer Atlanterin. Nun waren die Atlanter in jüngster Zeit durch mykenische Übergriffe in Britannien verunsichert worden. Zusätzlich würde ein Pakt mit Troja Atlantis den Mittelmeerraum eröffnen. Wenn Atlantis der Status einer begünstigten Nation gewährt würde, hätten seine Kaufleute Zugang zu den Märkten am Schwarzen Meer auf der anderen Seite der Dardanellen.

Das Abkommen zwischen Atlantis und Troja sandte Schockwellen durch den Rest der damaligen zivilisierten

Welt, vor allem nachdem Libyen, der ewige Feind Ägyptens, diesem Pakt beigetreten war. Pharao Ramses II. schloss hastig ein Bündnis mit den Hethitern, die ihn gerade in der epischen Schlacht von Kadesch in Nordsyrien besiegt hatten. Die Hethiter waren nicht weniger entsetzt angesichts der atlantischen Ambitionen im Mittelmeerraum, insbesondere da sie befürchteten, dass die Mykener entweder besiegt oder gezwungen werden könnten, sich den Seevölkern anzuschließen – ein Name, mit dem sowohl die Ägypter als auch die Hethiter alle Mitglieder des sich vergrößernden Bundes bezeichneten. Im Jahr 1283 vor Christus wurden schriftliche Zeugnisse ihres Beistandspakts in den jeweiligen Hauptstädten, Theben im oberen Niltal und Hattusas im Zentrum Anatoliens, verewigt. Heute, nach mehr als zweiunddreißig Jahrhunderten, können Besucher des großen Luxor-Tempels den Text noch heute auf den monumentalen Säulen der Stadt erkennen, zusammen mit den in Stein gemeißelten Bildern der bedrohlichen Seevölker, die ausdrücklich im Vertrag erwähnt werden.

Die unerwartete diplomatische Kehrtwende zwischen diesen einstigen Gegnern, den Ägyptern und Hethitern, alarmierte wiederum die Atlanter, und ihre Militärmaschine legte einen höheren Gang ein. Ein ganzer Abschnitt des vierten Teils von Platons *Kritias* beschreibt die Streitkräfte von Atlantis auf dem Zenit seiner Macht. Die Landarmee wurde von sechzigtausend Offizieren geführt, die »eine unbegrenzte Menge von Männern in den Bergen und anderen Teilen des Landes« kommandierten. Diese Fußsoldaten wurden unterstützt durch zehntausend Wagen mit je zwei Hopliten (schwer bewaffnete Fußsoldaten), zwei Bogenschützen, zwei Schleuderern, drei leicht bewaffneten Steinwerfern, drei Speermännern oder vier Marinesoldaten. Die Seestreitmacht war die größte der damaligen Zeit und verfügte über zwölfhundert Kriegsschiffe, Versorgungsschiffe und Transporter. Diese Zahlen beziehen sich nur auf Atlantis selbst und schließen nicht die neun angegliederten Königreiche ein, aus denen sich der Rest des Reiches zusammensetzte. Insgesamt reichten ihre Kräfte aus, um selbst die Ägypter und die Hethiter so einzuschüchtern, dass sie einen Vertrag zur gegenseitigen Hilfe abschlossen.

Trotz all ihrer Flotten und Armeen waren die Atlanter mit ihren Chancen noch immer unzufrieden, und sie begannen zusätzliche Verbündete in Italien, Sardinien, Sizilien und Palästina zu rekrutieren. »Sie hatten keine gemeinsame Sprache«, sagt Homer über die Seevölker, »sondern eine Verwirrung der Zungen, denn sie waren aus vielen Ländern gerufen worden.« Lydien, Luwien, Kizzuwatna und fast alle anderen Küstenländer Kleinasiens schlossen sich dem trojanischen Lager an. Einer von Trojas Prinzen, Ilioneus, prahlte: »Viele Nationen und viele Rassen haben ein Bündnis mit uns gesucht und wollten, dass wir uns mit ihnen zusammenschließen.« Zu jener Zeit erstreckte sich das Atlantische Reich mit seinen Kolonien, angegliederten Königreichen und Verbündeten von den Küsten Mittel- und Südamerikas im Westen bis zu den britischen Inseln und schloss die Iberische Halbinsel, Italien, ganz Nordafrika bis zur ägyptischen Grenze sowie die Westküste Kleinasiens mit ein. Es umfasste Millionen von Menschen über viele tausend Kilometer sowie ein politisches Netzwerk, das größer war als das Roms und für die nächsten dreitausend Jahre, bis zum Aufstieg des britischen Imperialiums, unerreicht bleiben sollte. Wie Ilioneus staunend bemerkt, war es »das mächtigste Reich, das die Sonne bei all ihren Reisen vom äußersten Rand des Himmels je gesehen hat«.

Zur gleichen Zeit listete der hethitische Großkönig Tudhaliyas IV. für seinen königlichen Verbündeten im Amurri-Reich auf Zypern seine eigene Koalition auf: »Die Könige, die mir gleichrangig sind, sind der König von Ägypten, der

König von Babylon, der König Assyriens und der König von Ahhiyawa [Homers Achaia, das mykenische Griechenland].« All diese Kämpfer wurden nun für eine internationale Konfrontation aufgestellt, und noch nie hatten sich so viele verschiedene Armeen und Flotten über so große Entfernungen hinweg versammelt.

Die Mykener hatten weitaus weniger Erfolg damit, die anderen Griechen davon zu überzeugen, dass ein universelles Bündnis notwendig war. Dafür sprachen allerdings die Umtriebe trojanischer Freibeuter (gegen die auch die Mykener nicht immun waren), deren Verwüstungen sich auf den gesamten Peloponnes auszudehnen begannen. Es gab außerdem beunruhigende Nachrichten aus Troja selbst. König Priamos hatte gerade ein intensives Schiffsbauprogramm gestartet. Seine Untertanen waren führend in der Herstellung von Segeltuch und der Produktion von Pech, und ihr Land war ungewöhnlich reich an Wäldern und Bauholz. Die Mykener schlossen daraus, dass eine Invasionsflotte gegen sie vorbereitet würde, und es kam zu einem Wettrüsten der Seestreitkräfte.

Inmitten dieser Umtriebe könnten trojanische Piraten zu weit gegangen sein, absichtlich oder zufällig, als sie eine königliche Person gefangen nahmen, vielleicht eine Frau namens Helena. Ihre Entführung könnte der Propaganda-Akt gewesen sein, der die zerstrittenen Griechen einte. Keine geringere Autorität bezüglich der Ereignisse jener Zeit als der renommierte Lionel Casson vermutet, dass die »Entführung« Helenas tatsächlich der Funke war, der das Pulverfass zum Explodieren brachte. Sie war zumindest ein zugkräftiges Symbol für die Verluste, die Mykene durch trojanische Piraten erlitt. Angesichts des Charakters jenes Zeitalters ist es durchaus im Bereich des Möglichen, dass eine griechische Prinzessin während eines der zahlreichen Akte der Piraterie, die damals in der Ägäis vorkamen, geraubt wurde.

Die Entführung eines Mitglieds des königlichen Hauses wäre sicher Grund genug für einen Krieg zwischen zwei Völkern, deren Beziehungen auf Messers Schneide stehen. Vielleicht war es auch ein bewusster Akt der Trojaner, um eine entscheidende Konfrontation zu provozieren. Was auch immer das Motiv war, die Mykener zogen alle verfügbaren Schiffe zusammen und versammelten alle Krieger von Pylos bis Phillippi für einen waghalsigen Erstschlag. Dies war mit Sicherheit die richtige Entscheidung, weil die Trojaner dadurch nicht nur vom Zugang zum Meer abgeschnitten wurden, wodurch ihre Flotte wertlos wurde, sondern sie auch gezwungen waren, für die Dauer des Konflikts defensiv zu kämpfen. Im Jahr 1237 vor Christus überquerten griechische Streitkräfte in großer Zahl das Ionische Meer, um an mehreren wichtigen Punkten entlang der Westküste Kleinasiens zu landen und Troja von aller Hilfe von außen abzuschneiden. Sie begannen sofort, die Hauptstadt zu belagern. Ab dem ersten Tag des Krieges lag der Vorteil bei den Eindringlingen. Sie besiegten nacheinander König Priamos' anatolische Verbündete und bereiteten anschließend einen großen Angriff auf Ilios vor (siehe Abb. 1.3).

Angesichts der griechischen Seestreitmacht im Norden und der ägyptischen Marine, die im Süden zum Einsatz bereitstand, wollten die atlantischen Admirale es vermeiden, ihre Flotte in eine so offensichtliche Falle zu lenken, gleichgültig, wie verzweifelt die Situation für ihre anatolischen Verbündeten war. Sie warteten also ab, ob eine trojanische Gegenoffensive die Umzingelung des Feindes durchbrechen und die Mykener zurück ins Meer treiben würde, wo sie sich leichter angreifen ließen. Die Hethiter auf der anderen Seite des belagerten Ilios warteten ebenfalls ab. Auch wenn sie die Seevölker fürchteten und auf ihre Vernichtung hofften, trauten sie Ägypten nicht, denn sie wussten, dass ein endgültiger Showdown mit dem Pharao – Vertrag hin oder her –

unvermeidlich war. Die Ägypter ihrerseits hielten ebenfalls Abstand und begnügten sich damit, Getreide und Waffen an ihre unsicheren Verbündeten in Kleinasien zu schicken. Die Hethiter beschlossen, alle Gegner gegeneinander auszuspielen, bis sich eine günstige Gelegenheit zur Intervention ergeben würde. Wenn die Mykener sich überlegen zeigten, würden die Hethiter Ilios erobern, um zu verhindern, dass es an die Griechen fiele. Und wenn die Trojaner die Oberhand gewönnen, würden die Hethiter Troja besetzen, bevor die Seevölker in Kleinasien Fuß fassen konnten. In der Zwischenzeit bestand die beste Strategie wohl darin, allen Seiten zu erlauben, sich durch gegenseitiges Abschlachten zu schwächen, während sie ihre eigene Kraft für den entscheidenden Moment des Eingreifens aufsparten.

Dieser Moment schien gekommen zu sein, als sich die atlantische Hoffnung auf einen trojanischen Ausfall erfüllte: Ein Streitwageneinsatz durchbrach von Ilios aus die feindlichen Linien und bedrohte die Flotte der Griechen. Viele Schiffe gingen in Flammen auf. Die Mykener wurden zunächst ins Meer zurückgedrängt, sammelten sich jedoch wieder und begannen eine verzweifelte Gegenoffensive, so dass die Trojaner sich schließlich unter schweren Verlusten hinter ihre sicheren Stadtmauern zurückziehen mussten.

Während das eigentliche Ziel der Operation – den Feind an der Küste von weiteren Versorgungsmöglichkeiten abzuschneiden – nicht erreicht wurde, waren die Griechen doch zutiefst erschüttert, da sie während der Schlacht um ihre Schiffe der Vernichtung nur knapp entgangen waren. Die Verluste und die Erschöpfung der Griechen ausnutzend, griff die atlantische Flotte nun plötzlich an und durchquerte mit hoher Geschwindigkeit überall dort die Linien mykenischer Kriegsschiffe, wo sie nur dünn verteilt waren. Die Schiffe wurden in Schach gehalten oder versenkt, während Truppen der Seevölker erfolgreiche Landungen

Abb. 1.3. Die schrägen Verteidigungsmauern von Ilios, der Hauptstadt Trojas. Der Trojanische Krieg, der hier stattfand, war eigentlich nur eine lokale ägäische Phase der atlantischen Invasion der mediterranen Welt, wie sie von Platon beschrieben wurde.

entlang der anatolischen Küste unternahmen. Eine ganze Armee – zehntausend Marineinfanteristen – ging unter dem wilden Beifall ihrer lydischen Verbündeten an Land. Sie wurden von Memnon angeführt, einem großen und kraftvollen Mann. Allgemein waren die Atlanter bekannt für ihre mächtige Statur, so dass die griechischen Mythen sie als »Titanen« bezeichneten.

In den *Posthomerica* wird Memnon als ein König aus Äthiopien beschrieben. Äthiopien wurde in früh- und vorklassischer Zeit mit den atlantischen Küsten Nordwestafrikas sowie mit dem atlantischen Reich im Allgemeinen assoziiert. Erst Jahrhunderte später wurde der Name »Äthiopien« einem Land südlich von Ägypten zugeordnet (siehe Joseph, *Der Untergang von Atlantis*, viertes Kapitel, Abschnitt »Der Strahlende«). Ovid beschreibt im vierten Buch seiner *Me-*

tamorphosen, dass Prinzessin Andromeda in Äthiopien an eine hohe Klippe mit Blick auf das Meer gefesselt wurde – in dem Gebiet, das wir heute als Äthiopien kennen, wäre das nicht möglich gewesen. Andere Elemente des Andromeda-Mythos beschreiben nicht nur die Grenzen des Landes zum Ozean hin, sondern enthalten auch erkennbare atlantische Themen. Andromeda war die Urenkelin Poseidons, des Schöpfers von Atlantis. Dieser verwüstete die Küsten Äthiopiens mithilfe eines Ungeheuers, das Ovid als »vulkanisch« beschreibt, was auf Tsunamis hindeutet, die vom vulkanischen Berg Atlas ausgingen. Ein anderer römischer Gelehrter, Plinius der Ältere, gibt an, dass Äthiopien ursprünglich als Atlantia bekannt war. Memnon sagt von seiner frühen Kindheit: »Die Hesperiden zogen mich weit entfernt am Strom des Okeanos auf.« Die Hesperiden waren Atlanterinnen, Töchter des Atlas, die den heiligen Baum mit goldenen Äpfeln in der Mitte seines Inselreiches bewachten. Dass Memnon von ihnen »aufgezogen« wurde, zeigt, dass er in der Tat ein König war, ein Mitglied des königlichen Hauses von Atlantis. Nach seinem Tod wurde er von einer anderen Gruppe von Atlanterinnen betrauert, den Plejaden, Töchtern der Meeresgöttin Pleione und des Atlas.

Politisch und militärisch war Memnon ein idealer Führer. Seine Mutter Eos (Göttin der Morgenröte) gebar ihn in Atlantis, und sein Vater Tithonus gehörte zum königlichen Haus von Troja – ein Stammbaum, der ihm die Unterstützung sowohl atlantischer als auch trojanischer Truppen sicherte. Zu einer besonderen Armee namens Memnoniden vereint, trugen seine Soldaten unverwechselbare Brustpanzer mit dem Abbild einer schwarzen Krähe, dem Tier des Kronos, eines Titanen, der mit dem Atlantik in Verbindung gebracht wurde. Das Krähenabzeichen war ein Ausdruck der stolzen Herkunft der Truppen, ihres Korpsgeistes und ihrer Treue zu ihrem Anführer.

Memnon marschierte mit ihnen über die lydische Grenze nach Norden, entlang der anatolischen Küste und weiter, um Ilios zu entlasten. Dabei stellte sich ihnen ein bewaffnetes Heer von Solymi entgegen, griechischen Verbündeten, die Entsatzversuche wie diesen verhindern sollten. Die Memnoniden griffen sie frontal mit einer solch blitzartigen Geschwindigkeit an, dass die Front des Feindes in zwei Teile zerfiel, worauf das gesamte Zentrum zusammenbrach. Die Atlanter kreisten sie daraufhin ein und vernichteten ihre betäubten Gegner mit einer meisterhaft koordinierten Doppelzangenbewegung, mit Memnon selbst inmitten der Kämpfe. Im ersten Buch der *Posthomerica* beschreibt Quintus von Smyrna, wie der Atlanter »mit zornerfüllten Händen eine große Armee aufsässiger Solymi tötete«. In der Tat überlebte keiner den Angriff. Die Schnelligkeit und Vollständigkeit ihrer Niederlage schockierte die übrigen griechischen Verbündeten, die sich zerstreuten, so dass die Memnoniden schnell und ungehindert auf Ilios zusteuern konnten.

Memnons Truppen kamen gerade noch rechtzeitig an. Hektor, Trojas wichtigster Heerführer und Feldherr in der beinahe siegreichen Schlacht um die Schiffe, war vor kurzem im Zweikampf mit Achilles gefallen. Der rachsüchtige Grieche kostete diesen Triumph aus, indem er die Leiche des trojanischen Heerführers an seinen Streitwagen band und sie um die Mauern von Ilios schleifte – ein makabres Schauspiel für dessen unglückliche und hilflose Bewohner. In diesem dunklen Augenblick der langen Belagerung hatte das Erscheinen Memnons an der Spitze seiner Armee von Seevölkern eine erhebende Wirkung auf die kriegsmüden Trojaner. Mit seiner Hilfe erschien ein Sieg nun doch noch möglich. Die Memnoniden stürzten sich in den Kampf und erlitten schreckliche Verluste, konnten dem Feind aber ebenfalls schwere Schläge zufügen. In einer schnellen Folge von erbitterten Schlachten wurden die Mykener erneut zu ihren Schiffen zurückgetrieben. Nichts schien den atlantischen Titanen aufhalten zu können. Das Kriegsglück verließ die Griechen, und sie erwogen, das Feld zu räumen, solange sie noch konnten. Doch just in dem Augenblick, als die Memnoniden kurz davorstanden, das feindliche Lager aufzurollen, starb ihr Anführer durch dasselbe Schwert, das auch Hektor getötet hatte.

ZWEI

Die Strafe des Imperiums

Eine militärisch hochgerüstete Rasse kam aus dem Atlantik und fiel mit einer großen Flotte und einer starken Armee in ganz Westeuropa und Nordafrika ein, bis hin zur libyschen Wüste. Ohne Rücksicht auf Nationen, die in jenen fernen Tagen neutral bleiben wollten, überrannten sie jedes Land zwischen Gibraltar und der heutigen Levante.

HAROLD T. WILKINS:
MYSTERIES OF ANCIENT SOUTH AMERICA

Mit Memnons Tod verloren seine Soldaten den Kampfesmut. Er war Trojas letzte Hoffnung gewesen. Nach zehnjähriger Belagerung fiel die Hauptstadt in einem Feuersturm, als Homers Achäer Ilios plünderten. Ihre Schiffe, mit Beute und Sklaven beladen, kehrten über das Ionische Meer nach Griechenland zurück. Die atlantische Flotte forderte sie nicht heraus, sondern zog still in südlicher Richtung ab. Bei jedem Versuch, die Dardanellen zu erobern, wären sie nun mit den siegreichen Mykenern auf der einen Seite und den abwartenden Hethitern auf der anderen Seite konfrontiert gewesen – eine Situation, die es zu vermeiden galt. Selbst wenn sie die Meerenge hätten einnehmen können, wäre es doch unmöglich gewesen, sie zu halten.

Auch wenn die Atlanter eine Armee verloren hatten, repräsentierten ihre Schiffe doch immer noch eine weitgehend intakte, starke, wenn auch von ihrer Basis entfernte Seemacht. Ein Rückzug aus dem Mittelmeer wäre eine Demütigung gewesen, die man nicht in Betracht ziehen konnte – und zudem gefährlich, weil ihre Autorität untergraben würde, was sich kein Imperialist leisten kann, der seine Untertanen in hinreichender Ehrfurcht halten möchte.

Die atlantischen Strategen ließen sich jedoch nicht entmutigen. Trotz des Debakels von Troja waren ihre libyschen, italienischen, palästinensischen und sonstigen Verbündeten noch immer bereit zum Handeln. Inzwischen zerfiel die Einheit der Griechen bereits wieder in die zerstrittenen Fraktionen der Vorkriegstage, und nachdem die Griechen Ilios nach der Plünderung brennend zurückgelassen hatten, waren die Hethiter damit zufrieden, sich die trojanische Einflusssphäre im Nordwesten Kleinasiens kampflos einzuverleiben. Obwohl offiziell mit Ägypten verbündet, hatten sie nicht vor, es vor Angriffen von außen zu verteidigen, besonders wenn die Seevölker sich dem Niltal zuwandten und Kleinasien dabei in Frieden ließen. Ein atlantisch-ägyptischer Krieg würde sicher beide Seiten schwächen, zum Vorteil der Hethiter.

Die atlantischen Kommandeure waren jedoch zuversichtlich, dass sie mehr als ein Patt mit Ägypten erreichen könnten. Kurz nachdem der trojanische Krieg begonnen hatte, starb der mächtige Ramses II. im Alter von 97 Jahren und hinterließ den Thron einem anderen alten Mann, seinem dreizehnten Sohn. Zum Zeitpunkt seiner Inthronisation im Jahre 1236 vor Christus war Pharao Merenptah etwa sechzigjährig und wurde im In- und Ausland allgemein für schwach und unentschlossen gehalten. Es kam zu Arbeiteraufständen, etwas, was es während der langen Regierungszeit seines Vaters nie gegeben hatte, und Nubien zeigte Anzeichen von Unruhe.

Von der allgemeinen Situation ermutigt und nicht bereit, nach Hause zurückzukehren, da sie für beinahe zehn Jahre auf See wenig vorzuweisen hatten, entwickelten die Atlanter eine Strategie zu Land und zu See, die nichts weniger als die Unterwerfung Ägyptens zum Ziel hatte. Eine solche Eroberung würde Atlantis unbestreitbar zum mächtigsten Reich der Erde machen und seine Position im Nahen Osten sichern. Der oberste militärische Architekt dieses ehrgeizigen Unternehmens war Teucer, bei den Ägyptern als Tjeker bekannt. Er erscheint in Homers *Ilias* als Gründer von Salamis auf Zypern, einem der wichtigsten Sammlungsorte der Seevölker für die geplante Invasion.

Teucers Kriegsplan sah einen dreiseitigen Angriff der atlantischen Flotte auf das Nildelta vor, wobei gleichzeitig ihre konföderierten Einheiten aus dem Norden einfallen sollten. Sein Ziel dabei war, mit einem einzigen kombinierten Schlag die ägyptische Seestreitmacht zu überwinden und Truppen an Land zu bringen. Die Marinesoldaten sollten landeinwärts marschieren und die strategisch gelegenen Städte Damietta, Busiris und Sais einnehmen. Die wichtigsten Kampfkreuzer sollten sie unterstützen, indem sie parallel zu ihrem Vormarsch den Nil hinauf segelten. Hauptangriffsziel dieser Eröffnungsphase der Kampagne war das Verwaltungszentrum in Memphis. Wenn dieses eingenommen werden könnte, würde es den Ägyptern schwerfallen, ihren Widerstand zu koordinieren.

Parallel zum Angriff vom Meer aus sollten libysche Streitkräfte unter der Führung von König Meryey von Westen her in das Delta eindringen. Und im Osten würden atlantische Transporter Streitkräfte der Philister (auch als Pelischti oder

Peleset bekannt) an Land setzen, Verbündete der Seevölker, die die Landesteile südlich der hethitischen Landesgrenze (im heutigen Syrien) erobern sollten. Diese Truppen würden dann, vermutlich mit dem inoffiziellen Segen der Hethiter, zum Nildelta marschieren, das bereits von Norden und Westen angegriffen wurde.

Im beginnenden Frühjahr des Jahres 1227 vor Christus, in der Nacht bevor all diese ausgeklügelten Prozesse in Gang gesetzt wurden, befand sich das geplante Opfer in tiefem, wenn auch unruhigem Schlaf. Merenptah hatte einen lebhaften Traum. Der Gott, nach dem er benannt war, erschien ihm in riesiger Gestalt. Ptah, der göttliche Schöpfer, reichte dem Pharao wortlos ein Schwert, als wollte er sagen: »Verteidige meine Zivilisation!« Merenptah schreckte auf und erwachte zu vollem Bewusstsein. Er ergriff den bereitliegenden Klöppel, schlug auf den Kupfergong neben seinem Bett, und die Kammer des Königs füllte sich sofort mit bewaffneten Wachen. Es war kein Priester nötig, um seinen Traum zu interpretieren. Er versammelte alle Befehlshaber und befahl, die Verteidigungslinien des Deltas in volle Bereitschaft zu versetzen.

Während sie ihre Vorbereitungen trafen, füllte dreihundert Kilometer entfernt eine frische Morgenbrise die Segel der Atlanter. Die Armada führte ihre zweitausend Schiffe von den Hauptquartieren in der Ägäis, Zypern und Rhodos, heran. Ihre Seestreitmacht war die größte und am besten ausgestattete der damaligen Welt. Bildnisse der Kriegsschiffe und Seeleute sind noch an den Wänden des Tempels in Medinet Habu im oberen Niltal zu sehen (siehe Abb. 2.1). Es handelte sich nicht um die relativ kleinen, an der Küste stationierten Schiffe der Ägypter, sondern, mit den Worten von Lionel Casson, um »wirkliche Hochseeschiffe«, die zu längeren Fahrten auf dem offenen Meer geeignet waren. Sie waren in der Tat die Flotte eines Seevolkes und wiesen für die

Abb 2.1. Das Profil eines atlantischen Marinesoldaten, wie er auf den Tempelmauern von Medinet Habu in Oberägypten abgebildet ist.

damalige Zeit enorme nautische Fortschritte auf, wie Taue oder dicke Seile zur Kontrolle der Segel, die dem Wind ausgesetzt waren, und stark verspannte Rümpfe, die den Stößen großer Wellen widerstehen konnten.

Diese Kriegsschiffe waren nicht nur viel größer als alles, was die Ägypter kommandierten, sondern sahen auch ganz anders aus. Sowohl Bug als auch Heck erhoben sich steil und formten langschnäblige Greifvögel als Galionsfiguren. Dieses Schiffsdesign erscheint auf einem Bügelkrug aus dem Jahr 1180 vor Christus, der auf Skyros gefunden wurde, einer der Zufluchtsinseln der Atlanter in der Ägäis nach dem Fall von Troja. Das vogelköpfige Seemotiv findet sich auch überall in der Villanova-Kultur der Etrusker, besonders in der alten Stadt Tarchna. Beispiele aus dem Monterozzi-Grab zeigen, dass Modelle dieser besonderen Schiffe zusammen mit etruskischen Kriegern von höherem Rang begraben wurden, worauf auch ein prächtiger Helm und goldene Armbänder hinweisen, die bei der Ausgrabung gefunden wurden.

Wie Poseidons Dreizack traf die Invasion das Nildelta gleichzeitig aus drei Richtungen – aus dem Norden, Westen und Osten. Als die Morgendämmerung über dem Meer anbrach, erblickten ägyptische Wachtposten, die vor dem Delta postiert waren, ein furchteinflößendes Spektakel: Der nördliche Horizont wurde von einer Armada mit geblähten Segeln verdunkelt. Zu dem angsteinflößenden Anblick trugen auch die Schnitzereien monströser Vogelköpfe und anderer grotesker Tierfiguren an den Vordersteven der großen Schlachtschiffe bei. Die zahlenmäßig unterlegenen ägyptischen Schiffe versuchten in verzweifeltem Abwehrkampf gegen sie zu manövrieren. Ihre Verluste waren enorm, und das »Große Grün«, ihr Name für das Mittelmeer, mischte sich mit dem Blut der Verteidiger. Rücksichtslos durch die treibenden Trümmer zerbrochener Schiffe krachend, setzte die mächtige atlantische Flotte den Bug ihrer siegreichen Schiffe auf die heiligen Küsten Ägyptens, um Zehntausende von Seekriegern auszuspucken.

Zur selben Zeit stürmten libysche Truppen mit dreißigtausend Mann gegen Ägyptens Westgrenze und drängten die Verteidiger hinter die Grenzlinie zurück. König Meryey hatte Mitglieder der königlichen Familie und sogar allerlei persönlichen Luxus mitgebracht, voller Zuversicht, dass er bald seinen Thronsitz in Memphis errichten würde. Die gleichzeitige Landung der Atlanter im Osten verlief ungehindert und erlaubte den verbündeten Philistern eine erfolgreiche Besetzung Syriens. Sie brachten die ägyptischen Garnisonen auf, während die Hethiter, wie erwartet, nervös, aber unbeteiligt zuschauten. Vom schnellen, leichten Sieg begeistert, marschierten die Philister mit höchster Geschwindigkeit in Richtung Nildelta. Zusätzliche Hilfe kam aus dem Süden, wo die Nubier die Ereignisse am unteren Nil ausnutzten und unerwartet einen Aufstand gegen die ägyptischen Statthalter begannen. Pharao Merenptah wurde nun von allen vier Seiten aus angegriffen.

Die Selbstaufopferung seiner Marine war jedoch nicht umsonst gewesen. Ihr selbstmörderischer Widerstand hielt die Invasion gerade so lange auf, dass Merenptahs Streitkräfte die Hafenstadt Prosopis verstärken konnten. In Unkenntnis deren strategischer Lage waren die Seevölker in Schussweite der dort stationierten Einheiten von Bogenschützen gelandet. Die Invasoren wurden nun durch schwere Salven unmittelbar auf sie gerichteter Trommelfeuer von Pfeilen aus verdeckten Positionen überrascht und niedergeworfen. Gleichzeitig griff die Hauptstreitmacht der ägyptischen Armee in überwältigender Zahl an. Von den unerbittlichen Pfeilen und einem ganzen Infanterie-Korps auf einem engen Strandbereich festgenagelt, konnten die Marinesoldaten der Seevölker nicht weiter vordringen. Diszipliniert erkämpften sie sich ihren Rückzug zu den Schiffen und konnten so ihre Verluste auf wenige tausend Gefallene oder Gefangene begrenzen.

Diese Schlacht wurde von Homer in der *Odyssee* dramatisiert. Nachdem sein Held nach Ithaka zurückgekehrt war, verbarg er seine Identität, indem er einem Hirten erzählte, er sei ein Kreter, der sich nach dem Erfolg der Achäer in Troja einer Flotte von Piraten für eine Expedition gegen Ägypten angeschlossen hatte. Das Abenteuer, sagte er, wäre fehlgeschlagen, wobei die meisten Invasoren getötet und die übrigen versklavt worden wären. Die Schlacht bei Prosopis beschreibt Odysseus folgendermaßen:

> »Der ganze Ort war voller Infanterie, Streitwagen und glänzender Waffen. Zeus, der Donnerer, schlug meine Gruppe mit entsetzlicher Panik. Kein Mann hatte die

> Kraft, sich dem Feind zu stellen, denn wir waren von allen Seiten bedroht. Sie metzelten schließlich einen großen Teil meiner Gefährten nieder und verschleppten die Überlebenden, um sie als Sklaven für sich arbeiten zu lassen.«

Zurück an Bord ihrer Schiffe warteten die Seevölker vor der Küste auf eine weitere Gelegenheit, die Invasion fortzusetzen. Dabei wurden sie jedoch ununterbrochen von ägyptischen Marineeinheiten bedrängt, die, statt die überlegenen Kriegsschiffe direkt anzugreifen, kurze Guerilla-Angriffe gegen die Transport- und Versorgungsschiffe unternahmen, um den Feind damit aus dem Gleichgewicht zu bringen.

Im Vertrauen darauf, dass seine verbliebene Flotte die Seevölker in Schach halten würde, evakuierte Merenptah den Großteil seiner Armeen aus Prosopis und ließ dieses praktisch unverteidigt zurück, um stattdessen die Festung Perite zu verstärken. Dies war die letzte wichtige Verteidigungsposition gegen den Vormarsch von König Meryey, der bereits den westlichen Rand des Deltas erreicht hatte. Am frühen Morgen des 15. April griff ein größeres Kontingent von Libyern, den Sonnenaufgang vor Augen, in Erwartung einer offenen Feldschlacht an. Stattdessen ließen die gefürchteten Bogenschützen des Pharaos einen Pfeilhagel auf die heranstürmenden Wellen von Fußsoldaten niedergehen. Trotz des resultierenden Massakers drangen die Libyer weiter voran und kämpften Mann gegen Mann sechs Stunden lang unter den Festungsmauern gegen die Verteidiger.

Schließlich kamen den Ägyptern ein Streitwagengeschwader und eine Brigade von Speerwerfern zu Hilfe. Damit brach der libysche Angriff endgültig zusammen und wurde schließlich zur Niederlage. Als sich die Schlacht zu wenden begann, tat es auch König Meryey. Er floh vom Schlachtfeld und ließ seine königliche Familie zurück, die in die Hände des Feindes fiel. Seine sechs Söhne waren bereits im Kampf gefallen. Zusammen mit dem Mobiliar des Monarchen erbeuteten die Ägypter 120.000 Waffen und weitere militärische Ausrüstungsgegenstände sowie 9.000 Kupferschwerter. Haufenweise trugen sie die libysche Beute fort, die einen unumstößlichen Beweis dafür bildete, dass der Angriff der ernsthafte Versuch einer Invasion gewesen war. Alle Trophäen wurden an Heeresschreiber übergeben, die alles bis zum letzten Artikel inventarisierten. Dann wurden die Lederzelte der Invasoren in Brand gesetzt. Fast 10.000 Libyer waren gefallen. Weitere 9.111 wurden gefangen genommen. König Meryey war nicht unter ihnen. In Schande zu seinem Palast zurückgekehrt, wurde er von seinem eigenen Volk abgesetzt und hingerichtet. Doch auch die Ägypter erwiesen sich nicht als großzügig. Als Preis der Kapitulation schlugen sie 2.362 libyschen Offizieren die Hände ab.

Merenptah konnte jedoch keine Zeit mit Siegesfeiern verschwenden. Er wandte seine erschöpfte Armee in die entgegengesetzte Richtung, um sie gegen die Philister zu führen, die das östliche Delta bedrohten. Nachdem sie von den atlantischen und libyschen Rückschlägen erfahren hatten, waren sie nicht mehr sicher, ob sie die Invasion auf eigene Faust weiterführen sollten. Während sie noch zögerten, schlugen die Ägypter mit einem konzentrierten Frontalangriff zu, der ihre Gegner den ganzen Weg in die Levante zurücktaumeln ließ. Dort legten sie ihre Waffen nieder und gelobten, sie nie wieder aufzunehmen. Diesmal zeigte der Pharao Milde gegenüber den Besiegten. Er erlaubte ihnen, sich dauerhaft in dem Gebiet niederzulassen, das fortan den Namen Palästina trug. Den Nubiern gegenüber war er nicht zu ähnlicher Nachsicht geneigt und schlug ihren Aufstand mit eiserner Faust nieder.

Mit diesem Scheitern an allen Fronten löste sich die Koalition der Seevölker auf, und ihre Schiffe verließen die ägyptischen Gewässer. Merenptah hatte die Erwartungen von Freund und Feind gleichermaßen übertroffen. Der schlaue Pharao war ein zäher alter Mann, der seine zahlenmäßig überlegenen Feinde überlistet, ausmanövriert und vernichtend geschlagen hatte. Die Atlanter zogen sich daraufhin in ihre Hauptquartiere auf Zypern und Rhodos zurück. Obwohl die Dardanellen verloren gegangen waren und Ägypten unbesiegt blieb, waren Italien, die Balearen, Sardinien, Sizilien und wichtige Inseln der Ägäis noch in ihren Händen. Das Reich von Atlantis hielt immerhin noch einen großen Anteil am östlichen Mittelmeer.

So spektakulär Merenptahs Sieg erschien, offenbarte er doch auch die Schwäche Ägyptens. Die Schlachten bei Prosopis und der Festung Perite hatten die Streitkräfte so viel gekostet, dass sie nicht in der Lage waren, ihren Sieg über die Libyer zu nutzen und König Meryey bis zu seinem Palast zu verfolgen. Und die Nachsicht des Pharaos gegenüber den in die Flucht geschlagenen Philistern war wohl weniger auf seinen Großmut zurückzuführen als vielmehr auf seine Unfähigkeit, militärisch nach seinem Gutdünken mit ihnen zu verfahren. Die brutale Unterwerfung der militärisch weniger starken Nubier diente vermutlich dem Zweck, dem Rest der Welt ein Signal uneingeschränkter Kraft zu senden, um seine reale Schwäche zu verbergen.

Die Verluste der Seevölker waren zwar schwerwiegend, beschränkten sich jedoch auf die gelandeten Streitkräfte. Keines ihrer Schiffe war versenkt worden, im Gegensatz zur Flotte der Ägypter, die völlig vernichtet worden war. Dennoch konnten die Atlanter kein drittes Debakel riskieren, solange ihre Feinde von einem so klugen Strategen angeführt wurden. Während sie ihre Flotte auf Rhodos und Zypern überholten, warteten sie darauf, dass Merenptah an Altersschwäche starb. In dem politischen Chaos und der Unsicherheit, die regelmäßig zwischen dem Tod eines Pharaos und der Einsetzung des nächsten in Ägypten herrschten, war das Land am anfälligsten gegenüber einem Angriff von außen. Die Atlanter bereiteten sich also darauf vor, zu einem entsprechend günstigen Zeitpunkt wieder zuzuschlagen. Doch sie mussten länger warten als erhofft, denn Merenptah erwies sich als fast so langlebig wie sein Vater.

Die Atlanter bezähmten notgedrungen ihre Ungeduld hinsichtlich einer Eroberung Ägyptens und griffen stattdessen Sardinien an, wo gehörnte Helme, Bronzeschwerter und atlantische Architektur in Form großer Steintürme, bekannt als Nuraghen, noch immer von der Besetzung durch die Seevölker zeugen. Sie waren zu einer echten Bedrohung geworden, da sie stets zur Plünderung von Inseln und Küstenstädten rund um das Mittelmeer bereit waren. Dank griechischer Uneinigkeit, hethitischer Zurückhaltung und ägyptischer Schwäche konnten sie ungestraft ihrer Piraterie nachgehen und plünderten in größerem Ausmaß als jemals zuvor.

Im Jahre 1198 vor Christus war der Tag, auf den sie so lange gewartet hatten, endlich gekommen. Merenptah war im hohen Alter verstorben, und ihm folgten in schneller Folge nicht weniger als fünf Herrscher, darunter Siptah, der einen Klumpfuß hatte, und Tewosret, eine Königin, deren Regierungszeit nur kurz währte. Die andauernden politischen Krisen destabilisierten die neunzehnte Dynastie, und die atlantischen Strategen waren bereit, die Situation zu nutzen. Die Ägypter waren mit der Thronbesteigung eines neuen Pharaos und all den aufwändigen Begleitumständen beschäftigt, die ein Wechsel der göttlichen Führung zwangsläufig jedes Mal mit sich brachte. Diesmal aber hatten sie besonderen Grund zur Sorge. Ein beängstigendes Omen erschien nach dem Tod von König Sethnacht, der gerade die zwanzigste Dynastie begründet hatte. Eine unermessliche dunkle Wolke bedeckte mit unnatürlicher Geschwindigkeit, von Westen kommend, den Himmel. Die Sonne wurde blutrot und verschwand schließlich. Das Tageslicht wurde zur Dämmerung, und wochenlang fiel schwarzer Staub auf das ganze Land. »Die Menschen gehen wie Raben umher«, berichtet ein ägyptischer Schreiber, »niemand kann seine Kleidungsstücke mehr sauber halten.«

Diese bedrohlichen Umstände waren auch für die Atlanter ein schlechtes Zeichen. Inmitten der Vorbereitungen für eine erneute Invasion des Nildeltas wiesen solche Zeichen und Wunder am Himmel auf eine Katastrophe hin, die jemanden treffen würde. Da sie auf einer geologisch aktiven Insel geboren und aufgewachsen waren, erkannten sie den schwarzen Staub als Asche, die durch die vorherrschenden Westwinde von einem gewaltigen Vulkanausbruch jenseits des Mittelmeers herangeweht wurde. Natürlich wandten sich ihre Gedanken voller Angst zum Atlas, dem immer rauchenden Berg in ihrer fernen Heimat.

Ihre schlimmen Befürchtungen wurden durch Wellen von Flüchtlingen bestätigt, die sich bald durch die Säulen des Herakles ergossen. In Panik geratene Menschen strömten zu Hunderttausenden an der nordafrikanischen Küste entlang oder kamen in ungeordneten Flottillen von Booten und Schiffen, überfüllt mit Familien, die durch eine Katastrophe traumatisiert waren. Die meisten von ihnen waren Landsleute aus Atlantis, und sie hatten nichts Gutes zu berichten. »Ihr könnt nicht wieder nach Hause«, erklärten sie, »weil unser Zuhause nicht mehr da ist.«

Mit kaum mehr als einem Tag Vorwarnung in Form ausgedehnter seismischer Aktivitäten war die Insel Atlantis von Erdbeben und Himmelsfeuern verwüstet worden, bevor das wütende Meer sie ganz verschlang. Die damit einhergehende Zerstörung war so groß und stark, dass die gesamte Region, einschließlich aller angrenzenden Küstengebiete, durch eine Serie zerstörerischer Tsunami-Wellen unbewohnbar geworden war. Die besetzten Gebiete Italiens

Abb. 2.2. Porträt von Pharao Ramses III. mit der blauen Krone des höchsten militärischen Befehlshabers. Im frühen 12. Jahrhundert vor Christus hatte er es mit einer massiven Invasion des Nildeltas durch atlantisch geführte Koalitionsstreitkräfte zu tun.

und der Mittelmeerinseln füllten sich mit zahlreichen neu angekommenen Überlebenden, was die Lebensbedingungen überall verschlechterte.

Aber die Emigranten brachten mehr mit als nur ihre Leidensgeschichten. Große Teile der Heimatflotte waren der Katastrophe entkommen und konnten Krieger und Vorräte sowie die evakuierten Menschenmengen transportieren. Die Armada der Seevölker auf Zypern und Rhodos wurde durch diese neu angekommenen Kriegsschiffe und Marinesoldaten spürbar verstärkt. Die Eroberung Ägyptens war jetzt noch wichtiger als zuvor, da sie einen Ort finden mussten, wo die Flüchtlinge angesiedelt werden konnten; ihre wachsende Zahl belastete zunehmend die begrenzten Ressourcen der besetzten Gebiete. Gestützt auf frische Schlachtkreuzer, Munition und Soldaten, beschlossen die atlantischen Kommandeure, sofort zuzuschlagen, während die Ägypter noch durch ein Interregnum geschwächt und durch die himmlischen Vorzeichen abgelenkt waren. Fast zweitausend Jahre zuvor hatten die Atlanter zum ersten Mal nach der Flucht vor einer Naturkatastrophe Ägypten erobert. Sie würden es wieder tun. Das Wehen des schwarzen Staubes sollte ein Unglückszeichen für den neuen Pharao sein!

Dieser neue Pharao hieß Ramses III. (siehe Abb. 2.2) und war unerfahren und unbekannt. Seine Thronbesteigung verlief ohne religiöse Reibereien oder politische Konflikte, und sein Volk war dankbar für den reibungslosen Übergang der Macht, trotz der buchstäblich dunklen Wolke, unter der seine Herrschaft begann. Er war sich der fremden Bedrohung, die unmittelbar auf Ägypten gerichtet war, bewusst. Er wusste auch, dass die Hau-neb oder Hanebu (»die ihren Schiffen folgen«) wiederkommen würden, sobald sein Vorgänger tot war. Schon Jahre zuvor hatte Ramses Verteidigungsmaßnahmen entwickelt, die sofort wirksam werden sollten, wenn eine Invasion unmittelbar bevorstand. Nun war der Augenblick gekommen, um seine Strategie und ihre wichtigsten Faktoren – Geschicklichkeit, Mut und Disziplin seiner Krieger – zu erproben.

Die Unvermeidbarkeit eines Angriffs war klar; deutliches Anzeichen dafür war das völlige Fehlen jeglicher diplomatischer Beziehungen zwischen Ägypten und dem Hauptquartier der Seevölker in Rhodos seit der ersten Schlacht im Nildelta. Während der nachfolgenden 29 Jahre hatten die atlantischen Kommandeure auf der Basis ihrer Erfahrungen einen neuen Invasionsplan ausgearbeitet. Vor allem jetzt, da ihre Armada durch zusätzliche Flotteneinheiten und Kompanien aus dem überfluteten Atlantis verstärkt worden war, konnten sie mehrere gleichzeitige Landungen planen, im Gegensatz zum einzigen Angriff bei Prosopis. Nach wie vor stand das Ziel, die Verteidiger zur See zu überwältigen, an erster Stelle. Zwischen den beiden atlantischen Invasionen hatten auch die Ägypter fast dreißig Jahre Zeit gehabt, ihre Flotte wieder aufzubauen; daher erwarteten die Atlanter eine ernste Konfrontation an der Küste vor einer möglichen Anlandung der Truppen. Mehrere Schwadronen Schlachtschiffe sollten in Reserve gehalten werden und nur teilnehmen, wenn die vorausfahrenden Schiffe Hilfe benötigten. In einer Wiederholung von Teucers Taktik sollten Kriegsschiffe die Soldaten unterstützen, indem sie parallel zum Vormarsch ins Landesinnere den Nil hinauf segelten. Ihr oberstes Ziel war die Besetzung des gesamten Deltas, von dem aus sie den Rest des Feldzugs planen und sich nach Süden gen Theben, die feindliche Hauptstadt, vorkämpfen konnten. Deren Einnahme würde die Invasion beenden.

Neue Verbündete aus Korsika, Sardinien und Libyen schlossen sich den alten Kameraden an. Wenn die Libyer tief genug in das ägyptische Grenzgebiet eindrängen, könnten die Atlanter im Norden anlanden und versuchen, sich mit ihnen zu vereinigen und dadurch das Nildelta in zwei Hälften zu teilen.

Die atlantischen Marinesoldaten waren die am besten ausgestatteten ihrer Zeit. Anders als ihre Gegner trugen sie metallene Brustpanzer und längere Bronzeschwerter von überlegener Handwerkskunst. Ihre Helme waren Vorläufer der römischen Form, mit kurz geschnittenen, rot gefärbten Kämmen aus Rosshaar. Lederne, mit Bronze beschichtete Schienen schützten ihre Schienbeine. Die Fußsoldaten waren in Kompanien von Speerwerfern, Schleuderern und Schwertkämpfern unterteilt, unterstützt von Truppen mit Streitwagen, die größer und schwerer waren als ihre ägyptischen Gegenstücke.

Zunächst schien die Operation die erste Invasion von fast drei Jahrzehnten zuvor zu wiederholen. Wieder wurden die kleineren Kriegsschiffe durch die Masse der atlantischen

Schlachtkreuzer zerstreut, und die erwartete Seeschlacht mit der ägyptischen Flotte kam nicht zustande. Die Landungen waren weiträumiger und effektiver, weil die separaten Angriffe gut koordiniert waren. Die ägyptische Infanterie wusste nicht, in welche Richtung sie sich wenden sollte. Es war, als würde man versuchen, mehrere Feuer auf einmal zu löschen – es schien aussichtslos. Die Invasoren bewegten sich rasch und rücksichtslos vorwärts, wobei sie Prosopis und andere strategisch ungünstige Bereiche mieden, und vertrieben die Verteidiger aus einer befestigten Position nach der anderen. Im Gegensatz zum ersten Angriff gegen Merenptahs Ägypten zerschmetterten die Seevölker diesmal die vordersten Verteidigungslinien. Mit massiver Kraft breiteten sich die Marinesoldaten und die Infanterie über das Delta aus. Eine Stadt nach der anderen fiel vor dem Ansturm, bis sogar die großen administrativen und religiösen Zentren in Memphis und Heliopolis besetzt waren.

Diesmal drangen die atlantischen Kriegsschiffe auch tatsächlich in den Nil vor. Lange Reihen der riesigen Schiffe begannen, den heiligen Fluss hinaufzusegeln. Ihre Breitsegel und die monströsen vogelköpfigen Vordersteven versetzten die einheimische Bevölkerung in Panik, so dass sie mit ihrer Armee nach Süden floh. Inzwischen überwältigten libysche Truppen die Grenzbefestigungen im Westen und drangen so tief in ägyptisches Gebiet ein, dass sie sich bald mit den nördlichen Invasoren zu verbinden drohten. Nach wenigen Tagen waren die meisten Hauptziele von den Atlantern eingenommen, darunter wichtige Städte wie Busiris. Das gesamte Delta war kurz davor, in ihre Hände zu fallen.

Doch kurz vor Sais, als die Streitkräfte der Seevölker sich daran machten, die massiven Tore dieser antiken Stadt anzugreifen, wurden die eindringenden Schlachtkreuzer, die Vorhut der gesamten Armada, von einem Geschwader kleinerer Kriegsschiffe herausgefordert. Angesichts der

Bedeutung von Sais war der wilde Mut der Ägypter keine Überraschung. Doch auch sie konnten sich nicht gegen die viel größeren angreifenden Schiffe durchsetzen. Die Reste des dezimierten Geschwaders flohen den Fluss hinunter, die angreifenden Eroberer dicht hinter sich. Nicht weit vom Schauplatz ihrer Niederlage entfernt verließen die anscheinend fliehenden Kapitäne den Nil und fuhren in einen seiner Nebenarme. Die Atlanter nahmen an, der in Panik geratene Feind sei auf dem Weg zu seinem Heimathafen, und folgten den Booten, begierig darauf, das Hauptquartier der ägyptischen Seestreitmacht zu zerstören.

Die Flüchtigen bogen von dem Nilarm ab und durchquerten eine lange, schmale Bucht, die auf beiden Seiten von Steilhängen beherrscht wurde. Dicht auf ihren Fersen segelte der Hauptteil der atlantischen Schiffe, doch keine Werften, Hafenanlagen oder vor Anker liegenden Kriegsschiffe säumten die beiden Ufer. Nur ein paar Schiffe des kürzlich geschlagenen Geschwaders kamen in Sicht. Die Invasoren gruppierten sich zum Kampf um. Ihre größeren Kriegsschiffe manövrierten sich in Position. Ihre tiefen Kiele liefen jedoch einer nach dem anderen auf unsichtbaren Untiefen auf Grund. Die Schlachtkreuzer stauten sich kreuz und quer, während sich die Seeleute unter lauten Befehlen und Gegenbefehlen mit Tauen und Stangen abmühten.

Während sie noch mit der wachsenden Verwirrung im seichten Wasser mit zu wenig Platz zum Manövrieren beschäftigt waren, schossen plötzlich neue Geschwader ägyptischer Kriegsschiffe von beiden Enden in die Bucht. Zusammen mit den Resten der Flottille aus Sais fielen sie die unbeweglichen feindlichen Ungetüme von allen Seiten an. Brandsätze wurden an Bord der Schiffe geworfen, bis ihre riesigen Segel in Flammen aufgingen. Große schwarze Rauchschwaden stiegen von der sich ausbreitenden Feuersbrunst auf den Schiffen in den Himmel. Weitere ägyptische Schiffe, mit regulären Truppen beladen, drängten in die überfüllte Bucht. Taue mit Enterhaken wurden über die Seitendecks geworfen, und ganze Meuten von Enterern folgten, die inmitten der Brände auf den halbzerstörten Schiffen zum Nahkampf ansetzten.

Währenddessen erhielten die Krieger der Seevölker, die immer noch in Sais wüteten, Nachricht von den Kämpfen. Daraufhin entsandten sie eine große Zahl von Streitwagen, die mit voller Geschwindigkeit zur Rettung eilen sollten. Dunkle Rauchwolken, die von dem brennenden Pech aufstiegen, wiesen ihnen schon von weither den Weg. In ihren Karren und Streitwagen trugen sie Faltflöße, die ausreichen würden, um bewaffnete Männer über die kurze Wasserstrecke in die Kampfzone zu tragen. Ihre Ankunft an dem Ufer, das den Kämpfen am nächsten war, wurde von den bedrängten Soldaten an Bord der atlantischen Schiffe mit lautem Jubel begrüßt. Während sie noch hastig ihre Flöße zusammensetzten, erschienen jedoch plötzlich mehrere Kompanien von Bogenschützen und Schleuderern, die von Ramses persönlich angeführt wurden, auf den Hügeln hinter und neben ihnen. Sie ließen einen Hagel von Pfeilen und Steinen auf die überraschten Invasoren niederregnen, die zu Hunderten unter dem unerbittlichen Trommelfeuer fielen (siehe Abb. 2.3). Vielleicht hundert Mann, meist Wagenlenker, suchten ihr Heil in der Flucht. Kaum mehr überlebten auf dem Schlachtfeld und kapitulierten schließlich.

Als alle Hoffnung auf Rettung vom Land her verloren war, gaben auch die meisten der Atlanter an Bord der belagerten Schiffe auf. Einigen wenigen gelang es mit dem Mut der Verzweiflung, aus der Bucht des Todes auszubrechen, doch ihre Erleichterung war nur von kurzer Dauer. Zu ihrem Entsetzen versperrten hunderte weiterer ägyptischer Kriegsschiffe voller Feuertöpfe und Bogenschützen den Nil in ganzer Breite. Einige der Schlachtkreuzer verfingen sich

Abb. 2.3. Atlantische Invasoren fallen durch ägyptische Bogenschützen, die das Nildelta verteidigen. Kampfszene an den Wänden der Tempelanlage von Medinet Habu.

in einem Gewirr von Tauen, die zwischen den Booten gespannt waren, und wurden in die Gefangenschaft gezogen, aber die Strömung war mit denen, die standhielten und so schnell wie möglich zum Mittelmeer weiterfuhren. Als die halbverbrannten Schiffe endlich die Freiheit des offenen Meeres erreichten, um sich der Reserveflotte am nördlichen Ufer des Deltas anzuschließen, war fast die Hälfte der Invasionsflotte verloren gegangen.

Der Hauptteil der Truppen der Seevölker – etwa vierzigtausend Mann – war jedoch immer noch bestrebt, die Kontrolle über Sais zu übernehmen. Die Ägypter behaupteten jetzt den Nil zu beiden Seiten des südlichen Deltas. Ohne ihre unterstützenden Schiffe waren die Eindringlinge auf zwei von drei Seiten eingeschlossen. Ramses landete praktisch seine gesamten Streitkräfte, etwa fünfzigtausend Krieger, oberhalb der Stadt, marschierte in Eilmärschen von einem Arm des Flusses zum anderen und schloss den Feind im unteren Delta ein. Sobald die Falle zugeschnappt war, befahl er den Vormarsch.

Plötzlich erfuhr der Pharao, dass weitere dreißigtausend Libyer vom westlichen Delta aus herbeieilten, um ihren in die Enge getriebenen Verbündeten zu Hilfe zu kommen. Er war jetzt in Gefahr, von beiden Seiten von Feinden eingekesselt zu werden. Um seine südliche Offensive gegen die Seevölker nicht abbrechen zu müssen, ging er das Risiko ein, alle seine Streitwagen abzuziehen. Er formierte sie zu einer einzigen Kompanie und schickte sie ohne Infanterieunterstützung los, um die Libyer aufzuhalten. Die Wagenlenker protestierten, weil sie zahlenmäßig mindestens eins zu fünf unterlegen waren, aber Ramses weihte sie in seine Pläne ein und konnte ihnen damit zeigen, dass die Operation nicht so selbstmörderisch war, wie es schien. Er gab ihnen seine Befehle und schloss sich dann wieder dem Vormarsch gegen die Atlanter an.

Der zähe Widerstand der Seevölker wurde nicht nur von ihrer prekären Lage angefacht, sondern auch durch ihr Wissen, dass die Libyer im Anmarsch waren, um sie zu befreien. Wenn die umzingelte Truppe nur lange genug durchhielte, bis diese kämen, würden die Ägypter zwischen den zwei Hälften der Invasionsmacht zerrieben werden. Ramses trieb seine Offensive stetig voran, und der Feind gab jedes Stück Boden nur widerwillig auf. Allerdings waren die Verluste auf beiden Seiten hoch, und der ägyptische Fortschritt verlangsamte sich, da die Streitwagen des Pharaos fehlten. Die Last des Kampfes ruhte ausschließlich auf der Infanterie. Die Feinde im Westen – die Libyer – müssten jeden Moment auftauchen, und die Ägypter wären dann von beiden Seiten mit Angreifern konfrontiert.

Die Strategie des Pharaos war jedoch vorausschauender und wurde auch genauestens ausgeführt. Seine Wagenlenker vermieden nämlich die Konfrontation mit dem anmarschierenden libyschen Gegner und schwärmten stattdessen den ganzen Weg um ihn herum nach hinten aus. Die Ausführung dieses Manövers dauerte so lange, dass die angreifenden Libyer die Streitmacht von Ramses beinahe schon erreicht hatten, als seine Streitwagen endlich ihren koordinierten Überraschungsangriff aus drei Richtungen starteten – von Norden, Nordosten und Nordwesten. Die Abruptheit dieses dreifachen Angriffs versetzte die Libyer in Panik, so dass sie buchstäblich in die Speere der Nachhut des Pharaos hineinstolperten und kapitulierten, bevor viel Blut vergossen worden war und die hoffnungsvollen Atlanter Zeit gehabt hatten zu reagieren.

Die Seevölker widersetzten sich zwar weiterhin den Ägyptern, waren nun jedoch hoffnungslos unterlegen. Ihre Inva-

Abb. 2.4. Diese Reproduktion restaurierter Tempelkunst in Medinet Habu zeigt gefangene Marinesoldaten der Seevölker, die den Siegeskelch von Ramses III. halten. Die Abbildung gibt Aufschluss über Kleidung und Aussehen der Atlanter. (Grafik von Virginia Hardyman)

sion brach zusammen, doch der Krieg war damit noch nicht vorbei. Die Atlanter in den besetzten Gebieten des nördlichen Deltas wurden evakuiert und an Bord ihrer Schiffe gebracht; sie hatten wenig Zeit, entmutigt zu sein, da sofort weitere Operationen von Syrien aus beginnen sollten. Der Plan war, bei ihren alten Verbündeten, den Philistern, die sich dort nach dem früheren Krieg gegen Merenptah niedergelassen hatten, Truppen an Land zu setzen. Diese erneuerte Konföderation sollte dann von Osten aus nach Ägypten marschieren und ihre Feinde überraschen, die zweifellos von den vielen Kämpfen erschöpft waren.

Die geschwächte, aber immer noch große Armada näherte sich der syrischen Küste in der Nähe der Stadt Amor, aber es waren keine Verbündeten da, um sie zu begrüßen. Die Philister hatten kein Interesse an dem Eroberungsversuch und waren überdies durch die Anwesenheit einer riesigen Armee eingeschüchtert, die vom Pharao persönlich kommandiert wurde. Ägyptische Marineeinheiten hatten die ausgerückten atlantischen Schiffe beobachtet und Ramses von deren Fahrt in Richtung Syrien berichtet. Da er die Absicht des Feindes erriet, begab sich Ramses mit seiner Armee schnellstens zur syrischen Küste nahe Amor. Dort wurden Infanterie und Bogenschützen, von Streitwagentruppen unterstützt, in Stellung gebracht. Bevor die Atlanter beginnen konnten, ihre Truppen zu landen, trafen zwei Flotten ägyptischer Kriegsschiffe von Norden und Süden aus ein, griffen gleichzeitig die hinteren Flanken der Seevölker an und drängten so die Schlachtkreuzer effektiv gegen das Ufer und an den Strand.

Dann begann das Gemetzel. Die Invasoren wurden von Meer und Land durch Pfeile von dreitausend Bogenschützen durchbohrt. Von der Hitze des Kampfes erregt, ging sogar Ramses selbst mit seinem großen Bogen gegen den Feind vor. Nachdem sie den unglücklichen Gegner mit ei-

Abb. 2.5. Atlantische Kriegsgefangene nach der gescheiterten Invasion Ägyptens, dargestellt auf den Mauern des Siegestempels von Ramses III.

nem Geschosshagel eingedeckt hatten, stürzten sich seine Männer auf die Atlanter. »Sie wurden am Strand zu Boden geworfen«, berichtet der ägyptische Kriegsschreiber, »sodann getötet und vom Heck bis zum Bug ihrer Galeeren angehäuft, während alles, was sie bei sich führten, auf dem Wasser schwamm.«

Das Massaker an der syrischen Küste war die letzte Kriegshandlung. Nachdem ihre Hauptstadt im fernen Meer versunken, ihr Reich zerschmettert und der Rest ihrer Streitkräfte vernichtet war, siedelten sich die Atlanter, die von den Katastrophen der Natur und des Krieges verschont geblieben waren, bei ihren Verwandten und einstigen Verbündeten in Italien, Spanien, Nordwestafrika, auf den britischen Inseln und sogar in den einstigen Kolonien in Amerika an. In all diesen Ländern teilten sie ihr kulturelles und genetisches Erbe mit den Völkern, bei denen sie lebten. Unter ihrem Einfluss entstanden Mischzivilisationen vom Dschungel Yucatáns bis zu den Tälern Irlands.

Das Schicksal jener Angehörigen der Seevölker, die von den Ägyptern als Kriegsgefangene gehalten wurden, war weniger glücklich. Bei einem öffentlichen Triumphzug durch die Hauptstadt Theben wurden mehr als zwanzigtausend Atlanter und Verbündete in Ketten vor dem Pharao auf seinem Thron präsentiert (siehe Abb. 2.4). Diese Szene und die Höhepunkte des Krieges wurden in Worten und Bildern (siehe Abb. 2.5) an den Mauern der majestätischen Tempelanlage in Medinet Habu aufgezeichnet, des Tempels, den Ramses seinem Sieg über die Hanebu westlich des Nils weihte.

Sie sind dort alle zu sehen – die atlantischen Schlachtschiffe mit ihren Soldaten, die von Bogenschützen massakriert und ins Meer geworfen werden; der Pharao auf seinem Streitwagen, wie er die zitternden Feinde Ägyptens niedermäht; die langen Reihen von Hau-neb (Atlantern), Luka (Lydiern), Scherdan (Sarden), Drdny (Dardanern), Turischa (Trojanern), Temeh (Libyern), Scheklesch (Sizilianern), Tyrsenern (Etruskern aus Westitalien) und weiteren Völkern. Henry Brugsch-Bey, ein renommierter Ägyptologe des frühen zwanzigsten Jahrhunderts, stellte fest:

> »Diese uns überlieferten Namen tragen ein unverwechselbares Kennzeichen, das auf einem engen politisch-geografischen Verhältnis beruht. Sie zeigen die militärische Macht Westasiens in Gestalt seiner wichtigsten Vertreter, wie sie bereits von Homer im Katalog von Trojas Verbündeten namentlich aufgeführt werden.« (Ryan 1959)

Die gefangenen Atlanter erzählten bei ihren Verhören, dass ihre heilige Inselheimat zerstört worden war und sie keine andere Wahl hatten, als die Invasion zu beginnen. Die Gefangenen sind in naturgetreuen Details dargestellt, von ihren Helmen und Uniformen bis hin zu den Metallringen um ihre Hälse, mit denen sie in Gruppen zusammengekettet wurden. Nach ihrer demütigenden Zurschaustellung vor den Massen in Theben wurden die Soldaten von ihren Offizieren getrennt, die daraufhin kastriert wurden. Die Überlebenden dieser Martern wurden zu ihren Kameraden in den Minen des Tura-Kalksteinbruchs abkommandiert, in denen sie den Rest ihrer Tage mit dem Zuschneiden und Schleppen schwerer Blöcke für die monumentalen öffentlichen Gebäude ihrer Herren verbrachten, einschließlich Ramses' Siegestempels.

Sein Triumph war einer der größten Erfolge der Militärgeschichte. Er sorgte dafür, dass in den nächsten 625 Jahren niemand mehr in Ägypten einmarschieren würde. Ramses III. war einer der herausragendsten Strategen und Feldherren aller Zeiten. Doch gab es nach ihm keine großen Ramessidenkönige mehr und nur noch wenige denkwürdige Pharaonen. Nach seiner Regierungszeit begann der langsame Niedergang Ägyptens. Ramses selbst fiel nicht auf dem Feld einer heroischen Schlacht, sondern starb durch ein Attentat, das im Harem seines Palastes angezettelt wurde. Er lebte noch eine Zeit lang unter Qualen, während sich der Prozess gegen seine Verschwörer in die Länge zog und noch andauerte, als er bereits den Wunden erlegen war, die sie ihm zugefügt hatten.

Sein Grab im Tal der Könige wurde in der Neuzeit ausgegraben und enthielt ein bemerkenswert gut erhaltenes Profilbildnis des Pharaos, das ihn zeigt, wie er – passenderweise – die Chepresch, die blaue Kriegskrone, trägt. Sein Siegestempel ist in besserem Zustand als jeder andere größere dynastische Tempelkomplex, der noch im Niltal steht; auf dem Hauptportikus sind noch immer Spuren der

Originalfarben zu sehen. Der sogenannte Papyrus Harris I, der seine Regierungszeit dokumentiert, gehört ebenfalls zu den vollständigsten und lesbarsten Aufzeichnungen dieser Art. Glücklicherweise war Ramses III. der bestdokumentierte Herrscher des Alten Ägypten, und da er der Pharao des atlantischen Krieges war, können uns diese Dokumente viel über jene Zeit enthüllen.

In der Deltastadt Sais, wo er die Schlacht gegen die Invasoren gewonnen hatte, wurde ein großer Tempel für die Kriegsgöttin Neith errichtet, mit einer Gedenksäule für den Krieg. Jahrhunderte später wurden die Hieroglyphen von einem Hohepriester für einen wichtigen Besucher übersetzt – den Mann, der Athen und der westlichen Welt das erste Gesetzbuch gab. Solon kehrte mit dieser Übersetzung nach Griechenland zurück, wo die Geschichte von Atlantis sich verbreitete und schließlich durch Platon dem Rest der Welt überliefert wurde. Sie beschreibt nicht nur einen Kampf zwischen Fürsten und Königreichen, sondern zwischen ganzen Völkern, die sich in einen beispiellosen Vernichtungskampf verstrickten, durch den eine ganze Epoche der Menschheitsgeschichte endete.

DREI

Die vier Katastrophen

Eure Erzählung davon, wie Phaeton, das Kind der Sonne, seines Vaters Streitwagen anspannte, aber nicht fähig war, ihn gemäß des Vaters Lauf zu führen, und so die Erde in Brand setzte und selber von einem Blitz erschlagen wurde, ist eine mythische Version der Wahrheit, dass es in langen Abständen eine Veränderung im Lauf der Himmelskörper und eine ihr folgende weiträumige Zerstörung der Erdoberfläche durch Feuer gibt.

PLATON: *TIMAIOS*

Im Jahr 1994 veränderten sich zwei Welten für immer: der Jupiter und die Erde. Als der Jupiter im Sommer jenes Jahres von zahlreichen Meteoren des Kometen Shoemaker-Levy 9 getroffen wurde, waren die Auswirkungen auf irdische Wissenschaftler kaum weniger dramatisch als die auf den betroffenen Planeten. Bis dahin hatten die meisten geglaubt, wie auch im *Larousse Handbuch der Astronomie* konstatiert, dass »die Wahrscheinlichkeit einer Kollision (zwischen einem Kometen und einem Planeten unseres Sonnensystems) wegen des dafür nötigen perfekten Timings und der exakten Positionierung äußerst gering ist«. Als jedoch ein Komet mit etwa vier Kilometer Durchmesser im Gravitationsfeld des Jupiters auseinanderbrach, bildeten sich einundzwanzig Fragmente mit Durchmessern von bis zu tausend Metern und trafen den Planeten schließlich mit einer Geschwindigkeit von mehr als 200.000 Kilometern pro Stunde. Der Einschlag der Kometenteile erzeugte eine Energie, die zehntausend Mal so stark war wie das gesamte nukleare Arsenal der Menschheit. Staunend sahen die damaligen Beobachter zu, wie sich riesige Gasblasen bildeten, sogenannte Plumes. Mit dem Hubble-Weltraumteleskop ließen sich enorme dunkle Flecken in der Jupiter-Atmosphäre wahrnehmen, deren Spuren auch ein Jahr nach diesen Zusammenstößen noch sichtbar waren.

Jahrhunderte ruhiger Gewissheit, dass die Erde eine besondere Immunität gegen Bedrohungen aus dem Weltraum besäße, wurden damals auf dramatische Weise durch eine realistischere Einschätzung unserer prekären Position im Sonnensystem ersetzt. Astronomen waren jedoch nicht die einzigen Wissenschaftler, die gezwungen waren, ihre Theorien neu zu bewerten. Vor diesen Verwüstungen durch den Kometen Shoemaker-Levy 9 hatten die Archäologen lange Zeit über die Gründe des plötzlichen Aufstiegs und Niedergangs von Zivilisationen gerätselt, insbesondere während der Bronzezeit. Dies war eine wegweisende Epoche in der Geschichte der Menschheit gewesen: Werkzeuge und Waffen aus Stein und Kupfer wurden durch die Kombination von Kupfer mit Zinn ersetzt, was zu einem harten, widerstandsfähigeren und insgesamt überlegenen Material führte. Die Massenproduktion von Bronze prägte ein ganzes Zeitalter. Es umfasste den Aufstieg der Hochkulturen im Niltal und in Mesopotamien gegen Ende des vierten Jahrtausends vor Christus bis zum plötzlichen Zusammenbruch der zivilisierten Welt weniger als zweitausend Jahre später.

Die Erfindung der Bronze konnte jedoch nicht die einzige Ursache für die Entstehung der Zivilisation sein. Ihr angeblicher Ersatz durch Eisen war auch nicht verantwortlich für das lange dunkle Zeitalter, das anschließend folgte, da Eisen von Ägyptern, Hethitern und anderen Völkern schon Jahrhunderte vor ihrer finsteren Epoche verwendet worden war. Tatsächlich wurde die Bronzezeit selbst von zwei großen Intervallen unterbrochen, in denen alle Zivilisationen gleichzeitig schwere Krisen durchliefen, die sie an den Rand des Untergangs brachten. Durch welche Ereignisse wurden diese Krisen ausgelöst? Kriege, Hungersnöte, religiöser Eifer, Epidemien – nichts konnte angemessen erklären, wie oder warum ganze Völker zu verschiedenen Zeiten auf ähnliche Weise aufstiegen und untergingen und was den völligen Untergang der vorklassischen Welt hätte bewirken können.

Ab 3100 vor Christus schienen die hochentwickelten Reiche Kleinasiens, der Ägäis und des Nahen Ostens für fast zwei Jahrtausende aufzusteigen und zu prosperieren. Um 1200 vor Christus verschwanden dann jedoch praktisch über Nacht alle für eine Hochkultur charakteristischen Errungenschaften – Literatur, Künste, Monumentalbauten, Stadtplanung, Medizin, organisierte Religion, die mathematischen Wissenschaften, Herstellungstechniken, Physik, Astronomie, Handel. In den nächsten vierhundert Jahren tasteten sich die Menschen durch ein dunkles Zeitalter, das so finster war, dass die meisten Leistungen ihrer Vorfahren entweder vergessen oder in den Bereich des Mythos verbannt wurden. Bis zur Wende des letzten Jahrtausends ist es den Wissenschaftlern nicht gelungen, diese große Frage der Geschichte zu beantworten: Woher stammte die Zivilisation, und was brachte sie so plötzlich an ihr Ende?

Mitte der 1990er Jahre haben akademische Forscher diese Frage angesichts der verheerenden Auswirkungen von Shoemaker-Levy 9 auf Jupiter erneut überdacht. Sie begannen ernsthaft in Betracht zu ziehen, dass ähnliche Kataklysmen den Verlauf der frühen Entwicklung der Zivilisation hier auf der Erde grundlegend bestimmt haben könnten. In Europa, Asien und den Vereinigten Staaten überprüften Archäologen ihre Ergebnisse und gelangten überrascht zu einigen gemeinsamen Schlussfolgerungen, die geeignet waren, langgehegte Vorstellungen von der Vergangenheit radikal über den Haufen zu werfen, ebenso wie die Astronomen infolge des überraschenden Auftretens von Shoemaker-Levy 9 gezwungen waren, ihre Überzeugungen von einem sicheren Sonnensystem zu revidieren. Drei Jahre nach dem Zusammenstoß des Kometen mit dem Jupiter kamen weltweit führende Autoritäten auf den Gebieten der Archäologie, Archäoastronomie, Geologie, Paläobotanik, Klimatologie und verwandter Wissenschaften zu einer Sonderkonferenz zusammen, um ihre neuen, verstörenden Daten zu bündeln. Die Tagung trug den Titel »Naturkatastrophen in bronzezeitlichen Zivilisationen: Archäologische, geologische, astronomische und kulturelle Perspektiven«. Vom 11. bis 13. Juli 1997 beherbergte die Gesellschaft für Interdisziplinäre Studien im Fitzwilliam College in Cambridge Wissenschaftler aus Schweden, Japan, Australien und vielen anderen Ländern. Zu den Referenten gehörten solche akademischen Größen wie Mike Baillie, Professor am Paläoökologischen Zentrum der Queen's University in Belfast, Nordirland, und führender Experte für die Datierung von Baumringen, Duncan Steel vom Pioneer Venus Orbiter Programm der NASA und Amos Nur, Professor für Geophysik an der Stanford University. Insgesamt nahmen rund einhundert Wissenschaftler an dieser Konferenz teil.

Weitere bekannte Referenten waren Victor Clube und William Napier, zwei Astronomen vom Armagh Observatory in Irland. Ihre Theorie lautete, dass ein riesiger Komet vor dreißig- bis siebzigtausend Jahren in eine Sub-Jupiter-

Umlaufbahn geschleudert wurde. Anschließend zerlegte er sich allmählich in kleinere Kometen oder Asteroiden. Diese neuen Kometen erzeugten Trümmerhaufen, die sich noch immer als jährliche Meteoritenschauer bemerkbar machen. Als sie jünger waren, waren sie jedoch noch dichter und konnten immer dann Verwüstungen auf unserem Planeten anrichten, wenn die Erde ihren dichtesten Abschnitt durchquerte. Diese Meteorhaufen bewegen sich über mehrere Jahrtausende hinweg weiter, so dass ihre gefährlichsten Perioden ungefähr zweieinhalbtausend Jahre auseinander liegen. Für die Zeit seit ungefähr 3150 vor Christus postulierten Clube und Napier einen kürzeren Teilzyklus von ungefähr sechshundert Jahren (Palmer und Bailey 1998, 273).

Die Theorie von Clube und Napier erregte die Aufmerksamkeit anderer Wissenschaftler. Sie waren sich einig, dass eine Reihe bronzezeitlicher Kataklysmen durch den nahen Vorbeiflug und/oder den tatsächlichen Einschlag vier verschiedener Kometen verursacht worden war. Diese Zusammenstöße müssen die menschliche Zivilisation um 3100, 2200, 1628 und 1198 vor Christus grundlegend beeinflusst und traumatisiert haben. Die Referenten von Cambridge lieferten zahlreiche materielle Beweise, die überzeugend belegten, dass diese Katastrophen der Bronzezeit tatsächlich stattgefunden hatten. Dabei war erst in jüngster Zeit mit unabhängigen wissenschaftlichen Mitteln bestätigt worden, was die Menschen bereits vor dreitausend Jahren und mehr gewusst und in mythischen Erzählungen auf der ganzen Welt bewahrt hatten. Denn Griechen, Iren, Ägypter, Nordeuropäer, Afrikaner sowie Ureinwohner Mittelamerikas und der Anden erinnerten sich an dasselbe Quartett von Katastrophen.

Diese mündlichen Überlieferungen weisen trotz der oft enormen zeitlichen und räumlichen Distanz eine bemerkenswerte allgemeine Konsistenz auf: Sie beschreiben übereinstimmend ein früheres Zeitalter beispielloser zivilisatorischer Größe auf einer großen Insel im Atlantik. Anfangs tugendhaft, wurde dieses Volk schließlich von Laster und Gier korrumpiert. Daher bestraften die Götter sie mit einem »Feuer vom Himmel«, auf das eine schreckliche Flut folgte. Einige konnten entkommen und flohen in andere Teile der Welt, wo sie neue Kulturen aufbauten und Dynastien begründeten. Andere blieben in ihrer verwüsteten Heimat, um ihren früheren Glanz wiederherzustellen. Der Kreislauf von Macht, Katastrophe, Migration und Erneuerung wiederholte sich noch dreimal, bis das Reich von einer letzten Flut endgültig ausgelöscht wurde. Die letzten Überlebenden segelten in ferne Länder, die sie mit ihrer überlegenen Technologie beherrschten, bis sie von den einheimischen Populationen absorbiert wurden.

Um 340 vor Christus gab der griechische Philosoph Platon diesem Quell der Zivilisation einen Namen: Atlantis. Zweifellos war das Reich unter verschiedenen Namen bereits Jahrhunderte zuvor und bei vielen Völkern bekannt gewesen, doch deren Bezeichnungen waren nur individuelle Abwandlungen, die alle den gleichen Ort meinten. Den Gelehrten waren diese Erzähltraditionen seit langem bekannt gewesen, doch sie hatten sie immer als Mythen oder Allegorien abgetan. Durch das Wissen um die Begegnungen unseres Planeten mit Kometen in vorklassischer Zeit erhielten diese Mythen jedoch eine völlig neue Bedeutung. Sie können nun als Beschreibungen von vier Naturkatastrophen gelesen werden, die die gesamte Bronzezeit prägten. Die in den Mythen dargestellten Ursprünge und Einflüsse der frühen Zivilisationen traten vor dem Hintergrund neuer wissenschaftlicher Erkenntnisse erstmals als ein kühnes Relief hervor. Sie erzählen die vergessene Geschichte der Menschheit – ein Drama, das durch eine ähnliche Katastrophe auf dem Planeten Jupiter in unserer Zeit wieder zum Leben erweckt wurde.

Die Tagung der Forscher am Fitzwilliam College im Jahr 1997 zeigte, dass sich verschiedene Kometen am Beginn und am Ende der Bronzezeit der Erdumlaufbahn näherten, mit zwei weiteren Begegnungen zwischendurch. Hale-Bopp und Halley sind heute noch bekannte Kometen, doch vor fünftausend Jahren waren sie um ein Vielfaches massereicher und unserem Planeten näher. Die Astronomen Clube und Napier glauben, dass noch ein weiterer Komet, als Proto-Encke bezeichnet, zu den zerstörerischen Marodeuren aus dem All zählte. Möglicherweise gab es weitere, die inzwischen verschwunden sind, so wie ja auch Hale-Bopp, Halley und Encke heute weitaus weniger gefährlich sind als in der Vergangenheit. Denn jedes Mal, wenn diese drei Kometen in der Nähe der Sonne vorbeifliegen, lösen sie sich nach und nach etwas mehr auf, da die Eisstruktur, die ihr felsiges Material zusammenhält, durch die Sonnenwärme verdampft. Archäoastronomen haben berechnet, welche Dichte sie hatten, bevor sie im Verlauf ihrer Umkreisungen den größten Teil ihrer Masse verloren. Sie konnten feststellen, dass diese derzeit relativ altersschwachen Kometen einst den Himmel über der Erde beherrschten, heller als der Vollmond leuchteten und selbst bei Tageslicht deutlich sichtbar waren. Wenn sie sich näherten, war ihr Leuchten der Vorbote furchterregender Ereignisse, denn sie schleuderten Tausende flammender Felsbrocken auf einen wehrlosen Planeten.

Der naheliegendste Beweis für solch ein himmlisches Sperrfeuer wäre natürlich eine unbestimmte Anzahl von Einschlagskratern, die mit der Bronzezeit in Verbindung gebracht werden können. Solch ein Nachweis gestaltet sich jedoch schwierig. Wie Kenneth Caroli zu bedenken gibt, hat vermutlich ein Großteil der Trümmer keine Spuren an Land hinterlassen, da sie in den Ozeanen einschlugen, die den größten Teil der Erdoberfläche bedecken. Die Wahrscheinlichkeit, Einschlagskrater zu finden, wird auch dadurch weiter verringert, dass ein unbekannter, aber wahrscheinlich hoher Prozentsatz von Explosionen in der Atmosphäre stattfand, wobei die Meteore explodierten, bevor sie mit der Erdoberfläche kollidieren konnten, so wie der Asteroid, der 1908 über Sibirien detonierte. Da der Wirkungsradius größer ist, können solche Explosionen in der Luft sogar noch zerstörerischer sein, auch wenn sie kaum offensichtliche Spuren hinterlassen. Dazu kommt noch, dass die natürlichen Kräfte von Wind und Regen im Lauf der Jahrtausende Einschlagskrater bis zur Unkenntlichkeit abtragen oder verschwinden lassen können.

Dennoch fanden die Wissenschaftler eine Fülle physischer Beweise für die weltweite Zerstörung, die Kometen während der Bronzezeit hinterließen. Folgende unbestreitbare Nachweise wurden während der Tagung am Fitzwilliam College präsentiert: Wachstumsringe der Vegetation in irischen Mooren und Eichenwäldern; Ascheablagerungen in grönländischen Eiskernen; Aufpralllinien kolossaler Wellen entlang der Küste Marokkos; abrupte Veränderungen des Wasserstandes in Seen von Westeuropa bis nach Südamerika; kleine glasige Kügelchen, die aus Kometenkollisionen resultieren, bei denen das Gestein starker Hitze ausgesetzt ist. Dieser Effekt ist auch bei siebzig sogenannten verglasten Festungen in Schottland sichtbar. Euan MacKie, der ehemalige stellvertretende Direktor des Hunterian Museums in Glasgow, beschreibt solch ein ungewöhnliches Bauwerk: »eine zerstörte Hochburg auf einem Hügel, die so stark durch Feuer beschädigt wurde, dass Teile der Mauerwerke miteinander verschmolzen sind; dies impliziert Temperaturen von bis zu 1.000 Grad Celsius« (Palmer und Bailey 1998, 149). Seit dem späten achtzehnten Jahrhundert hatten die Forscher angenommen, dass prähistorische Völker die Festungen absichtlich starker Hitze aussetzten, um ihre Mauern zu verstärken. Aber wie MacKie betont, »zeigt die

Ausgrabung solcher Stätten regelmäßig, dass die Verbrennung und Verglasung am Ende ihrer Nutzungszeit erfolgte und sie unbewohnbar machte« (Palmer und Bailey 1998, 312). Der Enzyklopädist William Corliss fügt hinzu:

> »Der militärische Nutzen verglaster Festungsmauern ist nicht offensichtlich. Viele der Wände sind nur ein paar Meter hoch und so einfach zu erklimmen wie eine unverglaste Wand. Die Verglasung trägt wenig oder gar nichts zum militärischen Wert der Mauern bei. Tatsächlich ist es vernünftiger, die verglasten Festungsmauern als die verbrannten Überreste viel höherer Holzfachwerkmauern zu betrachten, die von scharfen Holzpfählen überragt wurden, welche auf den vorrückenden Feind gerichtet waren.« (Corliss 2001, 122)

Ende der 1980er Jahre durchgeführte Experimente von Archäologen der Universität Oxford zeigten, dass die frühen Westeuropäer nicht in der Lage waren, die zum Schmelzen von Steinmauern erforderlichen Temperaturen zu erzeugen. Jeder Baum in Großbritannien hätte verbrannt werden müssen, um eine einzelne schottische Festung zu verglasen! Während bei archäologischen Ausgrabungen häufig Hinweise auf Brandschäden durch Krieg oder Unglücksfälle zu finden sind, ist eine Verglasung selten, da die erforderlichen Temperaturen die normalen Verbrennungstemperaturen weit überschreiten. Darüber hinaus scheinen nahe gelegene Felsbrocken und andere Felsformationen, die in keiner Beziehung zu den Burgen standen, ebenfalls Verglasungen aufzuweisen und genauso durch ungewöhnlich starke Hitze geschmolzen zu sein. Ein weiteres Argument gegen die Verglasung als bewusst angewandte militärische Methode ist ihre Präsenz in anderen Teilen der Welt bei unterschiedlichen Völkern. Im Jahre 1982 entdeckten Bauarbeiter aus

Colorado, die in den Bergen nordwestlich von Denver eine Pipeline gruben, zufällig die Überreste eines Dorfes mit sechzehn Lehmgebäuden, die vor mehr als viertausend Jahren durch extreme Hitze verschmolzen waren. »Das Alter dieser Stätte und ihr feuriger Niedergang«, bemerkt Corliss, »waren ein Alarmsignal für Anhänger der Katastrophentheorie« (Corliss 2001, 122).

Der amerikanische Antiquar Stephen Peet berichtet von prähistorischen Bauten in Bourneville, Ohio, auf einem Hügel zwanzig Kilometer westlich von Chillicothe, die außerordentlich hohen Temperaturen ausgesetzt gewesen waren. »Diese Steinhügel«, schreibt er, »weisen die Spuren intensiver Hitze auf, die die Oberflächen der Steine verglast und miteinander verschmolzen hat. An anderen Stellen der Mauer sind starke Brandspuren zu erkennen« (Corliss 2001, 123).

Ein Forschungsreisender im Auftrag des *American Journal of Science*, der 1839 den Irak besuchte, inspizierte die Ruinen von Birs Nimrud, einer eingestürzten Zikkurat (Stufenpyramide) etwa neunzig Kilometer südlich von Bagdad, und fand, dass

> »... die Basis des Bauwerks nicht verändert war, aber die herabgeworfenen Stapel feiner Ziegelsteine in verschiedenen Farben verglast waren; sie gaben den klingenden Ton von sich, der für Verglasungen typisch ist. Die Zementlinien sind deutlich sichtbar und ebenfalls verglast. Die verzehrende Kraft des Feuers scheint von oben eingewirkt zu haben, und die nun verstreuten Ruinen fielen von einem höheren Punkt herab als die Spitze des gegenwärtig noch stehenden Fragments. Das Feuer, das solch erstaunliche Effekte erzeugte, muss mit der Kraft eines mächtigen Ofens gebrannt haben, und nach dem Erscheinungsbild des Risses in der Mauer dieser verglasten Massen neige ich dazu, die Katastrophe einem enormen Blitz zuzuschreiben.« (Corliss 2001, 179)

Seine Eindrücke wurden mehr als vierzig Jahre später von einem Reporter des *Journal of the Transactions of the Victoria Institute* bestätigt: »Am Fuße dieses turmartigen Bauwerks liegen große Brocken aus verglastem Mauerwerk, die offensichtlich durch Feuer geschmolzen und von der ursprünglichen Spitze des Gebäudes geschleudert wurden, das ohne Zweifel dreißig oder vierzig Meter höher gewesen war« (Corliss 2001, 178). Ein Schriftsteller, der Birs Nimrud 1929 für die Zeitschrift *Antiquity* beschrieb, berichtet von merkwürdigen Fragmenten in Form »mehrerer unförmiger, ziemlich schwarzer Mauermassen. Diese waren sicherlich heftiger Hitze ausgesetzt, da sie vollständig geschmolzen sind« (Corliss 2001, 177).

In Frankreich gibt es eine Reihe von *Forts vitrifiés* in Châteauvieux, Puy de Gaudy und in der Nähe von Saint-Brieuc (Côtes-du-Nord). Diese französischen Orte weisen keine kulturellen Beziehungen zu ihren schottischen Gegenstücken auf, außer im Hinblick auf den Zeitraum der Verglasung, nämlich während der Spätbronzezeit. Während aktuelle Datierungstechniken anzeigen, dass es um 800 vor Christus und später zu der Verglasung kam, glaubt MacKie, dass eine »Datierung durch Thermolumineszenz dagegen auf eine breitere zeitliche Streuung hindeutet« (Palmer und Bailey 1998, 245). Passenderweise stimmen die Daten für die Verglasung in Colorado, im Irak und in Indien mit dem Zeitpunkt von zwei früheren Kometeneinschlägen, nämlich um 2200 und 1628 vor Christus, überein. Tatsächlich hätte nichts Geringeres als ein Feuer vom Himmel ausreichend hohe Temperaturen erzeugen können, um Steinbauten auf der ganzen Welt zu verglasen.

Es gab vier solcher planetenübergreifenden Katastrophen, und jede von ihnen markierte grundlegende Veränderungen des menschlichen Schicksals. Die erste fand am 12. August 3113 vor Christus statt, ein Datum, das die Maya in ihrem heiligen Kalender als 4 Ahau 8 Cumku bewahrten. In den Jahrhunderten vor diesem schrecklichen Ereignis war die Zivilisation im mittelozeanischen Reich des Atlas gewachsen und gediehen. Doch im vierten Jahrtausend vor Christus fiel ein Komet oder sogar eine Reihe von Kometen auf die Erde, zerstörte ihre Oberfläche und sandte monströse Wellen gegen die ersten Städte der Menschheit. Die Insel des Atlas wurde durch seismische Gewalt schwer beschädigt, und zumindest einige ihrer Teile stürzten in das aufgewühlte Meer (siehe Abb. 3.1). Flüchtlinge gelangten nach Mesopotamien, wo man sich an sie als Seevölker erinnerte. Derselbe Name bezeichnete auch die Fomoraig oder Fomorer in Irland sowie die Pelasger in Griechenland. Im Nildelta waren es die Mesentiu oder Harpuniere. In Mexiko und Peru waren sie »Ausländer des Landes«, die Ah-Auab und die Ayar-manco-topa. Überall, wo sie siedelten, ließ eine Synthese der Hochkultur ihres ursprünglichen Heimatlandes mit indigenen Einflüssen neue Gesellschaften entstehen, die sowohl materiell als auch spirituell höher entwickelt waren und auf gemeinsamen Ursprüngen beruhten, sich jedoch in ihrer weiteren Entwicklung zunehmend voneinander unterschieden.

Fast tausend Jahre himmlischen Friedens ließen den Keim der atlantischen Zivilisation im Niltal, im Tal von Mexiko, im fruchtbaren Halbmond und in einem Dutzend anderer weniger stark zerstörter Länder gedeihen. Knapp der Vernichtung entgangen, litt das entkräftete Atlasreich unter der Demütigung fremder Besatzung. Nach der letztendlichen Vertreibung der Fremden bauten die unbezwingbaren Bewohner ihr Reich mithilfe ihrer Fähigkeiten als Seefahrer und Bergleute wieder auf.

Doch im Jahr 2193 vor Christus explodierte der Himmel erneut, wie in der *Ura-Linda-Chronik*, dem Erbstück einer Familie aus dem mittelalterlichen Friesland, dokumen-

Abb. 3.1. Diese Illustration zeigt Überlebende, die in einem Schilfboot vor dem Kataklysmus fliehen, der sich gegen Ende des 4. Jahrtausends vor Christus ereignete. Es war die erste von vier Naturkatastrophen, die Atlantis heimsuchten. (Illustration von Kenneth Caroli)

tiert ist (siehe Kapitel 12). Wie zuvor loderten kosmische Schlangen über den Himmel und spien flammende Trümmer über die Welt. Dynastien fielen, ganze Gesellschaften brachen zusammen, und Atlantis, das zu Erdbeben neigte, schwankte am Rande der Vernichtung. Immer mehr Menschen zogen in weniger gefährdete Gegenden fort, gründeten neue Herrschaftsgebiete oder bauten die von ihren Vorfahren erschlossenen weiter aus. Die daheimgebliebenen Atlanter wussten, wie man sich aus Trümmern befreite, um neu zu beginnen. Ihre Gesellschaft entwickelte sich prächtiger als jemals zuvor, denn Widerstandsfähigkeit war das Markenzeichen ihrer Bevölkerung.

In den nächsten sechs Jahrhunderten führten sie die zivilisierte Welt in eine neue Phase der Bronzezeit, mit einer frischen Blüte von Kunst und Handel. Aber im Jahre 1628 vor Christus kam auch diese Periode zu einem bitteren Ende, als sich der Himmel verdunkelte und die Temperaturen aufgrund eines gewaltigen Aschefalls zurückgingen. Ausgelöst von einer Flut von Kometeneinschlägen, stießen Vulkane in der Ägäis und im Pazifik erneut Tod und Vernichtung aus, was zu einer weiteren Migration der Atlanter in die ganze Welt führte.

Obwohl die Hauptstadt diesmal weniger beschädigt war als nach den früheren Kataklysmen, traten nun Führer mit einer neuen imperialistischen Denkweise auf. Atlantis behauptete sich bald darauf als Hauptquartier eines aggressiven, expansiven Imperiums, gründete Kolonialherrschaften auf beiden Seiten des Ozeans, den es nach sich selbst benannt hatte, und engagierte sich in internationaler Machtpolitik. Um seine Ansprüche zu untermauern, baute es starke Flotten von Kriegsschiffen auf, die mit Marinesoldaten bemannt waren. Parallel zu diesem militärischen Aufschwung vergrößerte sich die Hauptstadt hinsichtlich ihrer Bevölkerung und materiellen Pracht zur prunkvollsten Metropole der Welt. Ihr Ehrgeiz führte jedoch zu Konflikten mit anderen Völkern, und die Atlanter standen schließlich im Krieg mit den anderen großen Reichen der damaligen Welt.

Obwohl sie zunächst erfolgreich waren, mündeten ihre Siege schließlich in eine Niederlage. Die militärische Katastrophe ging mit einer Kometenkatastrophe am Himmel einher: Eine schicksalhafte Kombination von himmlischen Phänomenen bewirkte den tödlichsten Angriff des Himmels, den die leidgeprüfte Menschheit jemals erdulden musste. Atlantis blieb nicht verschont. Erdbeben erschütterten seine Gebäude, kolossale Wellen schlugen in seine Häfen ein, und seismische Umwälzungen brachten den Atlas zu einem großen Ausbruch, der die Insel in zwei Teile sprengte. Die feurige, klaffende Wunde schluckte in wenigen Augenblicken Millionen Tonnen Meerwasser und saugte Atlantis und seine erschrockenen Bewohner auf den Grund des Ozeans. Einige flohen vor der endgültigen Vernichtung ihres Heimatlandes, nur um festzustellen, dass die Welt, in die sie flüchteten, ein dunkles Zeitalter fast universaler Zerstörung war.

Diese vier globalen Kataklysmen wurden von vormodernen Kulturen auf der ganzen Welt im Gedächtnis gespeichert, zum Teil in Form von Kalendersystemen, die diese großen Katastrophen nutzten, um wichtige Epochen voneinaner abzugrenzen. Zwei Systeme, die diese vier Naturkatastrophen auf solche Weise verwendeten, stimmen trotz der Trennung durch zwei Ozeane bemerkenswert gut miteinander überein. Der aztekische Kalender, der vom vierzehnten bis sechzehnten Jahrhundert nach Christus benutzt wurde, war die letzte Entwicklungsstufe zahlloser Vorläufer, die bis in die Ursprünge der mittelamerikanischen Zivilisation vor Tausenden von Jahren zurückgingen. Seine Sonnen oder Epochen waren durch vier Hauptstörungen in der Erdgeschichte gekennzeichnet. Die erste, 4-Ocelotl oder Jaguar, war eine Zeit, in der die Menschheit von riesigen Rudeln von Raubtieren beinahe verschlungen wurde. Einige Menschen überlebten, bauten eine neue Gesellschaft auf – und wurden reich, untätig und dekadent in einem Zyklus, der der nächsten Epoche vorausging: 4-Ehecatl oder Windsturm. Die vorletzte Zerstörung war 4-Quiahuitl, das Feuer vom Himmel. Die Azteken kannten die letzte und jüngste planetenweite Katastrophe als 4-Atl oder die Große Flut, worauf ihr Kulturheros, die Gefiederte Schlange, aus seinem verborgenen Reich auf der anderen Seite des Atlantischen Ozeans auftauchte. Diese aztekischen vier Epochenwenden fallen mit dem Quartett der kosmischen Katastrophen zusammen, von denen bekannt ist, dass sie die Erde um 3100, 2200, 1600 und 1200 vor Christus verwüsteten.

Auch Bewohner des indischen Subkontinents verwendeten diese vier Kataklysmen in ihrem Kalendersystem. Nach Carolis Forschung zu hinduistischen Zeitzyklen wurden diese durch bestimmte Konstellationen definiert, die den astrologischen Zeichen im westlichen Tierkreis entsprechen. Caroli erklärt, dass »der Zeitraum 3112 bis 3066 vor Christus eine plausible Trennungslinie zwischen ihren ersten beiden Häusern darstellt. [...] In Kaschmir wurde das Nulldatum des Saptarshi-Kalenders auf den Zeitpunkt festgelegt, als die sieben Rishis oder Weisen 3076 vor Christus in den Himmel aufstiegen, um zu den Sternen in Ursa Major zu werden« (Caroli 2003). Auch wenn Madame Helena Blavatsky und ihre theosophischen Anhänger im späten neunzehnten Jahrhundert oft des Mystizismus beschuldigt werden, scheint es so, als würden einige ihrer Argumente zumindest teilweise auf echten indischen Traditionen beruhen. Caroli behauptet:

> »Die theosophischen Zahlen lassen sich mit einer Art Mondgottheit erklären, die als Tithi bezeichnet wird – 1/360 eines synodischen Mondjahres mit 354 Tagen oder eines Solarjahres mit 365 Tagen. Unter dieser Annahme beträgt das Intervall zwischen dem ersten und dem letzten Kataklysmus 2130 bis 2156 Jahre. Blavatskys Zahl für ein Tierkreis-Zeitalter betrug 2155 Jahre. Wenn wir nun diese 2130 Jahre als ein ganzes Maha Yuga oder eine Epoche annehmen, die etwa 3112 bis 3066 vor Christus begann, erhalten wir einige interessante Ergebnisse. Es gibt vier Yugas in dieser Epoche, von denen jedes immer kürzer als das vorangegangene

> ist. Das Maha Yuga endete um 3100 vor Christus, als das Krita Yuga begann, das irgendwann zwischen 2260 und 2214 vor Christus zu seinem Ende kam. Es folgte ein Treta Yuga bis 1621 oder 1575 vor Christus. Zu dieser Zeit lebte Rama Prusha – im hinduistischen Mythos ein Avatar des Vishnu. Passenderweise ist eine große Hauptstadt namens Lankhapura in Erinnerung geblieben, die während des Treta Yuga im Meer versunken sein soll. Bevor sie unterging, wurde eine schöne Frau, Sita, von Rama, einem Helden mehrerer asiatischer Epen, insbesondere des Ramayana, gerettet. Nach dem Treta Yuga folgte das nach Krishnas Hauptstadt benannte Davpara Yuga. Davpara sank nach einem gewaltigen Krieg bei seiner Vernichtung auf den Grund des Ozeans. Das Davpara Yuga endete um 1231 oder 1213 vor Christus.« (Caroli 2003)

Ähnlichkeiten zwischen den aztekischen und den hinduistischen Zeitzyklen lassen vermuten, dass sie von Überlebenden derselben vier Katastrophen aufgestellt wurden. Nicht weniger bemerkenswert ist, dass beide Zyklen parallel zu den kürzlich entdeckten kosmischen Ereignissen des späten vierten und dritten Jahrtausends vor Christus und des frühen siebzehnten und zwölften Jahrhunderts vor Christus verlaufen. Die aztekischen Epochen und das Quartett der hinduistischen Yugas definieren eindeutig dieselbe Reihe von Naturkatastrophen, von denen die Wissenschaft heute erkennt, dass sie unseren Planeten in der antiken Vergangenheit heimgesucht haben. Am wichtigsten für unsere Untersuchung ist, dass der atlantische Charakter dieser Ereignisse in der globalen Flut von 4-Atl sowie durch Krishnas versunkene Stadt im Davpara Yuga deutlich wird.

Die weltumstürzende Gewalt, die diese und zahlreiche andere Traditionen beschreiben, spiegelt eine Geschichte, die über einen Zeitraum von fast zweitausend Jahren auf der gesamten Welt ablief. Der Umfang dieser Erzählung scheint beinahe zu groß zu sein, um sie zusammenzufassen. Wir beginnen gerade erst, dieses riesige Panorama zu überschauen, das die frühe Geschichte der menschlichen Zivilisation erklärt. Es kann jedoch noch deutlicher in den Blick genommen werden, wenn man die Mythen unmittelbar mit den Erkenntnissen der Wissenschaft im Hinblick auf die vier bronzezeitlichen Kataklysmen vergleicht, die die Astronomen mittlerweile identifiziert haben.

Die folgende Zeitachse der Katastrophen verbindet einige der wichtigsten Volkstraditionen mit den archäologischen und geologischen Erkenntnissen. Wenn diese Verbindungen hergestellt werden, beginnt sich das Weltdrama mit seinen Spielern, seinen Handlungen und seinem schließlichen Ausgang vor unseren Augen zu entfalten. Als austauschbare Vorlage für das Epos von Atlantis zeigt diese Zeitachse seinen Aufstieg zur Größe, seine kosmische Vernichtung und das Schicksal seiner Überlebenden.

ERSTER KATAKLYSMUS: 3113 vor Christus

Ereignisse am Himmel

- Der Komet Proto-Encke kommt der Erdumlaufbahn am nächsten.
- Ein Komet kollidiert mit Asteroiden im Asteroidengürtel zwischen Mars und Jupiter, was zu Meteoritenströmen führt. Diese bilden später die Tauriden-Meteore, die mit den Kataklysmen der Bronzezeit in Verbindung gebracht werden. Die jüngste aktivste Phase der Tauriden fand um die Wende des vierten Jahrtausends vor Christus statt.
- Duncan Steel folgerte: »So war der Nachthimmel ab 3000 vor Christus für einen Zeitraum von mindestens ein oder

zwei Jahrtausenden gestört und enthielt einen oder mehrere jährlich wiederkehrende Hauptkometen, verbunden mit Epochen (festgelegt durch die Präzession der Umlaufbahn), in denen der jährliche Meteoritensturm ein gewaltiges Ausmaß erreichte« (Wright 2000). Laut Steel kreuzte eine Reihe von vier Kometen, die einen Monat voneinander entfernt waren, um 3100 vor Christus den Orbit der Erdumlaufbahn (Wright 2000).

- Der etwa 150 Meter breite Henbury-Krater im Norden von Zentralaustralien wurde durch einen Meteoriteneinschlag um 3100 vor Christus erzeugt.

Geologische Beweise

- Im grönländischen Eisbohrkern von Camp Century tritt ein Säuregehalt auf, der auf eine plötzliche starke Zunahme von weltweit niederregnender Asche hinweist.
- In ihrem Buch *Uriels Maschine* stellen die Autoren Christopher Knight und Robert Lomas fest, dass sich die Richtung des Magnetfeldes der Erde in den letzten zehntausend Jahren nur zweimal abrupt geändert hat, zuletzt 3150 vor Christus, als ein Komet ins Mittelmeer stürzte.
- Der Vulkanismus im Atlantik erreichte um die Wende des vierten Jahrtausends vor Christus einen Höhepunkt, insbesondere auf Island und auf den Azoren, also in der Umgebung von Atlantis.
- Weltweit erhöhten sich die Erosionswerte von 20 bis 30 Tonnen/Quadratkilometer um 2950 vor Christus plötzlich auf 140 Tonnen/Quadratkilometer.
- An den Flüssen Tigris, Euphrat und Nil waren massive Überschwemmungen zu verzeichnen. In Brasilien floss das Amazonasbecken über, und es entstand der Lago Amazonica, ein mittlerweile verschwundener See.

Klimatischer Wandel

- Laut Dr. Robert M. Schoch, einem Geologen der Boston University, weist die Große Sphinx von Gizeh Schäden durch Regenwasser auf, die bei den aktuellen Niederschlagsmengen auf eine Errichtung gut 2.500 Jahre vor ihrem offiziellen Bau im sechsundzwanzigsten Jahrhundert vor Christus hindeuten würden. Kenneth Caroli weist jedoch darauf hin,

  > »dass sich das Klima um 3090 vor Christus verschlechterte. Der Höhepunkt dieser feuchteren Periode war kurz und erreichte seine höchsten Niederschlagsmengen um 2200 bis 2100 vor Christus. Die genaue Abfolge des Klimawandels ist nach wie vor umstritten, scheint sich aber, unterbrochen von plötzlichen extremen Dürrephasen oder kurzen Schlagregenausbrüchen, schrittweise verschärft zu haben.« (Caroli 2003)

  Mit anderen Worten: Die Wasserschäden, die an der Großen Sphinx entdeckt wurden, sind wohl nicht vor siebentausend Jahren entstanden, also etwa zwanzig Jahrhunderte vor dem Ursprung des dynastischen Ägyptens, sondern einige Jahrhunderte nach dessen Beginn.
- Baumringe in den kalifornischen White Mountains zeigen, dass im amerikanischen Südwesten kühlere und feuchtere Bedingungen vorherrschten.
- Ein sogenanntes Staubschleierereignis, das plötzliche Auftreten gewaltiger Mengen von Asche in der Atmosphäre, wird durch Baumringe in Irland und England dokumentiert. Zugleich mit dem weit verbreiteten Abbrennen verschiedener nordeuropäischer Moore kam es zu einem erhöhten Eintrag von kosmischem Staub.
- Das Tote Meer hob sich um neunzig Meter.
- In der Antarktis ist am Midge Lake auf der Livingstone-

Insel ein deutlicher Höchststand der Sedimente erkennbar, der um 2900 vor Christus kulminiert.

- Die Wachstumsrate von Torfmoos auf Elephant Island, einem Teil der Südlichen Shetlandinseln, erreicht um 3100 vor Christus einen Höhepunkt.

Regionale Ereignisse

- **Atlantis.** Schwere Erdbeben und Vulkanismus, ausgelöst durch Meteoriten, die den geologisch instabilen mittelatlantischen Rücken treffen, verwüsten weite Teile der Insel. Einige Landbereiche lösen sich ab und stürzen ins Meer. Küstengegenden werden durch neunzig Meter hohe Wellen überschwemmt, die sich mit einer Geschwindigkeit von 800 Kilometern pro Stunde fortbewegen. Die Personenschäden gehen in die Zehntausende. Mindestens die Hälfte der kulturellen Infrastruktur wird vernichtet. Auch wenn die meisten Überlebenden den Wiederaufbau der Gesellschaft beginnen, setzt danach eine großangelegte Migration in andere Teile der Welt ein, insbesondere ins Niltal und nach Mesopotamien.
- **Irland.** Newgrange und andere megalithische Stätten in Knowth und Dowth werden angelegt. Laut der irischen Volksüberlieferung treffen die Fomorer, die mit den Megalithbauten in Verbindung gebracht werden, an der Südküste ein.
- **Großbritannien.** Baubeginn wichtiger megalithischer Stätten, darunter Stonehenge in der Salisbury-Ebene sowie die Stones of Stenness, der Ring von Brodgar, Skara Brae und Maes Howe auf der Orkney-Insel Mainland.
- **Europäischer Kontinent.** Die Bronzeproduktion setzt ein. In Deutschland, den Niederlanden und Skandinavien beginnt die Kultur der Schnurkeramiker.
- **Ägäis.** Auf Kreta tauchen Steingräber auf. Ursprungszeit von Troja I, dessen Überreste die frühesten archäologi-

schen Beweise für die trojanische Stadt Ilios liefern. Im griechischen Mythos überlebt Phorkys die erste große Sintflut. Pelasgos kommt mit seinen Seefahrern, den Pelasgern, in Griechenland an. Wie Platon in *Politikos* berichtet, schien die Sonne während der dardanischen Flut gegen Mittag ihren Lauf umzukehren, und zahlreiche Menschen und Tiere kamen um.

- **Ägypten.** Die Shemsu-Hor und die Mesentiu erreichen das Nildelta. Plötzlich entsteht und gedeiht eine hoch entwickelte Zivilisation im gesamten Niltal. Die erste Dynastie beginnt mit König Hor-Aha oder König Narmer. Gemäß Radiokarbondatierungen, die in den späten 1980er Jahren sowie in den frühen 1990er Jahren durchgeführt wurden, beginnt der Bau der Großen Pyramide bereits im dreißigsten Jahrhundert vor Christus. Das Chalcolithikum, die Kupferzeit, bildet die Brücke zur frühen Bronzezeit.
- **Mesopotamien.** Die sumerische Dschemdet-Nasr-Kultur verdrängt diejenige von Uruk. Die Herstellung von Bronze setzt ein. Die frühdynastische Sumer-Periode beginnt. Eine piktografische Schrift kommt auf, das Elamitische, die früheste Form des Schreibens im Fruchtbaren Halbmond.
- **Israel.** Die Kabbala, hebräisch für »die erhaltene Tradition«, ist eine mystische Interpretation der hebräischen Schriften, die auf ihren ältesten und ursprünglichsten Bedeutungen beruht. Der kabbalistische Begriff »Aziluth« ist der Name für die erste von vier »Welten« oder spirituellen Kräften, die den Globus beherrschen. Aziluth bezeichnet die Welt der Emanationen oder den Willen Gottes, den Beginn des menschlichen spirituellen Bewusstseins. Philologische und mythologische Parallelen zu Atlantis, wo der moderne Mensch und dessen erste formalisierte Religion geboren wurden, scheinen sich in der Aziluth-Tradition der Kabbala erhalten zu haben.

- **Iran.** Gemäß der persischen Tradition findet die Große Sintflut 3103 vor Christus statt. Vor dieser globalen Katastrophe soll die Welt von zweiundsiebzig Solardynastien beherrscht worden sein. Dieselbe Zahl kommt in ägyptischen Berichten über die Sintflut vor. Eine Erzählung aus dem Alten Reich, »Die Sage vom schiffbrüchigen Seemann« (siehe Joseph, *Der Untergang von Atlantis*), berichtet von einer fernen Insel, die von zweiundsiebzig Schlangenkönigen regiert wurde, bevor sie von »einem Feuer vom Himmel« zerstört wird und im Ozean versinkt. Im bekannteren ägyptischen Mythos von Osiris wird dieser von zweiundsiebzig Verschwörern ermordet. In der arkanen hebräischen Tradition (der Kabbala) beträgt die Gesamtzahl der Engel zweiundsiebzig. Die Zahl scheint die Anzahl der Dynastien zu sein, die Atlantis vor der Katastrophe am Ende des vierten Jahrtausends vor Christus regierten, wie sie von den Nachkommen der Überlebenden im Nahen Osten und im Niltal unabhängig voneinander im Gedächtnis behalten wurde.
- **Indien.** Die erste geschriebene Sprache des Subkontinents erscheint im Indus-Tal. Nach dem indischen Epos *Mahabharata* beginnt 3137 vor Christus ein Weltzeitalter, das als Kali Yuga bekannt ist.
- **China.** Massive Überschwemmungen zwingen die austronesischen Vorfahren, die einer archäologischen Kultur angehören, die im Süden von Shandong und Jiangsu als Dawenkou bekannt ist, von Taiwan auf die Philippinen zu migrieren. Die meisten der proto-malaiopolynesischen Völker, die vom ostasiatischen Festland aus einwandern, leiten ihre Sprachen von der Dawenkou-Kultur ab. Nach zweitausend Jahren werden die neolithischen Gesellschaften Yangshao und Hongshan durch die Liangzhu-Kultur ersetzt, die Stadtplanung und organisierte Landwirtschaft einführt. Der Liangzhu-Anbau der Erdnuss, die vom ame-

rikanischen Kontinent stammt, deutet darauf hin, dass bereits transozeanische Kontakte zwischen der Alten und der Neuen Welt bestehen. In der mythischen Überlieferung geht eine große Sintflut der Ankunft des Kaisers Fu Hsi um 2950 vor Christus voraus.

- **Nordamerika.** In der Region der Oberen Großen Seen setzt ein massiver Abbau in den Kupferminen ein.
- **Mittelamerika.** Die mesoamerikanische Zivilisation beginnt mit den Olmeken. Der Maya-Kalender setzt am 12. August 3113 vor Christus ein. Kulturträger der Maya erreichen die Ufer von Yucatán vor dem Hun yecil (»Das Ertrinken der Bäume«), einer globalen Sintflut. Im aztekischen Kalender wird die erste Sonne oder das erste Weltzeitalter durch 4-Ocelotl oder Jaguar zu einem katastrophalen Ende gebracht.
- **Südamerika.** In den Anden werden Lamas und Alpakas domestiziert. In den westlichen Gebieten des Kontinents treten Zeremonienkomplexe der Aspero-Tradition auf. Während der Salaverry-Zeit werden die ersten peruanischen Pyramiden mit ausgedehnten Vorhöfen entlang der Pazifikküste gebaut. Laut der Inka-Tradition kommt eine Flotte von Zivilisten, die Ayar-manco-topa, aus dem Osten. Archäologen betrachten die Zeit um 3000 vor Christus als die frühe prägende Periode der Hochkulturen der Neuen Welt.

ZWEITER KATAKLYSMUS: 2193 vor Christus

Ereignisse am Himmel

- Die Kometen Proto-Encke, Oljato und Hale-Bopp konvergieren in der Nähe der Erdumlaufbahn. Laut Caroli bedeutet dies Folgendes:

> »Encke hat derzeit einen Durchmesser von ungefähr fünf Kilometern. der ehemalige Komet Oljato einen von eineinhalb Kilometern und Halley einen von etwa zwanzig Kilometern. Hale-Bopp ist mindestens vier- bis fünfmal größer als der Halleysche Koment, eventuell sogar zehnmal so groß. Bei seinem Erscheinen 1997 nahmen Computerberechnungen für Hale-Bopp eine Entfernung von etwa fünfzehn Millionen Kilometern zur Erde im Jahre 2213 vor Christus an. Etwa ein Jahr, bevor er sich unserem Planeten näherte, kam Hale-Bopp nahe an den Jupiter heran und könnte dabei in zwei oder mehr Teile zerbrochen sein. Er kommt keinem anderen Planeten so nahe wie der Erde und dem Jupiter, doch letzterer ist vergleichsweise so riesig, dass sein Gravitationsfeld Hale-Bopp in zwei Teile zerreißen würde. Der Komet hätte unseren Planeten nicht negativ beeinflussen können, wenn er nicht vor 100.000 bis vor 10.000 Jahren in zwei Hälften zerbrochen wäre.« (Caroli 2003)

- W. Bruce Masse, ein Umweltarchäologe der U.S. Air Force, kommt zu dem Schluss, dass »der Zeitraum von 2350 bis 2000 vor Christus mindestens vier kosmische Einflüsse (ca. 2345, 2240, 2188, 2000) und vielleicht einen fünften (ca. 2297 bis 2265) erlebte« (Masse 1998, 201).
- Ein Asteroid explodiert mit einer Kraft von 359 Megatonnen über Argentinien und hinterlässt eine Reihe von Einschlagskratern im Gebiet des Rio Cuarto.

Geologische Beweise

- Laut dem maltesischen Forscher Anton Mifsud stürzte eine große Landbrücke zwischen Malta und der nahe gelegenen Insel Filfla während einer Naturkatastrophe ein und erzeugte riesige Wellen, die den gesamten Archipel überfluteten und das Ende des neolithischen Lebens auf Malta bewirkten. Die Spuren größerer Verwerfungen im unterseeischen Pantelleria-Graben, über dem die beiden Inseln liegen, wurden auf 2200 vor Christus datiert.

- Die schwedischen Geologen Lars Franzen und Thomas B. Larsson fanden in ihrem geologischen Material »Hinweise auf eine stark erhöhte atmosphärische Zirkulation in rhythmisch auftretenden Perioden« während der Bronzezeit, mit einem Höhepunkt im späten dritten Jahrtausend vor Christus (Palmer und Bailey 1998, 311). Mithilfe des Ascheregens aus dem isländischen Vulkan Hekla-4 lässt sich ein großer Ausbruch auf etwa 2290 vor Christus datieren.

Klimatischer Wandel

- Im März 1998 erklärte Harvey Weiss, Professor für vorderasiatische Archäologie an der Yale University und ein Spezialist für Paläoklimatologie, dass die Habur-Ebene in Nordsyrien eine hochproduktive Agrar- und Metropolregion gewesen war, bevor alle Felder und Städte innerhalb kürzester Zeit aufgegeben wurden. Eine anhaltende, extreme Dürre erzwang eine Massenauswanderung. Uralte Ozeansedimente aus dem Golf von Oman lassen auf eine plötzliche Verschlechterung des ehemals stabilen Klimas um 2200 vor Christus schließen. Weiss' Schlussfolgerung wurde von Peter deMenocal vom Lamont-Doherty Earth Observatory der Columbia University in New York bestätigt. Er fand heraus, dass bestimmte chemische Elemente im Greenland Ice Sheet Project 2 mit der Dürre in Syrien zusammenfielen.
- Vier Jahre vor diesem Nachweis durch deMenocal analysierte ein Forscher der Technischen Universität Zürich Sedimentkerne vom Grund des türkischen Van-Sees, der am Oberlauf des Tigris und des Euphrats liegt. Gerry Lemcke stellte fest, dass das Wasservolumen des Sees zu jener Zeit drastisch abnahm, was katastrophale Auswirkungen auf

die ländliche wie die städtische Bevölkerung in Mesopotamien hatte.

- In Lappland, dem nördlichsten Teil Schwedens, und im Himalaya drangen die Gletscher erneut stark vor. Caroli beschreibt

> »... schmale Wachstumsringe bei amerikanischen Bäumen gleichzeitg mit der Klimainstabilität, die aus der Sequenz in Anatolien hervorgeht. Spiegelt der Brand der nordeuropäischen Sümpfe extreme Dürre wider oder etwas anderes, wie zum Beispiel Explosionen in der Luft? Lars Franzen fand ähnliche ›Kügelchen‹ wie die in Syrien gefundenen. Er verglich einige seltene Mineralien, die in den verbrannten Schichten der Moore gefunden wurden – möglicherweise kosmischer Staub – mit dem Boden am Ort der Tunguska-Explosion von 1908.« (Caroli 2003)

- Irische Eichen weisen einen »außerordentlich schmalen Ring« im Jahr 2345 vor Christus auf, der auf ein außergewöhnliches Ereignis hindeutet. Bailey glaubt, dass es »eine Verbindung zu einem Kometen geben könnte« (Palmer und Bailey 1998, 147).
- Am Lough Neagh, dem größten See Nordirlands, kommt es in jener Zeit zu schweren Überschwemmungen.
- Radiokarbondatierungen von Ablagerungen in Schwemmlandebenen im Einzugsgebiet des Ripple Brook in Mittelengland weisen auf einen drastischen Anstieg der Sedimentablagerung hin.

Regionale Ereignisse

- **Atlantis.** Weit verbreitete seismische Aktivität zerstört viele Tempel und Wohngebiete. Vulkanismus verbrennt Ackerland und versenkt mehrere nahe gelegene Inseln. Tsunamis verwüsten Siedlungen entlang der regionalen

Küsten. Viele Einwohner werden getötet, und eine zweite große Migrationswelle breitet sich in den Nahen Osten aus. Eine Mehrheit der Atlanter beginnt jedoch mit dem Wiederaufbau.

- **Irland.** Partholons Volk, das infolge einer Meereskatastrophe einwanderte, trifft an der Südküste ein. Der Abschnitt »Weltchronik« in den *Annalen von Clonmacnois* beschreibt »das Überfließen von Seen« im ganzen Land, begleitet von landesweiter Panik. James Ussher, Erzbischof von Armagh und Autor der King-James-Bibel, leitet anhand von Belegen im Alten Testament her, dass die Sintflut 2349 vor Christus stattfand.
- **Großbritannien.** Einer der größten Wissenschaftler des siebzehnten Jahrhunderts, William Whiston, der Nachfolger von Isaac Newton in Cambridge, kam zu dem Schluss, dass die Große Flut von 2349 vor Christus durch einen nahe vorbeifliegenden großen Kometen verursacht wurde.
- **Europäischer Kontinent.** Die friesische *Ura-Linda-Chronik* berichtet, dass die Zerstörung von Atland 2193 vor Christus stattfand.
- **Ägäis.** In seinem Werk *Nomoi* gibt Platon an, dass die »berühmte Sintflut« von Ogyges weniger als zweitausend Jahre vor seiner Zeit stattgefunden hat – das heißt, um 2300 vor Christus Und der römische Gelehrte Varo schreibt, dass laut der klassischen griechischen Tradition die Ogyges-Flut um 2136 vor Christus von neun Monaten Dunkelheit (aufgrund von Aschefall) begleitet wurde.
- **Ägypten.** Der Höhepunkt der ägyptischen Zivilisation im Alten Reich bricht mit dem Sturz der Sechsten Dynastie zusammen. Ein koptischer Bericht im Papyrus von Abu Hormeis berichtet von einer feurigen Gefahr, die vom »Herzen des Löwen«, dem Sternbild Löwe, in der Nähe des Sterns Regulus ausging. Begleitet von donnernden Ge-

wittern, wurden die Landschaften Ägyptens in »der ersten Minute des Krebses« von einem Regen aus brennenden Steinen zerschmettert. Die Große Sintflut folgte unmittelbar darauf. Caroli gibt an, dass der Bericht »sich auf eine Zeit beziehen könnte, als die Sommersonnenwende den Löwen zum Krebs hin verließ, um 2200 vor Christus. Der Papyrus setzt die Katastrophe 399 Jahre nach einem prophetischen Traum an, der zum Bau der Großen Pyramide führte. In diesem Fall ereignete sich das Ereignis irgendwann nach 2254 vor Christus. Ein mysteriöses Massensterben, das gleichzeitig mit ausgedehnten Bränden auftrat, entvölkert die Hafenstadt Mendes, die zu Beginn des Neuen Reiches aufgegeben wird.

- **Israel.** Laut Masse gibt es Hinweise auf eine umfassende Zerstörung nach dem Beginn des zweiundzwanzigsten Jahrhunderts vor Christus, die »darauf hinweist, dass ein kosmischer Einfluss ein Faktor gewesen sein könnte. Das Datum passt gut mit der Schätzung für den Einschlag bei Sodom und Gomorrah« im Jahr 2188 vor Christus zusammen (Palmer und Bailey 1998, 244).
- **Mesopotamien.** Das akkadische Reich bricht zusammen. Archäologisch gesehen kommt Ur III um 2160 vor Christus zu einem plötzlichen Ende. Shu Durul, der letzte König des Agade-Reiches, stirbt 2139 vor Christus. Ein zeitgenössisches Epos, *Der Fluch von Akkad*, erzählt von »schweren Wolken, die nicht regnen«, von »großen Feldern, die kein Getreide hervorbringen« und von »flammenden Tonscherben, die vom Himmel fallen«.
- **Syrien.** 1999 findet die Archäologin Marie-Agnes Courty eine Sammlung von Petroglyphen, die darauf hindeuten, dass die Menschen um 2350 vor Christus einen Einschlag erlebten.
- **Indien.** Die Banas-Kultur von Rajasthan entsteht.

- **China.** Die Liangzhu-Kultur wird durch die erste chinesische Dynastie, die Xia, ersetzt. Zehn »Sonnen« fallen vom Himmel, nachdem sie von einem göttlichen Bogenschützen beschossen wurden – eine Allegorie für das Chaos am Himmel jener Zeit. Neun Jahre katastrophaler Überschwemmungen folgen unter den Kaisern Kuan und Yu. Caroli glaubt, dass »beide mit Himmelsdrachen, wahrscheinlich Kometen, verbunden waren« (Caroli 2003). Unter Verwendung königlicher Chroniken datiert er das Ereignis der »Zehn Sonnen« auf etwa 2141 vor Christus. Kaiser Shun beschreibt einen großen Meteoriten, den er um 2240 vor Christus vom Himmel fallen und auf der Erde einschlagen sah, worauf die Große Flut folgte: »Die ganze Welt war überschwemmt und die ganze Welt ein endloser Ozean. Die Menschen schwammen auf den tückischen Gewässern und suchten nach Höhlen und Bäumen auf hohen Bergen. Die Ernten wurden vernichtet, und Überlebende wetteiferten mit wilden Vögeln um Wohnorte. Jeden Tag starben Tausende.«
- **Mittelamerika.** Im aztekischen Kalender wurde die zweite Sonne bzw. das zweite Weltalter durch eine globale Katastrophe, 4-Ehecatl, beendet. Diese Bezeichnung steht für Wirbelsturm, möglicherweise ausgelöst durch Meteoriten, die in der Atmosphäre explodierten, bevor sie auf der Erde aufschlagen konnten. Ehecatl ist eine stark atlantisch anmutende Version der Gefiederten Schlange, eine göttliche Gestalt, die in der heiligen Kunst der Azteken als ein Mann dargestellt wird, der wie Atlas den Himmel auf seinen Schultern trägt. Ihm gewidmete Tempel, wie der Tempel im Zentrum von Tenochtitlan, der Hauptstadt der Azteken, bestanden ausnahmslos aus runden Wänden, oft aus roten, weißen und schwarzen Steinen errichtet – die gleiche Konfiguration und die gleichen Farben, die laut Platon den atlantischen Baustil charakterisierten. Votan,

der Gründungsvater der Quiché-Maya, stammt aus einem Atlantik-Königreich namens Valum.

- **Südamerika.** Laut der Volkstradition der Anden suchten die Auar-chaki (»Wanderer«) in Peru Zuflucht vor einer großen Flut auf der anderen Seite der Welt. In den Anden beginnt nun außerdem die Kotush-Tradition.

DRITTER KATAKLYSMUS: 1628 vor Christus

Ereignisse am Himmel

- Das Quartett der Killerkometen kehrt zur Erde zurück, aber Hale-Bopp und Halley sind diesmal zu weit entfernt, um Unheil anzurichten. Der größte Teil des Schadens wird von Oljato oder Proto-Encke verursacht.
- Alle Kometen haben aufgrund ihrer wiederkehrenden Umlaufbahnen um die Sonne nun eine wesentlich geringere Masse, was zu relativ weniger zerstörerischen Folgen für unseren Planeten führt. Trotzdem ereignet sich eine weitere globale Katastrophe durch Meteoriteneinschläge, die einen Staubschleier und besonders schwere Vulkanausbrüche in der Ägäis und im Südpazifik hervorrufen.

Geologische Beweise

- In grönländischen Eiskernen wird ein außergewöhnlich starker Aschefall registriert.
- Das Nildelta leidet unter massiven Ascheablagerungen, die die meisten Pflanzen in ganz Unterägypten abtöten.
- Eisenkugeln in tunesischen Torfmooren sind die Folge der Kollision eines Kometen mit der Erde im späten siebzehnten Jahrhundert vor Christus. »Ihre heterogene Zusammensetzung«, so Larsson und Franzen, »deutet auf einen anderen Entstehungsmechanismus [als Vulkanismus] hin,

möglicherweise auf die Einwirkung von Kometen oder Asteroiden auf Sedimentgestein« (Palmer und Bailey 1998, 212).

Klimatischer Wandel

- Baumringe in Deutschland, Großbritannien, Irland und Nordamerika zeugen von einem starken Ascheregen.
- Caroli weist darauf hin, dass »Baumringe in der Türkei, die in den 1980er und 1990er Jahren von einem Team von Dendrochronologen der Cornell University unter der Leitung von Peter Kuniholm untersucht wurden, einen plötzlichen Wachstumsschub aufwiesen. Ein Baumstamm aus einem schwedischen Moor zeigte einen Klimarückgang von 1636 bis 1632 vor Christus. Ein ähnlicher Klimahorizont tauchte in einem chinesischen Moor auf« (Caroli 2003).

Regionale Ereignisse

- **Atlantis.** Die Insel wird zwar weniger stark verwüstet als durch die beiden vorangegangenen Katastrophen, erleidet jedoch vor allem durch Erdbeben und Tsunamis erhebliche Schäden. Der Wiederaufbau beginnt sofort, und die Hauptstadt tritt in ihre üppigste Phase ein, in der sie zum Inbegriff eines Zentrums der Bronzezeit wurde. Eine erneute, wenn auch relativ geringe Migration in andere Teile des Reiches sowie in weiter entfernte Länder findet statt.
- **Irland.** Die Nemidianer kommen aus Atlantis und legen an der Südküste an.
- **Europäischer Kontinent.** Die Glockenbecherkultur endet. Die frühe Bronzezeit gelangt an ihr Ende. In Skandinavien beginnt die Bronzeherstellung. In Italien bricht der Vesuv aus.
- **Ägäis.** Die Vulkaninsel Thera explodiert mit der Wucht eines nuklearen Großereignisses. Auf Kreta wird die Kul-

tur der alten Paläste zerstört, und mykenische Griechen wandern ein.

- **Ägypten.** Die 14. Dynastie bricht zusammen, als die Hyksos das Nildelta überrennen, nachdem sie durch die drastische Verschlechterung der Klimabedingungen aus ihren Heimatregionen in der Levante vertrieben wurden. Der ägyptische Priester und Historiker Manetho berichtet, dass »ein Strafgericht Gottes« Ägypten niederwarf und es den Hyksos ermöglichte, einzudringen, ohne einen Schlag zu führen. Die »Sturmstele«, die im dritten Pylon von Karnak wiederverwendet wurde, erzählt von einem außerordentlich heftigen Sturm zur Zeit von Ahmose I. Außerdem beschreibt der spätdynastische El-Arish-Text, der ursprünglich aus Persoped im östlichen Nildelta stammt, eine tiefe, anhaltende Dunkelheit und den Tod eines Pharaos, dessen Erbe durch himmlisches Feuer verletzt wurde, nachdem sein Gefolge vollständig vernichtet worden war. Caroli merkt an, dass »in Avaris während der XIII. Dynastie ein mysteriöser Massentod stattgefunden hat« (Caroli 2003). Zu den um diese Zeit zerstörten oder verlassenen Großstädten zählen Ithtaw (die Residenzstadt) und Hetepsenusret. Ein kuschitisches Reich entsteht, als Ägypten die Kontrolle über das Gebiet verliert. Baillie vermutet, dass die biblischen Plagen in Ägypten auf einen starken Klimawandel aufgrund von Vulkanasche in der Atmosphäre zurückzuführen waren, sowie möglicherweise auf die Auswirkungen eines Kometen in der Nähe der Erde.
- **Mittlerer Osten.** »In Mittel- und Südkanaan gab es nach 1630 [vor Christus] eine ganze Reihe von Zerstörungen«, schreibt Caroli, »wie zum Beispiel in Jericho. Obwohl völlig verbrannt, scheint die Stadt auch von einem großen Erdbeben heimgesucht worden zu sein. Dadurch strömten offenbar Gase in nahegelegene Gräber, wo-

durch viele ansonsten verderbliche Dinge konserviert wurden« (Caroli 2003). Babylon versinkt für mehr als hundert Jahre in einem dunklen Zeitalter, nachdem die Hauptstadt der Amoriter geplündert wurde. Die geschwächten Mächte der Mittanni und Hurriter verlieren ihren Einfluss in Assyrien.

- **Kleinasien.** Das alte hethitische Königreich bricht plötzlich zusammen.
- **Mesopotamien.** In einer dunklen Zeitspanne von etwas mehr als neun Monaten im neunten Jahr von Amazidugas Herrschaft (1629 vor Christus) ist »Ninsianna« am Himmel zu sehen, von modernen Historikern meist mit Venus gleichgesetzt, der Beschreibung nach aber mit größerer Wahrscheinlichkeit ein Komet.
- **Indien.** Tausende erstarrter »schwarzer Steine« wurden aus der alten indischen Stadt Mohenjo-Daro (heute in Pakistan gelegen) geborgen, die um 1600 vor Christus abrupt und aus ungeklärter Ursache zugrunde ging. Der Reiseschriftsteller David Hatcher Childress, der die Stätte besuchte, erklärt, dass es sich bei den amorphen Klumpen »anscheinend um Fragmente von Tongefäßen handelt, die unter extremer Hitze miteinander verschmolzen sind« (Childress 1985, 191).
- **Zentralasien.** Die Afanasevo-Kultur, die fünfzehnhundert Jahre früher die Weidewirtschaft einführte, bricht zusammen.
- **China.** Die Xia-Dynastie bricht zusammen. »Der Sturz der Xia-Dynastie«, schreibt Caroli, »wurde mit dem Ausbruch von Thera in Verbindung gebracht« (Caroli 2003). Die Shang-Dynastie hat in der Ebene des Gelben Flusses ihren Ursprung.
- **Nordamerika.** Die Geschwindigkeit und Menge des Kupferabbaus in Michigan nehmen abrupt zu. Bei Poverty Point in Louisiana wird eine neue Stadt gegründet. In

Anniachak, Alaska, kommt es zu einem großen Vulkanausbruch. Die Kultur der Red Paint People im heutigen Bundesstaat Maine endet.

- **Pazifischer Ozean.** Die Lapita-Keramikkultur, deren Träger die Vorfahren der Polynesier waren, breitet sich im Pazifischen Ozean aus. In Neuseeland ereignet sich ein Vulkanausbruch, der mit dem gleichzeitigen Ausbruch auf Thera (Santorin) vergleichbar ist.
- **Mesoamerika.** 4-Quihuitl, wörtlich übersetzt »das Feuer vom Himmel«, ist die dritte der auf dem aztekischen Kalenderstein abgebildeten globalen Katastrophen und als eine Wand nach unten züngelnder Flammen dargestellt. Sie beendet ein weiteres Weltzeitalter, woraufhin einige Überlebende die Gesellschaft wiederaufbauen. Die Kultur der Olmeken nimmt ihren Anfang. Die Gefiederte Schlange und seine Gefolgschaft kommen aus dem »wässrigen Aztlán« an.
- **Südamerika.** Zu dieser Zeit beginnt die sogenannte mittlere formative Periode. Thonapas Volk kommt nach einem als Unu Pachakuti (»Durch Wasser zerstörte Welt«) bezeichneten Ereignis in Südamerika an.

VIERTER KATAKLYSMUS: 1198 vor Christus

Ereignisse am Himmel

- Der Komet Oljato oder Proto-Encke wird durch das Erscheinen von Halley näher an die Erdumlaufbahn gedrängt. Franzen und Larsson meinen,

> »... dass um 1000 bis 950 vor Christus relativ große außerirdische Körper irgendwo im östlichen Atlantik [an der Stelle von Atlantis] einschlugen, wahrschein-

lich auf dem Schelf der Atlantikküste Nordafrikas oder Südeuropas, und hauptsächlich die mediterranen Teile Afrikas und Europas beeinflussten, aber auch globale Auswirkungen hatten.« (Palmer und Bailey 1998, 212)

- Laut Caroli endete »das plejadische Zeitalter im Sinne des Frühlingsäquinoktiums zwischen 1500 und 1100 vor Christus« (Caroli 2003). Diese Periode war der Höhepunkt des Reiches von Atlantis und endete mit dessen endgültiger Zerstörung. Im griechischen Mythos waren die Plejaden Töchter des Atlas und damit Atlanterinnen.

Geologische Beweise

- Der Wasserspiegel von Seen in Schweden und Süddeutschland steigt dramatisch an, besonders offensichtlich am Saalachsee, Ammersee, Federsee und Bodensee, wobei viele Seedörfer weitgehend aufgegeben werden. Die Überschwemmungen sind so stark, dass sich in Deutschland in der Nähe von Memmingen, München, Ravensburg und Tölz neue Seen bilden. In ganz Nordirland steigen die Wasserspiegel der Seen ebenfalls drastisch an, beispielsweise von Loughnashade. Der größte Sodasee der Erde, der türkische Van-See, steigt in etwa zwei Jahren um mehr als siebzig Meter. Klimatologen haben berechnet, dass eine solche Zunahme ungefähr 3.800 Millimeter jährliche Niederschläge erforderte. Auch in Zentralafrika erhöht sich der Wasserspiegel der Seen deutlich, wenn auch nicht ganz so extrem. In Nordamerika erreichen der Great Salt Lake in Utah und der Waldsea Lake in Kanada ungewöhnlich hohe Werte, ebenso wie der Titicaca-See in Südamerika. In irischen Mooreichen nehmen die jährlichen Wachstumsringe der entsprechenden Periode ab. In ganz Mitteleuropa zeigt sich ein dramatischer Temperaturrückgang, selbst in Tunesien kommt es zu Frösten. Sedimente in Nordafrika

Abb. 3.2. Foto des isländischen Vulkans Hekla, der an der Katastrophe beteiligt war, die die Bronzezeit beendete. Vermutlich traten dabei Glutwolken und pyroklastische Ströme auf Feststoff-Gas-Gemische, die von Vulkanen vor, während oder kurz nach dem Ausbruch ausgestoßen werden und sich rasch ausbreiten. Ähnliche Erscheinungen entstehen, wenn gasförmige Kometen mit der unteren, dichteren Atmosphäre der Erde oder der Erdoberfläche selbst kollidieren. (Foto mit freundlicher Genehmigung des Nordic Volcanological Institute, University of Iceland)

und Skandinavien belegen eine abrupte allgemeine Abkühlung, ein äußerst geringes Baumwachstum, extrem starke Niederschläge und weitverbreitete Überschwemmungen im globalen Maßstab.

- Als der griechische Geograph Diodorus Siculus im späten ersten Jahrhundert vor Christus in der Bibliothek von Caesarea, der Hauptstadt Mauretaniens, forschte, erfuhr er von einem katastrophalen Erdbeben, das die gesamte Atlantikküste Nordafrikas 1200 Jahre vor seiner Zeit verwüstet hatte. Moderne Geologen haben diese Angabe bestätigt.
- Masse erwähnt einen »katastrophalen terrestrischen Einschlag um 1000 vor Christus« (Palmer und Bailey 1998, 191) in den Badlands des nördlichen Montana.
- Westlich von Broken Bow, Nebraska, befindet sich ein kilometerlanger Einschlagkrater, der vor ungefähr 3000 Jahren durch einen Meteor entstand, der mit der Wucht einer 120-Megatonnen-Atomexplosion zerbarst.
- Grönlands Eisbohrkerne in Camp Century zeigen, dass eine globale Katastrophe um 1170 vor Christus mehrere tausend Kubikkilometer Asche in die Atmosphäre schleuderte.
- Der Vulkanismus auf der ganzen Welt erreicht Ende des dreizehnten Jahrhunderts vor Christus einen Höhepunkt. Besonders starke Ausbrüche ereignen sich dabei in Arabien, außerdem in der Nähe des Pazifischen Ozeans auf der Halbinsel Kamtschatka durch die russischen Vulkane Avachinsky und Sheveluch, ebenso durch den nordamerikanischen Mount Saint Helens, den kalifornischen Mount Shasta, die Newberry- und Belknap-Vulkane in Oregon und auch den mittelamerikanischen Vulkan San Salvador. Im Atlantik tritt zu diser Zeit ebenfalls weit verbreitet Vulkanismus auf, mit lokalen Zentren auf Island (Hekla) (siehe Abb. 3.2), Ascension Island, Candle-

Abb. 3.3. Die Eruptionen, die ab 1963 die Insel Surtsey hervorbrachten, ähnelten wahrscheinlich denen, die zur endgültigen Zerstörung von Atlantis führten. (Foto mit freundlicher Genehmigung des Nordic Volcanological Institute, University of Iceland)

mas Island, den Azoren (Furnas) und den Kanaren (Gran Canaria, Fuerteventura und Lanzarote).

- Der Geologe Robert Hewitt beschreibt das Ende der Bronzezeit als »eine der schlimmsten Katastrophen der Weltgeschichte« (Hewitt 1958, 122).
- Franzen und Larsson fühlen sich aufgrund der geologischen Beweise gezwungen »zu erwägen, dass die kosmische Aktivität eine Erklärung für die beobachteten Veränderungen liefern könnte. Wir schlagen sogar vor, dass relativ große Asteroiden oder Kometen (mit etwa einem halben Kilometer Durchmesser) irgendwo im Ostatlantik eingeschlagen sind« (Palmer und Bailey 1998, 301).

Klimatischer Wandel

- Baillie konstatiert: »Um 1600 und 1100 vor Christus gab es zwei große Temperaturtiefststände.« Der letztere war »der am stärksten ausgeprägte und ist in vielen anderen Teilen der Welt nachweisbar, einschließlich Europa, Amerika, im Nahen Osten und in der Antarktis« (Palmer und Bailey 1998, 175).
- Alaska sowie die westlichen und die zentralen Regionen der Vereinigten Staaten werden plötzlich kühler und feuchter.
- Überall in Südamerika entspricht die Verschlechterung des Klimas einem zeitgleich stattfindenden neoglazialen Intervall.
- Im deutschen Rheinland weist ein Großteil der Eichenstämme deutliche Anzeichen einer massiven Überschwemmung um 1000 vor Christus auf.
- Von David Kuniholm zusammengestellte Baumringsequenzen geben Aufschluss darüber, dass die Klimaveränderung in der Türkei von ungefähr 1185 bis 1141 vor Christus ihren Höhepunkt erreichte.

Regionale Ereignisse

- **Atlantis.** »An einem Tag und in einer Nacht«, so Platon, wird die Insel ausgelöscht, möglicherweise dadurch, dass der Atlas auf einer Seite explodierte und viele Millionen Tonnen Meerwasser in seine exponierten Magmakammern strömten, was zu einem Subduktionsprozess (dem Absinken einer Erdplatte) führte (siehe Abb. 3.3). Obwohl der Großteil der Bevölkerung vom Meer verschlungen wird, gibt es viele tausende Überlebende, die in verschiedene Teile der Welt fliehen.
- **Irland.** Wellen von Überlebenden treffen ein: die Fir Bolg, Fir Gailion, Túatha Dé Danann und Milesier.
- **Großbritannien.** Der größte Teil der Insel ist entvölkert. Die weitere Entwicklung von Stonehenge wird eingestellt. Der Ort wird aufgegeben.
- **Europäischer Kontinent.** Die Bronzezeit endet. Der Schwarzwald brennt nieder. In ganz Skandinavien werden die traditionellen Bestattungsbräuche aufgegeben, keine Tumuli (Grabhügel) mehr errichtet, und die Vielfalt der Bestattungsbeigaben ist drastisch reduziert. Bronzearbeiten werden eingestellt und Küstenregionen verlassen. In der ungarischen Tiefebene versinkt ein riesiges Gebiet mit tiefliegenden Flächen, in denen mehrere große Flüsse zusammenkommen, infolge katastrophaler Überschwemmungen. Dabei wird eine bronzezeitliche Bevölkerung auf dem Höhepunkt einer reichen und aktiven Phase vollständig ausgelöscht. In Italien bricht der Vesuv nach 1200 vor Christus insgesamt dreimal aus.
- **Ägäis.** Die Bronzezeit endet. Caroli schreibt, dass

> »... die weiträumigen Entwässerungskanäe am Kopaïs-See in Griechenland bisher der hellenistischen oder römischen Epoche, frühestens der mykenischen Ära zugeordnet wurden. Doch nun scheint es so, als wären sie

> in das späte Troja I und frühe Troja II, gegen Anfang des dritten Jahrtausends vor Christus, zu datieren. Die Arbeiten wurden um ca. 1200 vor Christus aufgegeben, was zu einer massiven Überflutung im Kopaïs-Becken führte.« (Caroli 2003)

In den Regionen von Athen, Mykene, Tiryns, Knossos, Troja, Urgarit und auf Zypern kommt es zu schweren Schäden durch Erdbeben und Brände. Als Reaktion auf beispiellos starke Regenfälle verändert sich der Hausbau im östlichen Mittelmeerraum von flachen zu geneigten Satteldächern.

- **Ägypten.** Das Neue Reich, das Zeitalter des ägyptischen Imperiums, endet und signalisiert den Beginn eines Niedergangs, von dem sich die dynastische Zivilisation in Ägypten niemals mehr erholen wird. Der Harris-Papyrus berichtet von gewaltigen Aschewolken, die das Niltal zur Zeit der Krönung Ramses III. im Jahr 1198 vor Christus vom Westen her verdunkelten. Bald darauf hatte dieser gegen eine Invasion von Seevölkern zu kämpfen, die seinen Schreibern berichteten, dass »eine Sternschnuppe« ihre Heimat verbrannt hätte, bevor sie im Meer versank. Am Ende der neunzehnten Dynastie (um 1197 vor Christus) beschreibt Pharao Seti II. »einen kreisenden Stern« namens Sekhmet, der Flammen in der ganzen bekannten Welt ausspieh. Der Ipuwer-Papyrus verzeichnet feurige Zerstörungen in ganz Ägypten.
- **Mittlerer Osten.** Die Bronzezeit endet. Die Macht der Assyrer, die gerade ihren Höhepunkt erreicht hatte, erleidet von etwa 1208 bis 1179 vor Christus einen Niedergang. Ein Text auf gebranntem Ton aus der Hafenstadt Ugarit erzählt von Anat, einem Stern, der »auf das syrische Land fiel, es in Brand setzte und die beiden Dämmerungen miteinander verschmelzen ließ«. Zahlreiche bronzezeitliche Stätten in Kleinasien brannten nieder. Die kaiserliche

Hauptstadt des hethitischen Reiches, Hattusas, wird von einer Feuersbrunst heimgesucht.

- **Indien.** Ein im *Mahabharata* beschriebener »himmlischer Krieg« von fünfunddreißigjähriger Dauer beginnt um 1200 vor Christus.
- **China.** Die letzte oder Yin-Shang-Periode der Shang-Dynastie beginnt. In einem Massengrab im Gebiet von Sanxingdui in der Provinz Sichuan wird eine Fülle von kostbaren Gütern gefunden. Die geschnitzten Jadestücke, Elfenbeinteile, Kaurimuscheln, Goldgegenstände und Bronzen stammen aus der Zeit von Kaiser Wu Ding und der 1189 vor Christus verstorbenen Kaiserin Hao. Die außergewöhnlichen Umstände dieser Beisetzung scheinen auf chaotische Klimabedingungen zurückzuführen zu sein, die durch globale Katastrophen verursacht wurden. Caroli berichtet: »Die Legende besagt, dass Tausende von Shang-Partisanen mit dem Schiff nach Osten geflohen sind; ihr Schicksal ist unbekannt« (Caroli 2003).
  Der letzte Shang-Kaiser, Di Xin, verliert 1122 vor Christus einen entscheidenden Kampf gegen Wu Wang, den Begründer der nachfolgenden Zhou-Dynastie. Der chinesische Mythos erzählt, dass gleichzeitig mit dieser militärischen Auseinandersetzung ein kosmischer Kampf zwischen Kometen am Himmel stattgefunden habe.
- **Mesoamerika.** Laut dem angesehenen Sinologen Dr. Mike Xu landen Shang-Flüchtlinge aus China an der Westküste Mexikos und reformieren die olmekische Zivilisation. An der Küste von Yucatán findet die letzte Ankunft von Kulturträgern der Maya statt.
  Im aztekischen Kalender bezeichnet 4-Atl die globale Flut, die eine frühere Sonne oder ein früheres Zeitalter zerstörte. Sie ist auf dem aztekischen Kalenderstein als ein himmlischer Wassereimer dargestellt, der eine Steinpyramide überflutet – ein offensichtlicher Hinweis auf

die endgültige Zerstörung von Atlantis. Das aztekische Haiyococab (»Wasser über die Erde«) berichtet, wie »die Götter, die die Erde tragen, entflohen, als die Welt durch die Sintflut zerstört wurde«.

- **Nordamerika.** Auf dem Höhepunkt seiner Produktivität wird der Kupferabbau auf der Oberen Halbinsel in Michigan plötzlich eingestellt. Die Chumash-Kultur taucht an der kalifornischen Küste auf. Poverty Point in Louisiana erfährt einen plötzlichen starken Bevölkerungszuwachs und beginnt seine endgültige Entwicklung.
- **Südamerika.** Die Anden-Überlieferung berichtet, dass die kriegerischen Ayar-aucca vor einer schrecklichen Naturkatastrophe nach Peru flohen. Die Sechin und die Chavin-Kultur beginnen in Peru, und die Kotush-Tradition der Anden geht zu Ende. Die Späte Formative Periode beginnt und zeigt eine plötzliche starke Entwicklung des megalithischen Bauens.

VIER

Atlanter kommen nach Ägypten

Doch wenn Du von hier abreist, wirst Du diese Insel niemals wiedersehen. Sie wird in den Wellen versinken.

»Die Sage vom schiffbrüchigen Seemann«

Vor dem fünften Jahrtausend vor Christus war das Niltal nur spärlich von neolithischen Ureinwohnern bewohnt, aber vor etwa sechstausend Jahren siedelten sich allmählich Neuankömmlinge in Unterägypten an. Überreste von Siedlungen aus dieser langen Zeit des Zustroms in Merimda Beni Salama zeigen, dass es sich um ovale, leicht gebaute Hütten aus Bastgeflecht handelte, die mit Tierhäuten bedeckt waren, die mit denen der neolithischen Fundorte in ganz Kleinasien identisch sind. Obwohl die Kultur dieses Volkes derjenigen der früher ansässigen Gesellschaft der Nilbewohner materiell überlegen war, waren sie durchaus noch nicht die Vorboten des zukünftigen pharaonischen Ägypten.

Irgendwann zwischen Mitte und Ende des vierten Jahrtausends vor Christus wurde das ganze Land jedoch durch die plötzliche Ankunft einer großen Anzahl von Siedlern, die alle Merkmale einer voll entwickelten, ausgebildeten Zivilisation besaßen, dramatisch verändert. Professor Walter B. Emery, der Ausgräber des Pyramidenkomplexes von Sakkara und einer der wichtigsten Ägyptologen des frühen zwanzigsten Jahrhunderts, stellte fest:

> »Der rasche Fortschritt der Zivilisation im Niltal unmittelbar vor der [politischen] Vereinigung [Ägyptens] geschah aufgrund der Ankunft der ›dynastischen Rasse‹. Die Theorie von der Existenz dieser Herrscherrasse wird durch die Entdeckung gestützt, dass die Gräber der späten prädynastischen Periode im nördlichen Teil von Oberägypten Skelette eines Volkes enthielten, deren Schädel und Körper größer waren als die der Eingeborenen, wobei der Unterschied so ausgeprägt ist, dass jede Vermutung, diese Menschen könnten der früheren Bevölkerung entstammen, unmöglich ist.« (Emery 1961, 39)

Durch fortgeschrittene Bewässerungstechniken wurden nun die regelmäßigen Überflutungen des Nils genutzt, und die dadurch erzielten reichen Ernten bewirkten ein starkes Bevölkerungswachstum. Die neolithischen Dörfer wurden zu Gauen oder Distrikten in einem sich entwickelnden politischen System, in dem Regierungsbeamte und zentralisierte Behörden die Bewässerungs- und Ernteverfahren sowie die Lagerung und Verteilung von Lebensmitteln koordinieren mussten. Die schäbigen Weidenhütten der vorangegangenen Badari-Kultur verschwanden und machten Platz für den Bau massiver Tempel, Paläste und monumentaler öffentlicher Gebäude aus riesigen, fein gearbeiteten Steinblöcken. Emery bemerkt dazu:

> »Es ist erstaunlich, dass Gegenstände des Zimmermanns- und Tischlerhandwerks in der frühen Ersten

Dynastie reichlich Hinweise auf fortgeschrittene Kenntnisse in der Holzbearbeitung geben. Alle Prinzipien des Verbindens, sowohl durch Bolzen als auch durch Zapfen, Falz und Schwalbenschwanz, waren bekannt und wurden angewandt; darüber hinaus waren aufwändige Schnitzereien und Einlegearbeiten aus gemischten Hölzern mit Elfenbein und Fayencen an der Tagesordnung. Obwohl nur wenige Werkzeuge vorhanden waren, erfüllten sie alle wesentlichen Funktionen des modernen Schreinerhandwerks, mit Ausnahme des Hobels, der in Ägypten bis zur Römerzeit ein unbekanntes Werkzeug war.« (Emery 1961, 216)

Wenn sich diese Fähigkeiten in Ägypten nicht über einen langen Zeitraum hinweg entwickelt haben, wo wurden sie dann erworben?

Die archaischen Tempel und Königsgräber hatten Wandverkleidungen, die vom Boden bis zur Decke mit Streifen aus gehämmertem Goldblech im Abstand von nur einem Zentimeter verziert waren. Dies erinnert an Platons Bericht in *Kritias* vom Heiligtum des Poseidon, das »von einer Hülle aus Gold umgeben« war, und an weitere Wände in Atlantis, die ebenfalls mit Edelmetallen verziert waren.

Während die Badari-Kultur das Weben nicht kannte, erschien mit dem Aufkommen der Ersten Dynastie der Webstuhl, ein komplexes Gerät, ganz plötzlich »in einem vergleichsweise späten Stadium der Entwicklung seines Designs« (Emery 1961, 177).

Von der Ersten Dynastie an wurde Papyrus für die Herstellung von Schreibpapier angebaut. Emery bemerkt dazu:

»Es liegen Beweise vor, dass die Schriftsprache zu Beginn der Ersten Dynastie keineswegs in den Kinderschuhen steckte. Sogar die frühesten Texte zeigen, dass die geschriebene Sprache bereits über die Ver-

> wendung von Wortzeichen, also Bildern von Objekten oder Handlungen, hinausgegangen war. Es gab schon Zeichen, die nur Laute darstellten, und ein System numerischer Zeichen. Die Hieroglyphen waren bereits stilisiert, und auch eine Kursivschrift wurde häufig verwendet. All dies zeigt, dass die Schriftsprache eine beträchtliche Entwicklungsphase hinter sich haben musste, von der in Ägypten bisher keine Spur gefunden wurde. Einige Fachleute weisen darauf hin, dass sich eine Schriftsprache bei ausreichenden Impulsen sehr schnell entwickeln kann; dennoch würde man erwarten, in prädynastischen Zeiten im Süden Belege dafür zu finden. Daher müssen wir, bis Beweise für das Gegenteil vorliegen, die Tatsache akzeptieren, dass es zeitgleich mit dem Auftreten einer hoch entwickelten monumentalen Architektur auch ein voll entwickeltes Schriftsystem gab.« (Emery 1961, 192)

Vor der Ankunft der dynastischen Rasse bewegten sich die Ureinwohner der Badari-Kultur gerade einmal über kurze Strecken mit Flößen auf dem unteren Nil. Doch die Schiffe der archaischen Periode brachten bereits Zedern aus dem Libanon; sie wurden auch für den Handel mit dem Sinai und mit Asine auf Kreta genutzt und in Seeschlachten gegen ähnlich seetüchtige Schiffe aus Sumer eingesetzt. Das mehr als dreißig Meter lange Schiff, das in einer Grube auf der Südseite der Großen Pyramide gefunden wurde, weist ein außergewöhnlich hohes Niveau im Schiffsbau auf. Seine hölzernen Planken waren so genau verfugt, dass sie sich zu einem wasserdichten Rumpf verbanden, sobald sie durch den Kontakt mit dem Nilwasser aufquollen, so dass die sonst übliche Verwendung von Pech zur Abdichtung überflüssig war. An Bord befand sich sogar eine Klimaanlage: Wenn ein leichter Wind wehte, strömte die Luft durch einen Aufbau über dem Dach, der mit feuchten Zweigen gefüllt war und die gekühlte Brise in die geräumige Kabine an Deck leitete. Die bemerkenswert anmutigen Linien des Bootes zeugen von einer langen Tradition maritimer Technologie, da seine hohen Steven nicht nur für Flussfahrten geeignet, sondern auch hochseetauglich waren. All diese Eigenschaften sind noch bemerkenswerter, wenn wir feststellen, dass das Schiff vor 3000 vor Christus, also drei Jahrhunderte vor der ersten ägyptischen Dynastie, gebaut wurde. Thor Heyerdahl schloss daraus: »Die Ägypter waren Seefahrer, lange bevor sie am Nil ankamen« (Heyerdahl 1971, 97).

Kurz zusammengefasst: So gut wie alle Merkmale der ägyptischen Zivilisation waren bereits zu Beginn ihrer Geschichte präsent. »Wie kann so eine komplexe Zivilisation ganz plötzlich voll entwickelt auftauchen?«, fragte sich denn auch der hoch respektierte Erforscher ägyptischer Altertümer, John Anthony West:

> »Schauen Sie sich ein Automobil von 1905 an und vergleichen Sie es mit einem modernen. Der Prozess der ›Entwicklung‹ ist unverkennbar. Aber in Ägypten gibt es keine Parallelen dazu. Von Anfang an stimmt alles. Die Antwort auf das Rätsel liegt natürlich auf der Hand, wird aber selten ernsthaft in Betracht gezogen, da die vorherrschende Art des modernen Denkens vor ihr zurückschreckt. Die ägyptische Zivilisation war keine Entwicklung. Sie war ein Erbe.« (West 1979, 13)

Sicher ist, dass dieses Erbe nicht aus dem Osten kam. Die wasserlosen Wüstengebiete, die jahrhundertelang als Puffer gegen das Eindringen asiatischer Stämme dienten – bis zur Invasion barbarischer Hyksos-Wagenlenker Mitte des siebzehnten Jahrhunderts vor Christus –, waren eine wirksame Barriere gegen kulturelle Einflüsse. Darüber hinaus gab es in Kleinasien damals nichts, was der Entwicklung der hohen Zivilisation Ägyptens in irgendeiner Weise geglichen hätte. Und die verschiedenen, teilweise widersprüchlichen ägyptischen Kosmogonien stimmen zumindest darin überein, dass die frühesten Urgottheiten aus dem fernen Westen stammten.

Das bestätigt die Schlussfolgerungen moderner Forscher bezüglich einer dynastischen Rasse, die die Zivilisation aus dem fernen Westen in das Niltal brachte. Der »Vater der Geschichte«, Herodot, reiste im sechsten Jahrhundert vor Christus durch das damalige Ägypten und zitiert die Priester von Memphis, die aussagten, dass ihre Vorfahren aus einem Land im äußersten Westen kamen. Zweihundert Jahre später berichtet Manetho, ein ägyptischer Priester, der auf Griechisch schrieb, dass das erste zivilisierte Volk nach einer katastrophalen Flut mit den Errungenschaften einer hoch entwickelten Gesellschaft nach Ägypten gekommen sei. Der griechische Geograf Diodorus Siculus, ein Zeitgenosse Manethos, erläutert dies so: »Die Ägypter selbst waren Fremde, die sich in sehr fernen Zeiten am Nil niederließen und die Zivilisation ihres Mutterlandes mitbrachten, das Schreiben und eine hoch entwickelte Sprache. Sie kamen aus der Richtung der untergehenden Sonne und waren die Ältesten der Menschen« (Leonard 1904, 92). Er behauptet, dass die Vorfahren der Ägypter aus Äthiopien stammten. Wie in Kapitel 2 beschrieben, war der äthiopische Prinz Memnon, der bei der Verteidigung Trojas starb, ein Anführer aus Atlantis. Während der frühen Klassik war Äthiopien gleichbedeutend mit dem atlantischen Nordafrika, dem Gebiet vor den Säulen des Herakles (Gibraltar) oder mit Atlantis selbst.

Mehurt, die Himmlische Kuh, das Symbol der Geburt aus dem Nichts, gehörte zu den Gottheiten, die die Atlanter ins Niltal brachten. Ihr Name bedeutet wörtlich »Große Flut«. In Kapitel 175 des *Ägyptischen Totenbuches* wird das von ihr personifizierte Ereignis beschrieben: »Die Erde wurde von der Sintflut bedeckt. Alles Leben wurde zerstört.« Einige tugendhafte Menschen überlebten jedoch. Ihr Anführer war Osiris, an den im Osireion erinnert wurde, ein Tempelkomplex, der etwa acht Meter hinter dem Totentempel von Sethos I. in Abydos stand. Es handelte sich um eine unterirdische gewölbte Halle, die von einem Kanal umgeben war, der den Großen Wasserkreis oder Ozean darstellte und somit eine steinerne Allegorie auf Atums »Berg des Ursprungs« war. Laut dem Ägyptologen Rundell Clarke befand sich im Innern in der Mitte ein maßstabsgetreues Modell des Bauwerks mit einer Statue des Osiris auf der Spitze. Dieses seltsame unterirdische Gebäude war ein rituelles Symbolbild der Herkunft der zivilisierten Menschheit aus Atums Inselreich inmitten des Ozeans, ein offenkundiger Hinweis auf das versunkene atlantische Land, die Heimat der Vorfahren der Ägypter. Die »Vernichtung der Menschheit«, aufgezeichnet zur Zeit des Alten Reichs, wurde passenderweise im Osireion selbst entdeckt. Der Bericht erzählt von Aalu, der Insel der Flammen. Auch die Tradition der Apache-Indianer Nordamerikas kennt eine Insel mit dieser Bezeichnung. Offensichtlich beschreibt sie eine vulkanische Insel, die an Atlantis denken lässt.

Laut der »Vernichtung der Menschheit« befand sich Aalu weit entfernt auf dem Großen Wasserkreis, westlich von Tuat, der Jenseitsresidenz der Götter an den Enden der Welt, wo die Sonne untergeht, und war von hohen Bergen umgeben, die den Himmel von der Erde trennen. Es war ein großes Inselreich mit üppigen Weizenfeldern, und seine palastartige Hauptstadt war von einer Eisenmauer geschützt, »mit vielen Toren, zu denen weitläufige Straßen führten«. Jeden Morgen erschien der Sonnengott in Aalu durch ein »Tor« im Zentrum der Insel. Doch eines Tages rief Atum, der Vater der Götter, Tefnut herbei, die als »blutrünstige Löwin« dargestellt ist. Ihre Mähne rauchte vor Feuer, und ihr Gesicht leuchtete wie die Sonne« (Mercatante 1978, 184). Tefnut war ein mythisches Abbild des Kometen (den Ägyptern auch als Sechmet bekannt), der im späten dreizehnten und frühen zwölften Jahrhundert vor Christus die Kulturen der Bronzezeit bedrohte und Atlantis sowie zahlreiche weitere Kulturen und Städte der damaligen Zeit zerstörte.

Atum befahl Tefnut, Aalu durch einen himmlischen Brand auszulöschen, denn seine Bewohner hätten begonnen, die Götter zu verachten. Aalu wird auch im *Ägyptischen Totenbuch* (Kapitel 61) erwähnt, einer Sammlung von Begräbnistexten aus dem sechzehnten Jahrhundert vor Christus. Dabei wird ein Inselreich mit schiffbaren Strömen beschrieben, die an die regulierten Kanäle von Platons Atlantis erinnern. Weniger offensichtlich ist das »Tor«, durch das der Sonnengott im Morgengrauen erschien, was impliziert, dass Aalu im Osten lag. Die Lage der Insel wurde jedoch im äußersten Westen angenommen, jenseits von Tuat, das selbst einen Bezug zu Atlantis hat: Die Berge von Tuat trennten den Himmel von der Erde, wie es der Berg Atlas tat, und sie verkörpern Schu (siehe Abb. 4.1), den ägyptischen Atlas, der Geb (die Erde) von Nut (dem Himmel) scheidet.

Das »Tor« des Sonnengottes in Aalu kann nur das astronomische Merkmal eines Megalithtempels gewesen sein, der dem britischen Stonehenge ähnelte, diesem genialen kalendarischen Meisterwerk. Tatsächlich werden die Kerben in Stonehenge, die zur Sichtung der himmlischen Objekte verwendet wurden, gern als »Fenster« bezeichnet, was auf dasselbe Konzept wie bei dem ägyptischen »Tor« hindeutet: ein Steinrahmen, der bewusst so ausgerichtet ist, dass er die ersten Sonnenstrahlen einfängt. Der sogenannte Heel Stone von Stonehenge bezeichnet daher auch keine Ferse (engl. *heel*), sondern ist abgeleitet vom altwalisischen *haul* (ausgesprochen »hayil«), was »Sonne« bedeutet. Weil es auch »jenseits der Säulen des Herakles« zahlreiche astrono-

Abb. 4.1. Schu, hier in Form einer Kopfstütze aus Akazienholz, trug im Zentrum der Welt den Himmel auf seinen Schultern und wurde von zwei Löwen begleitet, die den Osten und den Westen repräsentierten. (Nationales Archäologisches Museum, Kairo)

misch orientierte Tempel gab, sind die westliche Lage und die Identität von Aalu glaubwürdig. Atums Assoziation mit dem Urhügel und seine Beteiligung an der Flut sind eng mit Atlas und seinem Berg verbunden, der ins Meer stürzte. Kurz gesagt, Atum war eine ägyptische Version von Atlas – eine Identität, die durch die sprachliche Ähnlichkeit zwischen dem ägyptischen Gott und dem griechischen Titan unterstrichen wird.

Die ältesten ägyptischen Traditionen besagen, dass mehrere Wellen von Emerys »dynastischer Rasse« nach Unterägypten strömten, allen voran die Shemsu-Hor (Anhänger des Horus). Sie wurden von den Mesentiu (Harpunierern) begleitet. Die Harpune wurde auch als Emblem von den Shemsu-Hor in ihrem Gau (Distrikt) am unteren Nil im westlichen Delta getragen, wo der Falkenhimmelsgott selbst als Hor-tchema, Horus der Durchbohrer, bekannt wurde, als er sich anschickte, seinen Erzfeind Seth in der Form eines Nilpferds zu harpunieren. Weil die Shemsu-Hor die ersten Könige Ägyptens waren, identifizierte sich jeder Pharao der einunddreißig Dynastien persönlich mit Horus – mit Ausnahme des ketzerischen Amenhotep IV., der sich selbst Echnaton nannte. Mercer erklärt: »Horus selbst war der Überlieferung nach der letzte der göttlichen Herrscher Ägyptens. Diese sowie die dynastischen Herrscher galten als Inkarnationen des Horus, das heißt, als Horus-Könige, und wurden als solche wie Götter behandelt« (Mercer 1960, 78). Das *Totenbuch* macht deutlich, dass die Shemsu-Hor Atlanter waren: »Horus wird auf dem Thron erhöht, der auf der Insel der Flammen errichtet wurde« – ein Name, der das vulkanische Atlantis bezeichnet.

Aber Horus als religiöse Figur könnte auch das Ergebnis eines Kompromisses zwischen den neu angekommenen Mesentiu und den Eingeborenen gewesen sein. Mercer vermutet, dass sich die dynastische Rasse der Einwanderer »in Ägypten, vielleicht im Delta, niederließ, möglicherweise in einer Stadt oder einem Bezirk, dessen Bewohner bereits einen Falken als Gott hatten. Diesen machten sich die Neuankömmlinge zu eigen, worauf sich ein Falken- oder Horuskult entwickelte« (Mercer 1960, 93). Er weist darauf hin, dass die Wurzel von *Horus* (»Falke«) der Wortstamm *hor* (»Gesicht«) ist, der auch für *hort* (»Himmel«) steht, und dass die fremden Dynastien möglicherweise ihre eigene Himmelsgottheit mit dem einheimischen Falkengott verbanden. Dieser friedliche Synkretismus spiegelt sich auch in der Legende von Horus als Sohn des Osiris wider, dem Gott der Wiedergeburt und fruchtbaren Prinzip der Natur, der aus der Ferne kam, um seine Frau Isis, die Personifikation des neuen Mutterlandes Ägypten, zu schwängern. Horus (die Macht der Pharaonen) könnte dann als Nachkomme oder natürliches Ergebnis einer Vereinigung der Kulturbringer aus dem fernen Westen mit den Ureinwohnern des Niltals angesehen werden. Dementsprechend wäre Osiris' Titel als »Prinz der Menschen des Westens« besonders angemessen.

Wie ihr Harpunenemblem andeutet, waren die Shemsu-Hor und die Mesentiu Seefahrer. Die Begründer des pharaonischen Ägyptens aus dem fernen Westen erschienen ganz plötzlich im Nildelta und brachten nach der Großen Flut die Kunst und Wissenschaft einer gereiften Zivilisation mit. Wenn wir jedoch nach Westen schauen, können wir keine Beweise für die Heimat dieser Zivilisation in Libyen finden. Noch weiter westlich liegen nur die Küsten Nordafrikas und dahinter der offene Ozean. Doch Platon sagte, dass die Ägypter die Geschichte eines mächtigen Reiches weiterführten, dessen Hauptstadt sich auf einer großen Insel im nahen Atlantik befand.

Die Anhänger des Horus sind bildlich im oberägyptischen Dendara-Tierkreis dargestellt, der identische Paare kniender menschlicher Figuren mit Falkenköpfen zeigt, die den Himmel halten. Atlas war der legendäre Begründer der Astrologie, der im griechischen Mythos das Himmelsgewölbe trägt. Er wurde unter Zwillingsbrüdern geboren, wie sie im Dendara-Tierkreis dargestellt sind. In Kapitel 20 des *Ägyptischen Totenbuches* heißt es, dass sich die »Heimstatt« der Shemsu-Hor in Sekhet-Aaru befand. Der Forscher Martin Bernal zeigt in seinem Buch *Black Athena*, dass der griechische Name »Atlas« vom ägyptischen *aru* abgeleitet ist, was es umso wahrscheinlicher macht, dass Sekhet-Aaru mit Atlantis identisch ist.

Die griechische Version von den Ursprüngen der ägyptischen Zivilisation berichtet von Aegyptus, dem ersten Pharao, nach dem das Land benannt wurde. Sein Großvater war Poseidon, der Meeresgott und Schöpfer von Atlantis, dessen Emblem der Dreizack war, ebenso wie bei den Anhängern des Horus. Die Mutter des Aegyptus war eine sterbliche Frau namens Libya. Diese Legende spiegelt die gleiche Migration wider, die in den ägyptischen Gründungserzählungen geschildert wird: Aegyptus war ein Atlanter der zweiten Generation, dessen Eltern während ihrer langen Flucht von ihrer Heimat auf Poseidons Insel Sekhet-Aaru durch Libyen zogen. Orpheus, ein griechischer Historiker aus dem ersten Jahrhundert vor Christus, unterstreicht diese Tradition und betrachtet Ägypten als eine »Tochter des Poseidon«.

Aegyptus war ein Shemsu-Hor, dessen historische Realität durch Ägyptens ersten König, Hor-Aha, bestätigt wird. Die Linie, die dieser um 3100 vor Christus gründete, wurde zum Vorbild für ein Königtum, das für die Dauer der dynastischen Zeiten Bestand haben würde. Emery schreibt:

> »Der Überlieferung nach regierte Gott Horus in prähistorischen Zeiten in Ägypten, aber er wurde immer von einem irdischen König vertreten, der ein ›Horus‹ oder Horus-König war. Solche Könige wurden in historischer Zeit ›Anhänger des Horus‹ genannt, Shemsu-Hor. Horus selbst war der Überlieferung nach der letzte einer Reihe von göttlichen Herrschern Ägyptens. Sie und die dynastischen Herrscher galten als Inkarnationen des Horus, also ›Horus-Könige‹, und wurden als solche wie Götter behandelt.« (Emery 1961, 95)

Das Konzept des Pharaos, das die gesamte Geschichte des dynastischen Ägyptens beherrschte, wurde also von den atlantischen Shemsu-Hor eingeführt.

Die historische Realität von König Hor-Aha und seine atlantische Identität wurden im frühen zwanzigsten Jahrhundert von dem bekannten Ägyptologen Sir Flinders Petrie nachdrücklich unterstrichen. Bei seinen Ausgrabungen in Abydos, wo sich das Osireion befindet, fand Flinders eine kleine Elfenbeintafel mit der Abbildung eines Königs mit dem Namen »Aha«. Hinter der Figur befindet sich ein Stier, der über einen welligen Boden in ein zwischen zwei Stangen aufgespanntes Netz läuft; das ist fast genau dieselbe Szene wie die auf den Vaphio-Kelchen. Das sind zwei perfekt erhaltene Goldartefakte, die in einer mykenischen Ausgrabungsstätte in Lakonien, südlich von Sparta, gefunden wurden. Die Kelche waren vor etwa 3.500 Jahren aus dem minoischen Kreta importiert worden. Einer von ihnen zeigt eine Szenerie, die Platon in seinem Bericht über Atlantis beschreibt, in der heilige Stiere rituell mit Schlingen gefangen wurden.

Petrie entdeckte die Tafel von König Hor-Aha in einem Schrein, der der Göttin Neith gewidmet ist. Sie stellt eine weitere direkte Verbindung zu Atlantis dar, denn in ihrem Tempel in Sais im Nildelta wurde laut Platon der ursprüngliche Bericht über die ozeanische Zivilisation aufbewahrt. Neith wurde als erste Gebärerin verehrt, die angeblich die Welt auf einem Webstuhl erschuf, den sie erfunden hatte und der Menschheit hinterließ. In dieser Rolle war sie die mythische Personifikation der atlantischen Shemsu-Hor beziehungsweise Emerys »dynastischer Rasse«, die die Kunst des Webens im Niltal einführte, zusammen mit allen anderen Errungenschaften einer Hochkultur. Aber Neith hatte auch einen schrecklichen Aspekt. Wenn sie beleidigt wurde, kannte man die Göttin als »diejenige, die den Himmel auf die Erde fallen lässt« und mit einer himmlischen Katastrophe droht. Sollten solch schlimme Umstände aber tatsächlich eintreten, wurde sie als »Beschützerin gegen das Eindringen von Wasser« angefleht.

Sie ist nicht nur die ursprünglichste Göttin, ihre Stadt bezeugt auch, historisch gesehen, den Zusammenschluss der Gaue (Distrikte) des unteren Nils, noch bevor die Nation in dynastischer Zeit vereinigt wurde. Bezeichnenderweise war eines ihrer Symbole die Rote Krone von Unterägypten. Ein so uralter überlieferter Bericht wie der von Atlantis hätte an keinem passenderen Ort aufbewahrt werden können. Ihn in ihrem Tempel in Gegenwart der Ersten Gebärerin zu hüten, versinnbildlicht die Ankunft der atlantischen Shemsu-Hor am Ufer des Nildeltas sowie ihre Geschichte. Es gab keinen geeigneteren Ort, um die Geschichte von Atlantis zu bewahren, denn in der Nähe von Sais waren die Atlanter von Ramses III. bei ihrem letzten Versuch, Ägypten zu erobern, zurückgeschlagen worden.

Eine Fülle von materiellen und traditionellen Belegen aus dem Alten Ägypten zeigt deutlich, dass die ländlichen Bewohner des Niltals vor mehr als fünftausend Jahren technologisch fortgeschrittene Flüchtlinge aus dem äußersten Westen aufnahmen, die durch eine Naturkatastrophe aus ihrer Heimat vertrieben worden waren. Gemeinsam bauten beide Völker eine neue Zivilisation auf, deren großartigste Errungenschaft, die Große Pyramide, immer noch auf dem Gizeh-Plateau zu sehen ist. Daneben befindet sich, in einer eigenen Krypta vergraben, ein dreißig Meter langes Schiff. Und es ist nicht das einzige – vier weitere liegen in der Nähe. Dies sind auch keine bloßen Zeremonialboote für Fahrten auf dem ruhigen Nil; es sind seetüchtige Schiffe, die tatsächlich lange und unter schwierigen Umständen gesegelt waren, so dass sie starke Gebrauchsspuren aufweisen.

Vor der offiziellen Gründung der pharaonischen Zivilisation geschaffen, verweist die komplexe Technik der Schiffe auf eine hochentwickelte prädynastische Rasse, die Shemsu-Hor – dasselbe Volk, das auch die Große Pyramide erbaute. Und dies waren die Schiffe, mit denen sie aus ihrer atlantischen Heimat gekommen waren. Diese Interpretation erklärt auch, warum diese prächtigen Schiffe in dem heiligen Bezirk gefunden wurden, in dem das bedeutendste Monument des Alten Ägypten steht.

Das katastrophale Ereignis, nach dem diese Schiffe die Flüchtlinge in die Sicherheit des entfernten Nildeltas brachten, wurde in einem Dokument beschrieben, das den Titel trägt: *Das Buch von dem, was im Duat ist*, also in der Anderswelt liegt. »Als der Schöpfer die Menschheit bestrafen wollte«, berichtet der anonyme Autor, »sandte er sein rechtes Auge aus, Sechmet, die Sonne, die in das Wasser des Abgrunds stürzte.«

FÜNF

Noah war ein Atlanter

Dass man dich nie mehr findet, wenn man nach dir sucht.

HESEKIEL 26:21

Wiederholte Erdbeben führten im späten vierten Jahrtausend vor Christus zu großen Abwanderungen von der langsam versinkenden atlantischen Landmasse. Die Menschen zogen in Karawanen durch die damals noch grüne Sahara sowie mit kleinen Flotten entlang der nordafrikanischen Küste durch das Mittelmeer in Richtung Osten. Die atlantischen Emigranten, die sich im Niltal niederließen, bewirkten den plötzlichen Aufstieg der dynastischen Zivilisation, während diejenigen, die die ersten Städte im Fruchtbaren Halbmond zwischen Euphrat und Tigris gründeten, die ebenso schnelle Entwicklung der mesopotamischen Zivilisation auslösten.

Öffentlich würde kein Archäologe eine solche Interpretation in Betracht ziehen. Dennoch erklärt sie auf überzeugende Weise die Gemeinsamkeiten (von denen einige identifizierbar atlantisch sind) des frühdynastischen Ägyptens und Sumers. Während sie zweifellos einige kulturelle Kontakte teilten, blieben beide Völker gegenüber äußeren Einflüssen jeglicher Art weitgehend isoliert. Genauer gesagt, ihre Ähnlichkeiten traten nicht allmählich auf, wie es durch eine allmähliche Entwicklung der Kommunikation zu erwarten wäre, sondern erschienen von Anfang an gleichzeitig in beiden Gesellschaften, was darauf hindeutet, dass sie aus einer gemeinsamen Quelle resultierten. Der Ägyptologe Dr. Walter Emery erklärt dazu:

> »In der Tat würde die Existenz einer dritten Gruppe, deren kulturelle Errungenschaften unabhängig voneinander in Ägypten und Mesopotamien weitergegeben wurden, die Gemeinsamkeiten und die grundlegenden Unterschiede der beiden Zivilisationen am besten erklären.« (Emery 1961, 107)

Zu einigen dieser gemeinsamen Merkmale gehören zusammengesetzte Tierfiguren in den jeweiligen Kulten, wie zum Beispiel geflügelte Greife oder Katzen mit Schlangenhälsen, Paare miteinander verschlungener Tiere oder eines Helden, der von zwei Löwen begeleitet wird. Sowohl sumerische als auch ägyptische Künstler stellten ihre Könige überlebensgroß und von kleineren Figuren umgeben dar. Bei sumerischen Herrschern und ägyptischen Pharaonen war das Tragen eines Bartes ein Zeichen der Stärke. Außerdem trugen beide Herrscher denselben Titel: Himmelsstier. Der ägyptische Stier (*Hap*) war eine mit dem Königtum verbundene Figur des Fruchtbarkeitskultes, dessen Rituale von den Stierzeremonien des Sohnes von Enlil in Ur praktisch nicht zu unterscheiden waren. Der Stier war, wie in Platons Bericht beschrieben, das Zentrum einer besonderen königlichen Zeremonie in Atlantis. Auch wenn der Stier in vielen Kulturen ein wichtiges Symbol ist, sind identische oder nahezu identische Rituale in unterschiedlichen Gesellschaften eher ungewöhnlich. Die Gemeinsamkeiten lassen daher auf eine prähistorische Beziehung zwischen Ägyptern, Sumerern und ihren Vorfahren in Atlantis schließen.

Abgesehen von den Ritualen gibt es noch weitere Ähnlichkeiten. Archaische ägyptische und sumerische Architekten verwendeten gleichzeitig eine spezialisierte Ziegelbautechnik, wobei sich die Methoden nur in der Größe der verwendeten Ziegel unterschieden. Die Dschemdet-Nasr-Zeit in Sumer und das gleichzeitige ägyptische Archaikum weisen Fensteröffnungen auf, die praktisch identisch waren, und auch die Palastgestaltung in beiden Kulturen hatte »zweifellos einen gemeinsamen Ursprung« (Emery 1961, 191). Die Pharaonen der ersten Dynastie opferten Gefolgsleute bei ihren Beerdigungen und bestatteten sie in Bereichen des königlichen Grabes, ebenso wie die frühen Könige von Ur. Die prädynastische Religion entstand aus einem monotheistischen Sonnenkult mit Ra als oberstem Gott, und der sumerische »erste Gott« im Mesopotamien des späten vierten Jahrtausends vor Christus hatte dieselbe Art von Ursprung. Interessanterweise verehrten auch die Ureinwohner der Kanarischen Inseln vor der Atlantikküste Marokkos zunächst einen Sonnengott, der mit den hohen Bergen Teneriffas und Gran Canarias in Verbindung gebracht wurde. Ebenso wurden auch die ägyptischen Pyramiden als »Berge des Ra« verehrt und die Zikkurate von Sumer als monumentale Treppen zu ihrem Gott angesehen. Es zeichnet sich hier eine kulturelle Kontinuität ab, die sich von der Urquelle im Atlantik nach Osten bis nach Ägypten und sodann bis nach Mesopotamien erstreckt.

Diese Kontinuität wird besonders an den Parallelen zwischen dem sumerischen Asari und dem ägyptischen Ausar (besser bekannt unter der griechischen Namensbezeichnung Osiris) deutlich. Die Ähnlichkeit beginnt bei den Namen. In beiden Kulturen galt Asari-Ausar als ein Mann, der Göttlichkeit erlangte, nachdem er die Werte und Technologien der Zivilisation in der ganzen Welt verbreitet hatte. Später wird er hinterhältig ermordet und seine Leiche zerstückelt; die Teile werden weit und breit verstreut. Seine Frau – Innini in Sumer und Eset (besser bekannt als Isis) in Ägypten – ist in beiden Versionen gleichzeitig seine Schwester. Sie sammelt die Körperteile auf und gibt ihm durch die Kraft ihrer geheimnisvollen Religion das ewige Leben zurück. Sowohl Innini als auch Eset waren Fruchtbarkeitsgöttinnen, und beide wurden in ihren jeweiligen Kulturen als weinende Frauengestalten dargestellt.

Asaris Titel lautete »der treue Herr des Baumes«, und Ausars Symbol war das Tet-Amulett, der Stamm oder die »Säule« eines Baumes, der zu seiner Auferstehungsgeschichte gehörte. Gleichzeitig mit seinem Auftreten in beiden Kulturen finden sich auch die parallelen Anfänge der Zivilisation im Niltal und in der bewässerten Ebene zwischen den Flüssen Tigris und Euphrat um 3100 vor Christus. Zu dieser Zeit waren die Shemsu-Hor, die Ägypten die Zivilisation gebracht hatten, damit beschäftigt, die verschiedenen Distrikte (Gaue) zu einem einheitlichen Staat zu verschmelzen. Ein ähnlicher politischer Prozess wurde von den neu angekommenen atlantischen Vorfahren der Sumerer unternommen. »Der Eindruck, den wir erhalten,« schließt Emery, »beruht auf einer indirekten Verbindung und möglicherweise auf der Existenz einer dritten Gruppe, deren Einfluss sich sowohl auf den Euphrat als auch auf den Nil ausbreitete« (Emery 1961, 119). Viele Forscher postulieren daher weiterhin die Existenz einer »dritten Gruppe« als gemeinsame Quelle für die ägyptische und die sumerische Zivilisation, und dies nicht nur, weil beide kulturell so ähnlich, aber voneinander isoliert waren. Die Verbindung zwischen den beiden Kulturen wurde durch die ausgedehnte, wasserlose Wüste, die Ägypten vom

Osten abschottet, stark eingeschränkt. Darüber hinaus wird der allgemeine Eindruck einer dritten, atlantischen Gruppe sowohl durch die Ähnlichkeiten als auch durch die weitaus zahlreicheren und grundlegenderen Unterschiede zwischen den beiden Zivilisationen unterstrichen.

Zum Beispiel zeigt eine Szene, die auf dem Griff eines Elfenbeinmessers aus Gebel-el-Arak abgebildet und in den Wandgemälden eines spätprädynastischen Grabes in Hieraconopolis genauer wiedergegeben ist, die Shemsu-Hor in einer Seeschlacht mit Fremden. Während die Ägypter typische einheimische Schiffe befehligen, führen ihre Feinde die massiv konstruierten, hochbordigen Boote Sumers. Die Vermutung scheint angebracht, dass Kontakte zwischen den beiden Zivilisationen selten und wenig herzlich waren.

Die Sumerer sind den Archäologen hinsichtlich ihrer Ethnizität weiterhin ein Rätsel. Sie waren weder Semiten noch Indoeuropäer und besaßen eine agglutinierende, dem Finnisch-ugrischen ähnliche Sprache, die auf eine kaukasische Verbindung hindeutet. Ihre Augen waren hell, ihre Haare dunkel, ihr Teint leicht gebräunt und ihr Körperbau klein und schlank. Sie waren offenbar von derselben Abstammung wie die Shemsu-Hor, die Guanche-Ureinwohner der Kanarischen Inseln, die vorkeltischen Bewohner der britischen Inseln und die alten Iberer, von denen die heutige baskische Bevölkerung die einzigen Überlebenden sein könnten. Mit anderen Worten: Sie waren vermutlich Atlanter.

Der naheliegendste Vergleichspunkt zwischen Sumer und Ägypten ist die Gestalt der Pyramidentempel, die kurz nach oder sogar gleichzeitig mit den voneinander unabhängigen Anfängen beider Zivilisationen auftauchte. Wie bei den meisten anderen Gemeinsamkeiten, die die beiden Kulturen verbinden, gilt, dass sich die ägyptischen und die sumerischen Pyramiden in ihren Grundzügen ähneln, sich jedoch in Einzelheiten erheblich voneinander unterscheiden.

Dies ließe sich durch den Ursprung aus einer gemeinsamen Quelle und die individuelle Weiterentwicklung in zwei verschiedenen Kulturen erklären, die wie Zweige desselben Baumes auseinanderwachsen. Der heilige Berg mit seinem »hohen Stufenturm« wurde in der sumerischen Zikkurat symbolisiert. Dieser Begriff bedeutet übersetzt »Götterberg« und erinnert an die ägyptische Bezeichnung der Pyramiden als »Berge des Ra«.

Campbell beschreibt die Zikkurat als »in fünf Stufen aufragende Nachahmung des heiligen Berges« (Campbell 1961, 137). Platon berichtet, dass fünf und sechs die heiligen Zahlen von Atlantis waren, durch die männliche und weibliche Energien repräsentiert wurden. Um ein angemessenes Gleichgewicht der spirituellen Energien herzustellen, haben die Atlanter diese Zahlen in ihre monumentale Architektur aufgenommen – dieselbe numerische Symbolik, die in Sumer am Werk war. Entscheidend ist dabei jedoch, dass die Pyramiden und Zikkurate völlig unabhängig voneinander gebaut wurden. Sie sind kein Ergebnis interkultureller Kontakte. Die Stufenpyramide – ein Stil, der der Zikkurat am nächsten kommt – entwickelte sich aus der Mastaba beziehungsweise dem freistehenden Grab mit nur einem Stockwerk, während die Zikkurat aus Tempeln entstand, die auf Plattformen errichtet wurden. Mit anderen Worten, beide Konzepte entsprangen einer gemeinsamen Inspiration, die vor ihrer eigenen Zivilisation existierte, aber ihre Entwicklungswege standen in keiner Beziehung zueinander.

Offensichtlich war das wichtigste Merkmal, das die Pyramide mit der Zikkurat verband, die gemeinsame Funktion als Erinnerungsträger an die Herkunft der beiden Völker, die von der heiligen Gebirgsinsel im fernen westlichen Meer nach Osten ausgewandert waren. Auch hier gibt es ähnliche Grundlagen, aber unterschiedliche Details. Djosers künstlicher »Berg des Ra« in Sakkara und die Zikkurat in Ur sind beide Pyramiden aus Lehmziegeln mit fünf Stufen (die atlantische heilige Zahl fünf). Im Gegensatz zu den ägyptischen Pyramiden enthielten die Zikkurate jedoch keine inneren Kammern oder Gänge. In der babylonischen Version der Geschichte errichtete Utnapischtim, nachdem er die Flut überlebt hatte, einen Tempel auf einem Berggipfel, wo er den Göttern dankte. Seine Söhne zogen dann hinaus in die Welt, um verschiedene Nationen zu gründen. Er entspricht dem ägyptischen Aaru, der ebenfalls als »im fernen Westen liegend« bezeichnet wird. Die herausragenden Bauwerke Ägyptens und Sumers verweisen also auf die gemeinsame dritte Gruppe, von der beide abzustammen behaupten: den Atlantern.

Der sumerische Mythos von Enki deutet ebenfalls auf die Abstammung aus einer gemeinsamen Wurzel hin, die sich dann in verschiedene Zweige aufspaltete: Nach einem Goldenen Zeitalter, in dem alle Menschen die gleiche Sprache sprachen und sich als Brüder und Schwestern umarmten, änderte Enki »die Sprache in ihrem Mund und legte Streit hinein, in die Rede der Menschen, die bis dahin eins gewesen war«. Enki war eine Wassergottheit, die mit einem großen Schiff namens »Steinbock des Abzu« eine weltweite Mission zur Zivilisierung der Menschheit unternahm. Der Steinbock ist ein eine wilde Ziegenart mit großen, geschwungenen Hörnern. Das Motiv der Ziege als Meeressymbol findet sich seit jeher in nahezu allen westlichen und einigen nahöstlichen Kulturen.

Enki bildet somit einen Verbindungspunkt zwischen Sumer und Ägypten, wo die Tempelkunst manchmal den ziegenköpfigen Khnemu, einen Schöpfungsgott, als Kapitän der »Sonnenbarke« darstellte, die die ersten Götter und Menschen in das Nildelta brachte. Ähnlich wie Oannes, der babylonische Zivilisationsgott, wurde Enki mit Reisen über weite Gebiete des offenen Meeres in Verbindung gebracht. Abzu war die urtümliche Wasserwüste, aus der der »Berg des Lebens« erwuchs. Der sumerische Abzu-Mythos ist praktisch identisch mit dem ägyptischen Mythos von Atum, dem Gott des Urmeeres, der einen Hügel aus den Tiefen hob. In den Geschichten über die Heldentaten des Ninurta wird Abzu wiederholt als salzig und damit als ozeanisch beschrieben.

Auch hier haben wir es also mit Erzählungen zu tun, die entweder auf interkulturelle Einflüsse oder auf eine gemeinsame Abstammung hindeuten. Waren die beiden Völker im Niltal und im südlichen Mesopotamien Erben einer gemeinsamen Tradition? Die Beweise deuten in der Tat auf solch eine gemeinsame Quelle jenseits des Meeres hin.

Zum Beispiel lesen wir in den Geschichten über den Wassergott, dass Enki, »nachdem das Wasser der Schöpfung geordnet worden war, sein Seehaus aus Silber und Lapislazuli baute. Er verzierte es großartig mit Gold. Und er ließ es wie einen hohen Berg über dem Wasser schweben«. Der Hausmeister dieses Seehauses war Nashe, der »Berg des Himmels und der Erde«. In seiner Nähe befand sich ein grüner, fruchttragender Garten mit vielen Vögeln und Fischen. Der »hohe Berg« war in der Urzeit auf dem höchsten Punkt des Rückens eines Drachen aufgestiegen, mit Ninhursag (Nin-des-Berges). Diese heilige Insel war mit allen Arten von Kräutern, Wein, Honig, Bäumen, Gold, Silber und Bronze gesegnet, zusammen mit »allen vierbeinigen Kreaturen«. Es war Ninhursag, auch bekannt als Königin des kosmischen Berges, die, mit den Worten des angesehenen Experten für die sumerische Sprache, Noah Kramer, »die Voraussetzungen für die Organisation des Universums, die Erschaffung des Menschen und die Errichtung der Zivilisation geschaffen hat« (Kramer 1969, 321).

In der Geschichte von der Zeugung von Nanna wird Ninhursags große Stadt beschrieben: »Siehe, diese Verbin-

Abb. 5.1. Diese römische Statue, entstanden um 100 nach Christus, zeigt Atlas, den ersten König von Atlantis, der das Himmelsgewölbe mit dem Tierkreis trägt. (Archäologisches Museum von Neapel, Italien)

dung zwischen Himmel und Erde, die freundliche Mauer, ihr reiner Fluss, ihr Kai, an dem die Boote stehen, ihr Brunnen mit gutem Wasser, ihr reiner Kanal!« Hier, am Geburtsort der Götter, bauten sie »den hohen Stufenturm über dem See der Unterwelt und errichteten Tempel für sich«, entwarfen die ersten Gesetze und begründeten die Wissenschaften der Astronomie und Astrologie. Die babylonische Version des sumerischen Enki (oder Ea) war Marduk, der »die herrliche Stadt, die ihnen [den Göttern] am Herzen liegt, zur höchsten Stadt machte und einen Wall um das Wasser errichtete.« In einem religiösen Text wird Ea als »der Herr, der in einem Tempel inmitten des Ozeans wohnt« beschrieben (Gaster 1969, 135).

Die mythischen Berichte über Enkis »Seehaus«, Ninhursags »kosmischen Berg« und Eas »herrliche Stadt inmitten des

Abb. 5.2. Der sumerische Gott Enlil, der die Welt in einem »Zeitalter vor der Flut« (Lam Abubi) regiert haben soll, hält die Himmelsschale. Votivstatuette aus Gips aus dem Irak, um 2700 vor Christus. (Museum des Orientalischen Instituts, Universität Chicago)

Ozeans« sind offensichtlich Darstellungen derselben Heimat der Zivilisation, die auch Platon in seinem Atlantis-Dialog beschreibt. Ninhursags Verbindung zwischen Himmel und Erde ist Atlas (siehe Abb. 5.1), der das Himmelsgewölbe trägt, Erfinder der Astrologie/Astronomie und vieles mehr. Der kosmische Berg (d. h. der Berg Atlas), der die atlantische Identität der sumerischen Berichte bekräftigt, lag im fernen Westen jenseits eines weiten Meeresabschnitts. Er ist auf dem Abdruck eines Rollsiegels zu sehen, mit einer Zikkurat, die über einem verdrehten Seil, Symbol des Wassers, positioniert ist. Tarkullu (Seil) war der babylonische Meeresgott. Auf demselben Siegel befindet sich das Bild eines Fuchses (für den Fuchsstern), das eine westliche Richtung anzeigt.

Der höchste Gott der Sumerer war Enlil (siehe Abb. 5.2), der wie Atlas Himmel und Erde trennte und als Vater der

Götter, König aller Länder und »Geheimnis des Großen Berges« bekannt war – Beinamen, die an Atlantis als vorherrschende geistige und politische Macht der frühen Bronzezeit erinnern. Im *Gilgamesch-Epos* begibt sich der Held auf die Suche nach dem Überlebenden der Großen Flut und findet ihn im fernen Westen auf einem Berggipfel, auf dem das Himmelsgewölbe ruht und dessen Basis sich auf dem Meeresgrund befindet.

Kurz gesagt, die Götter wurden auf einer Insel geboren, die von einem großen Berg beherrscht wurde und sich im entfernten Westen jenseits des Ozeans befand. Dort errichteten sie die erste Stadt und begründeten eine Zivilisation, die ihr Zentrum in einem prächtigen Palast, Enkis »Seehaus«, hatte. Dass diese Sage, die dem Atlantis-Mythos ähnelt, 2600 Jahre vor der Abfassung von Platons *Dialogen* die Kosmogonie eines Volkes repräsentierte, deutet auf die Glaubwürdigkeit der beiden Berichte hin.

Der Stier spielte eine aufschlussreiche Rolle in der sumerischen Religion: In Städten wie Ur und Nannar wurde er als Sohn des Enlil, des höchsten Gottes und Geheimnis des Großen Berges, verehrt, der »Himmel und Erde trennte«. In der Beschreibung seiner griechischen Gestalt als Atlas wurden zweieinhalb Jahrtausende später fast dieselben Worte gebraucht. Campbell weist darauf hin, dass die Zikkurat in Nippur dem Atlanter Enlil gewidmet war, dem »Herrn der Lüfte« (den gleichen Titel hat der ägyptische Atlas, Schu), der vom Gipfel des Weltberges aus regierte (Campbell 1961, 78). Der Stier war sowohl in Sumer als auch in Atlantis ein Synonym für das Königtum.

Die Geschichte der Sintflut stellte sicher den stärksten Einfluss der Sumerer auf die späteren Zivilisationen des Nahen Ostens dar. Auch wenn – was nicht überraschend ist – Details geändert und neue mythische Elemente eingefügt wurden, während der Bericht in nachfolgenden Kulturen weitergegeben wurde, blieb er im Wesentlichen doch unverändert. Seine atlantischen Bezüge werden deutlich durch den großen Berg der Ninhursag, an den die Zikkurat erinnern soll. Während jedes Neujahrsfestes wurde das Gedicht *Enuma Elisch*, das an die Flut erinnert, bei der Zikkurat von Easgila rezitiert und damit die Verbindung dieses Bauwerkes mit Atlantis bestätigt. Das Gedicht beschreibt, wie Lugallugga, das Oberhaupt der Götter, »alle in die Mitte des Meeres zerrte, wo er wohnte«.

Die Zikkurat bei Sippar markierte den Ort, an dem Xiusthros, der babylonische Held der Flut, eine Geschichte der Welt bis zu seiner Zeit vergrub. Sein Bericht über die Sintflut fällt mit den plötzlichen Anfängen sowohl der mesopotamischen als auch der Nil-Zivilisation zusammen, die auf die Ankunft von Kulturträgern aus dem von Erdbeben heimgesuchten Atlantis – den sumerischen Akkadern und den ägyptischen Horus-Anhängern – im östlichen Mittelmeer zurückzuführen sind. Wie Filby erklärt, »erzählt der Genesis-Bericht vom Ende einer alten Zivilisation und vom Aufstieg einer völlig neuen Rasse, der Nachkommen Noahs, die sich vom Nahen Osten über die ganze Welt ausbreiteten«. Das Alte Testament beschreibt diese »Nachkommen Noahs« als die Erbauer des Tempels von Babel (der Zikkurat in Etemenanki), der errichtet wurde, um an ihre Herkunft zu erinnern.

Babylonische und assyrische Schriftgelehrte berichten von einem Zeitalter vor der Flut, Lam Abubi, die den Ägyptern als die Erste Zeit bekannt war, und sie beschreiben einen vorsintflutlichen König, Enmendurana, als den Begründer der Weissagung, so wie Atlas später von den Griechen als Vater der Astrologie verehrt wurde. Ebenso war Adapa der erste Astrologe der Sumerer. Magische Sühnerituale wurden als geheime Anweisungen von den »alten Weisen der Lam Abubi« überliefert. Der assyrische Monarch Assurnasirpal (der 883-859 vor Christus regierte) las gern die »monumentalen Inschriften aus der Zeit vor der Flut«. Das erinnert an Platons Beschreibung der Gesetze und wichtigen Entscheidungen, die vom Rat der Könige im Tempel des Poseidon in Atlantis beschlossen und auf Tafeln festgehalten wurden. Die Tafeln des Schicksals wurden von den Göttern zusammengestellt, wenn sie sich jedes Jahr in der Ubsukinna, der Versammlungshalle von Enlil trafen, dessen »Haupt den Himmeln Konkurrenz macht und dessen Fundament im tiefsten Abgrund [dem Abzu oder ›Urmeer‹] liegt«.

Platon beschreibt zehn Könige von Atlantis, die regierten, bevor es zerstört wurde. Zehn Könige regierten auch vor der Großen Flut im sumerischen wie im babylonischen Mythos, wobei die Genesis ebenfalls zehn »vorsintflutliche Patriarchen« erwähnt. Platons *Kritias* endet folgendermaßen: »Der Gott der Götter aber, Zeus […], beschloss, als er ein treffliches Geschlecht so schmählich herunterkommen sah, ihnen Strafe dafür aufzuerlegen […]. Er berief daher alle Götter an ihrem ehrwürdigsten Wohnsitz zusammen […].« Als der sumerische Gott Enki König Ziusudra vor der kommenden Sintflut warnte, sagte er zu ihm: »Dies ist die Entscheidung, der Befehl der Götterversammlung«, die von Enlil, der höchsten Gottheit, einberufen wurde, um die sündige Menschheit zu bestrafen. Obwohl beide Berichte zeitlich weit auseinanderliegen, beziehen sie sich offensichtlich auf dasselbe katastrophale Ereignis.

Die Zerstörung, die dann folgte, war wirklich von atlantischem Ausmaß: »Gegen den Standort [Tempel] der Götter hat sie [die Katastrophe] ihren Schrecken gerichtet. Am Wohnort der Annunaki [geringere Gottheiten] hat sie Angst hervorgerufen. Schreckliche Angst hat sie auf das Land geschleudert; den Berg mit seinen furchtbaren Feuerstrahlen hat sie gegen alle Länder gerichtet. Alle Stürme griffen wie ein einziger an, voll überwältigender Macht.«

Der älteste syrische Bericht, der in Lukians *De Dea Syria* bewahrt ist, berichtet, wie die Götter »kochendes Wasser aus der Erde« sandten – ein Motiv, das im Koran wiederholt wird, der erklärt, dass die Flut »aus dem Herd einer alten Frau übergekocht« sei. Ihr Name, Zula-Cupha, bezieht sich auf eine heiße Wasserquelle. Das Thema wird auch in der sumerischen Sage von Ninurta aufgegriffen: »Vom Berg rauschte ein schädlicher Strom [Vulkanausbruch], und die Götter seiner Stadt kauerten an seiner Seite auf der Erde. Oh Berg, der in dem feindlichen Land ein Zorngebrüll [einen Ausbruch] anhob, der wie im Kampf ein schreckliches Getöse von sich gibt.« Diese Zeugnisse beschreiben eindeutig eine Überschwemmung, die durch vulkanische Aktivität verursacht wurde.

Die babylonische Version ist nicht weniger dramatisch: »Die mächtige Irra entfernte die Balken [der Dämme], und Ninurta ließ die Schlösser platzen. Die Annunaki trugen Fackeln, die das Land in hellem Glanz erstrahlen ließen. Der Lärm von Adad [dem Vulkanberg] erscholl bis zum Himmel, und ein großer Wasserstrahl erhob sich. Alles Licht wurde zu Finsternis. Für einen Tag wehte ein Sturmwind schnell wie der Schrecken einer Schlacht über das Volk.« Ischtar klagte: »Wie eine Fischbrut füllen sie [das Volk] jetzt das Meer!« Nach sechs Tagen wurde »das Meer ruhig, der Wirbelsturm legte sich, die Sintflut hörte auf. Ich [Xiusthros] habe auf das Meer geschaut, und der Klang der Stimmen hatte geendet.«

Es ist schwer zu verstehen, wie konventionelle Historiker darauf bestehen können, dass die in der mesopotamischen Tradition so lebendig dargestellte enorme Flut nur eine lokale Überschwemmung war, bei der Euphrat und Tigris über ihre Ufer traten. Beschreibungen eines Berges mit »furchtbaren Feuerstrahlen« und die wiederholte Erwähnung des Meeres passen wohl kaum zu einem Ansteigen von Flüssen, wie stark eine solche Überschwemmung auch gewesen sein könnte. Die Katastrophe, die in sumerischen und babylonischen Quellen dargestellt wird, ist vielmehr erkennbar atlantisch, sogar bis hin zu einer ähnlichen Sprache in Platons Bericht.

Die mesopotamischen Flutgeschichten zeichnen sich besonders dadurch aus, dass sie von der Zerstörung eines ehemaligen Königreichs berichten, dessen Überlebende im Nahen Osten landen, um die Zivilisation zu erneuern. Zum Beispiel erzählt die babylonische Version davon, wie »Throninhaber über Berg und Meer gingen«, um nach der Flut neue Reiche zu gründen.

Dieselben Kulturträger tauchen auch in der Genesis auf, wo Noahs Söhne die nach der Sintflut lebenden Menschen hervorbringen, die Welt aufteilen und neue Nationen begründen. Der Name Noah zeigt außerdem, dass die Flutgeschichte nicht nur älter ist als die Zusammenstellung des Alten Testaments (um 800 vor Christus), sondern auch weit über Israel hinaus bekannt war, denn er leitet sich anscheinend vom hurritischen Namen Nuach ab. Die Hurriten waren bronzezeitliche Bewohner Kleinasiens, stammten jedoch ursprünglich aus dem Kaukasus. Weltweite Klimaveränderungen infolge der Kometenkatastrophen von 3100 vor Christus hatten ihre angestammten Ackerflächen unfruchtbar gemacht und sie gezwungen, sich auf die Suche nach besseren Lebensbedingungen zu begeben. Die Phryger – ein verwandter Stamm, der aus Thrakien nach Kleinasien eingewandert war, aber seine Wurzeln in Armenien hatte – kannten ebenfalls einen Sintflut-Mythos, dessen Held Nannakos war. Erhaltene phrygische Münzen tragen die griechischen Buchstaben NOE über der Darstellung einer schwimmenden Lade mit Passagieren an Bord, während eine Taube mit einem Olivenzweig über ihnen flattert und ein Mann und eine Frau an Land gehen.

In diesen verschiedenen Geschichten von Noah landet seine Arche in Armenien auf dem Berg Ararat oder am Berg Nisir. Die Erwähnung solch gebirgiger Orte könnte darauf hindeuten, dass die Hurriten den Kult um einen Fluthelden mitnahmen, als sie in ihre Heimat Armenien zurückkehrten, nachdem Sargon, der akkadische König, Sumer um 2260 vor Christus mit seinen semitischen Streitkräften besetzt hatte. In allen sumerischen Berichten über die große Flut kommt die Arche nicht auf einem armenischen Berg zur Ruhe, sondern landet an der Küste.

Parallelen lassen sich auch zwischen der frühesten sumerischen Version von Noah (Ziusudra) und Zarathustra, dem Begründer der zoroastrischen Religion, vermuten. Die persische Flut-Geschichte ist dem sumerischen Original näher als die babylonische oder die semitische Fassung. In der ältesten heiligen Literatur des iranischen Volkes handelt eine Geschichte davon, wie Yima, der erste Urvater Persiens, in der Arche des Magus (Magiers) gerettet wurde. Eine frühe iranische Legende porträtiert Zarathustra als königlichen Nachkommen von Invasoren aus einem anderen Land jenseits des Meeres.

Ziusudra ist möglicherweise nur ein Symbol für die atlantische Migration nach Mesopotamien im mittleren bis späten vierten Jahrtausend vor Christus, könnte gleichwohl aber auch als reale Figur existiert haben. Der babylonische Priester Berosus berichtet, dass dem Xiusthros (Ziusudra) vor der Sintflut durch göttliche Anweisungen befohlen wurde, eine Geschichte der Welt bis zu seiner Zeit zu verfassen und sie in Sipparah zu vergraben. Dieser Mythos wird durch eine Terrakotta-Tafel bestätigt, die bei einer Grabung in Sipparah entdeckt wurde und heute im Osmanischen Museum in Istanbul aufbewahrt wird. Sie erzählt von einem »Sicherheitsschiff«, das nach der Zerstörung einer großen Stadt und ihres Reiches durch eine katastrophale Flut aufbricht.

Der Schreiber Ellit-Aya datiert seinen Text auf vierzehn Jahre vor dem Ende des Shutural, der letzten akkadischen Dynastie, also um 2140 vor Christus. Er behauptet, dass er den Bericht von einer alten Quelle kopiert habe, die er nicht identifizieren konnte, und dass Teile des Originals aufgrund ihres Alters unleserlich waren. Das erhaltene Fragment mit dem Titel »Als die Menschen rasteten« ist der zehnte Abschnitt eines zwölfteiligen Epos, das in seiner Gesamtheit bisher noch nicht aufgefunden wurde. Ellit-Ayas Tafel ist das älteste Beispiel für die mesopotamische Geschichte von der Sintflut. Bemerkenswert ist ihre Entdeckung in derselben Stadt, die im Mythos erwähnt wird.

Ein aussagekräftiger Hinweis darauf, dass die Flutgeschichte nicht nur vorbiblisch, sondern den Juden im Wesentlichen fremd war, ist das Wort *Tebah*, das in der Genesis zur Beschreibung der Arche gewählt wurde, da es keine hebräische Bezeichnung dafür gab: *Tebah* ist vom ägyptischen *Tebet* abgeleitet. Die Sintflut war den frühesten pharaonischen Schriftgelehrten nicht unbekannt, und während die alttestamentarische Version hauptsächlich auf babylonischen Quellen beruht, scheinen ihre Autoren auch mit einer viel älteren Tradition aus dem Niltal vertraut gewesen zu sein. Die Arche selbst verleiht der Geschichte Glaubwürdigkeit. Wie Filby in *The Flood Reconsidered* (»Die Sintflut neu betrachtet«) ausführlich erläutert, handelte es sich in der Tat um ein seetüchtiges Schiff, oder aber der Autor des babylonischen Berichts war ein Schiffsbauer mit Expertenwissen über seetüchtige Schiffe. Filby weist darauf hin, dass ein niederländischer Kaufmann, Peter Jansen, im Jahre 1604 in Hoorn auf der Basis der Angaben in Genesis eine originalgetreue Rekonstruktion von Noahs Arche baute: 300 Ellen lang, 50 Ellen breit und 30 Ellen hoch. Das Ergebnis war ein 90 mal 6 mal 3,5 Meter großes Fahrzeug, das sich bei voller Ladung als bemerkenswert stabil erwies und schweren Seegang überstehen konnte. In der Tat beschreibt die Genesis Noah als einen Schiffsbauer, was bedeutet, dass er zu einem »Seevolk« mit einer Tradition maritimer Hochseetüchtigkeit gehörte.

War Noah ein Atlanter? In seiner sumerischen Gestalt als Ziusudra gehörte er in die Epoche jener ersten Reihe geologischer Erschütterungen, die die atlantische Landmasse trafen und viele ihrer Bewohner dazu brachten, an fremden Ufern Schutz zu suchen. Die seismischen Umwälzungen führten dazu, dass diese erste Zivilisation aus ihrer isolierten Heimat vertrieben wurde. Irgendwann nach 3100 vor Christus brachten die Träger der atlantischen Kultur die neolithischen Ureinwohner in Kleinasien mit den Fähigkeiten einer komplexer organisierten Gesellschaft in Berührung. Der mesopotamische Mythos und die Geschichte bewahrten nicht nur die Erinnerung an diese Ereignisse, sondern bestätigen auch Platons Bericht. Wenn sein Dialog *Kritias* nie geschrieben oder der Nachwelt verloren gegangen wäre, würden wir dank der sumerischen Aufzeichnungen, der ältesten Überlieferungen rund um das verlorene Atlantis, immer noch von dieser ozeanischen Heimat der Zivilisation wissen.

SECHS

Das Wissen der Griechen

Zwischen diesem Ort [dem Garten der Hesperiden] und dem Land Atlantis besteht eine Verbindung, wie Platon berichtet.

JEAN MARKALE: *DER SCHATZ DER TEMPLER BEI GISORS*

Die alten Griechen erinnerten sich nicht nur an eine, sondern an vier große Naturkatastrophen. Interessanterweise entsprach jede von ihnen einer der weltweiten Katastrophen, von denen die Wissenschaft heute weiß, dass sie den Planeten und die frühen Zivilisationen damals tatsächlich verwüstet haben. Nicht weniger bemerkenswert ist, dass die griechischen Angaben zu den Katastrophen mit den Zeitparametern zusammenfallen, die moderne Wissenschaftler aus den Bereichen Geologie, Astrophysik und Klimatologie ermittelt haben. Eine übereinstimmende Mehrheit von Experten hat diese Episoden auf 3100, 2200, 1629 und 1198 vor Christus angesetzt. In griechischen Begriffen entsprechen sie den großen Fluten von Phorkys/Dardanos, Ogyges, Deukalion und Atlantis.

Der erste Held im griechischen Mythos ist Phorkys. Er lässt sich mit der Katastrophe im späten vierten Jahrtausend vor Christus in Verbindung bringen, da er als Begründer der ägäischen Zivilisation galt. Sein Beiname »Der Davongetragene« bezieht sich auf die Flut, die ein früheres Zeitalter vernichtete. Phorkys war der Anführer eines Volkes, das als Pelasger oder als Seevolk bekannt ist. Die Bezeichnung Seevölker (Pulsata) wurde auch von Pharao Ramses III. verwendet, um die atlantischen Invasoren des Nildeltas zu beschreiben, wie an den Wänden seines Siegestempels in Medinet Habu in West-Theben dokumentiert ist. Mit anderen Worten, der ägyptische Begriff Pulsata und der griechische Begriff Pelasger – beides Bezeichnungen für Seevölker – wurden verwendet, um dieselben Fremden aus Atlantis zu beschreiben.

Die Pelasger führten ihren Namen zurück auf Pelasgos, den »ersten Menschen«, der das griechische Festland betrat – ein Sohn von Gaia, der Erdgöttin, und einem Prinzen, der mit weiteren Flüchtlingen in die Ägäis kam. Auf Vasen ist er als bärtiger Mann dargestellt, der vor der Göttin Athene kopfüber aus dem Maul einer monströsen Seeschlange ausgespien wird. In dieser offensichtlich symbolischen Darstellung steht Pelasgos für die Ankunft der Pelasger und der Zivilisation in Griechenland. Ein ganz ähnliches Bild taucht auf der anderen Seite der Erde in mesoamerikanischen Darstellungen der kulturbringenden Gefiederten Schlange auf, die als hellhäutiger, bärtiger Mann dargestellt wird, der aus den Kiefern einer riesigen Schlange auftaucht. Von den Tolteken als Tollan bezeichnet, soll er aus dem Osten über den Atlantik gekommen sein, nachdem er vor einer Naturkatastrophe in seiner Heimat geflohen war. Pelasgos gelangte ebenfalls nach einer schrecklichen Überschwemmung im Westen auf den Peloponnes. Es erscheint logisch, aus einem Vergleich dieser beiden geografisch weit auseinander liegenden Gründungsmythen zu schließen, dass eine Katastrophe in Atlantis der Ursprung für beide war.

Phorkys, der nach der großen Flut die zerstreute Menschheit in Griechenland wieder vereint haben soll, war der Sohn von Inachos (Schneller Strom) und Melia (der Esche, dem Baum, aus dem seine Arche gebaut war). Auch Inachos besaß ein atlantisches Erbe durch seinen Vater Okeanos und seine Mutter Tethys, die schöne Königin des Meeres. Ihr Sohn führte Überlebende von Berggipfeln, die zu Inseln geworden waren, über die Gewässer nach Argos, wo er der erste König wurde. Oenotros, sein Urenkel, war der Begründer von Etrurien und stand damit in der Tradition der atlantischen Kulturträger, die in fremde Länder zogen, um neue Zivilisationen zu gründen. Nach Platon war Etrurien eine frühe Eroberung von Atlantis.

Am nördlichen Ende des Tempels des olympischen Zeus in Athen standen zwei hundert Meter hohe Obelisken, die an die große Flut in der Zeit von Phorkys erinnerten. Zweimal im Jahr wurden sie in einer feierlichen Zeremonie erklommen, um die Flucht der Menschheit vor der Katastrophe durch das Besteigen von Bergen zu feiern. Anschließend wurden Kuchen in die Spalten in der Nähe des Tempels geworfen, um diejenigen zu ehren, die durch die Katastrophe umgekommen waren. Die beiden Obelisken standen noch bis 180 nach Christus.

Sogar in der frühen klassischen Zeit, als die Pelasger bereits ein aussterbendes Volk waren, konnten die Griechen sie noch von den anderen Völkern der Troas (dem trojanischen Einflussbereich im nordwestlichen Kleinasien) unterscheiden. Sie bezeichneten sie als Pelargoi oder »Störche«, weil sie wie Störche kamen und gingen. In einem weiteren Sinn steht der Begriff »pelasgisch« oder »pelagisch« für maritime oder ozeanische Themenbereiche. Die Bucht am oberen Ende der Ägäis zwischen Thessaloniki und der griechisch-türkischen Grenze wurde Pelagos genannt. Der Begriff »pelagisch« wurde auch für das sogenannte zyklopische Mauerwerk verwendet, das typisch ist für die Bronzezeit in Troja, Kreta, Mykene, Etrurien und Atlantis. In diesem Namen verbinden sich somit die volkstümlichen Ursprünge der ägäischen Zivilisation, ihr architektonischer Stil, ihre maritimen Fähigkeiten und ihr atlantischer Charakter. Wenn Atlantis als pelagische Stadt bezeichnet wird, können wir uns also seine physischen Merkmale vorstellen, sogar seine Bewohner. Ein bedeutender Erforscher des vorklassischen Europas erklärt: »Die pelasgischen Stämme in Italien, Griechenland und Asien wurden in Zeiten vereint, die weit hinter den Beginn der Geschichte zurückreichen, und waren von gemeinsamen religiösen Ideen und Riten sowie Schriften, Künsten und Sprachen geprägt« (Graves 1961). Mit anderen Worten, Atlantis war wie Ilios, Knossos oder Mykene eine kulturelle Variation pelasgischen Ursprungs, der sich durch die Bronzezeit zog.

Zum Beispiel erzählte Aeneas, der trojanische Anführer, der seine Anhänger nach Italien brachte, einem arkadischen (griechischen) König das Folgende:

> »Dardanos, der zu den Teukrern segelte und der erste Vater unserer Stadt Ilios war und sie stark machte, stammte, wie die Griechen berichten, von Elektra, der Tochter des Atlas, ab. Denn Atlas, der Mächtige, der die Sphären des Himmels auf seinen Schultern trägt, zeugte Elektra. Der Vater deiner Familie ist Merkur. Er wurde von der schönen Maia auf dem kalten Berggipfel von Cyllene empfangen und geboren. Wenn wir nun an das glauben, was uns gesagt wird, wurde Maia von Atlas gezeugt; demselben Atlas, der die Sternbilder des Himmels stützt. Somit sind unsere beiden Familien Zweige, die dem gleichen Ursprung entstammen.«

Hier verweist die *Aeneis* klar auf das gemeinsame Erbe der Trojaner und Griechen in den atlantischen Ursprüngen beider Völker. Diese Verbindung zwischen den pelasgischen Seevölkern in der Ägäis und ihren atlantischen Verwandten kommt auch in einigen der griechischen Namen der Trojaner und Achäer (Mykener) in den Epen von Homer und Vergil zum Ausdruck. Zum Beispiel hat Nestor, der Älteste der Griechen vor Troja, den gleichen Namen wie der achte König in Platons Geschichte von Atlantis. Ein weiterer Trojaner wurde nach dem atlantischen Fluthelden Deukalion benannt.

Der Geburtsort des Trojaners Otrynteides »befand sich am Ogyges-See [dem Atlantik, benannt nach dem ozeanischen Fluthelden Ogyges] in der Nähe des Besitzes deines Vaters«. Otrynteides' Vater lebte am Fuß eines schneebedeckten Berges, der als Hyde bekannt ist. Diese wenigen Details über Otrynteides beschreiben eindeutig den Vulkanberg Teide auf Teneriffa, der von den Ureinwohnern, den Guanchen, Echeyde genannt wurde. Teneriffa gehört zu den Kanarischen Inseln, die Teil des Inselimperiums von Atlantis waren.

Während Kleito laut Platons Bericht die ersten Könige von Atlantis zur Welt brachte, porträtiert das Epos *Posthomerica* von Quintus von Smyrna Kleite als eine trojanische Mutter, die »in der Nähe des Gygischen Sees« lebte – ein Hinweis auf die Ogygische Flut, die zweite Katastrophe, die Atlantis 2200 vor Christus erschütterte. Mehrere andere Trojaner, die er erwähnt, tragen eindeutig atlantische Namen. Dazu zählen Evenor, Eumaeus und Agamestor. In Platons Bericht war Evenor ein früher Bewohner von Atlantis, und Euaemon sowie Mestor gehörten zu seinen ursprünglichen zehn Königen. Quintus beschrieb auch einen achaischen Soldaten, Elasippos, der denselben Namen trägt wie der siebte atlantische König in Platons *Kritias*.

Eine der Plejaden – und folglich eine Atlanterin – war Merope, nach der ein trojanischer Verbündeter, Merop, benannt wurde. Ein Trojaner namens Merops erscheint auch in der *Aenaeis*. Der für die Kriegspferde verantwortliche achaische Offizier war Eumelos; laut Platon lautete so auch der griechische Name des zweiten atlantischen Königs. Ein Offizier unter dem atlantischen General Memnon war bekannt als Alkyoneus, benannt nach der Anführerin der Plejaden, Alkyone. Diese Namen zeigen, dass die Trojaner mit Bewohnern von Atlantis blutsverwandt waren.

Was Phorkys für Griechenland war, war Dardanos für Troja. Wie Aeneas erklärte, war er der Sohn Elektras, einer anderen Tochter des Atlas, einer Atlanterin. Sie schickte ihn rechtzeitig weg, so dass er den geologischen Umwälzungen entkam, die seine ozeanische Heimat verwüsteten. Er segelte über das Mittelmeer und landete an den nordwestlichen Ufern Kleinasiens, wo die Dardanellen, die Meerenge am Schwarzen Meer, noch immer seinen Namen tragen. Anschließend zog er in ein Küstengebiet, wo er ein neues Reich gründete, Dardania. Sein Enkel Tros erweiterte es zu einem mächtigen Königreich, das bis heute als Troja bekannt ist. Seine Hauptstadt war Ilios, nach Ilos; sie wurde von mehreren Generationen von Nachkommen des Dardanos umgestaltet. Bemerkenswerterweise entsprechen die Verbesserungen dieser königlichen Bauherren den verschiedenen Phasen und Ebenen, die Archäologen bei ihren Ausgrabungen in Hissarlik, der Stätte der trojanischen Hauptstadt in der Türkei, entdeckt haben.

Eine Variation der trojanischen Gründungsgeschichte erzählt, dass Dardanos ein neues Reich am Fuße eines Berges namens Ate errichten wollte. Doch Apollo teilte ihm mit, dass dies zur Zerstörung der Hauptstadt führen würde. Er folgte der Warnung des Sonnengottes und errichtete die Fundamente stattdessen am Berg Ida. Dort wuchs Dardania zu einer großen Stadt empor. Später unternahm sein Urenkel Ilos jedoch eine weitere Gründung beim Ate, was schlimme Konsequenzen für ganz Troja hatte.

Apollos Ermahnung war ein klarer Hinweis auf Atlantis. Ate war ein Berg, dessen Name an die versunkene Heimat erinnerte, aus der Dardanos nach Kleinasien geflohen war. Das atlantische Motiv blieb bei den Nachkommen von Dardanos erhalten, die »eine Weile über das von Atlas gegründete arkadische Königreich regierten, aber durch Deukalions Flut getrennt wurden«, so Homer. Wie Robert Graves bemerkt, waren diese atlantischen Dardanier mehr als legendär. In den Wandtexten von Medinet Habu werden sie als Drdny, Verbündete der Seevölker, dargestellt. In ähnlicher Weise waren die Dardaner laut Homer Verbündete Trojas; Homer erklärte, dass die Trojaner selbst von Pelasgern und Dardanern abstammten – anders gesagt, von zwei Linien atlantischer Herkunft.

Poseidon errichtete die Mauern von Atlantis und Ilios, und beide Städte waren nach demselben Plan angelegt: Sie hatten hohe, dekorative Mauern, die von Wachtürmen gesichert waren und eine Zitadelle aus Schreinen, Tempeln, Kasernen, öffentlichen Gebäuden und Gärten umschlossen. In *The Flood from Heaven* (»Die Sintflut vom Himmel«) kommt Eberhard Zangger zu dem Ergebnis, dass die Ähnlichkeiten zwischen den beiden Städten so groß und zahlreich sind, dass die trojanische Hauptstadt selbst Atlantis gewesen sein müsse. Zumindest belegen die vielen überzeugenden Vergleiche, die er anführt, dass Atlantis (in seiner letzten Phase) eine Metropole der Spätbronzezeit war.

Trojas archäologische Daten stimmen mit den in der griechischen Tradition beschriebenen Überschwemmungen überein. Dardanos verließ das untergehende Mutterland Elektras, um die Zivilisation in Kleinasien weiter aufzubauen. Seine Flucht ist eine Parallele zu den ersten Auswanderungen aus den atlantischen Ländern um 3100 vor Christus, der Zeit der frühesten menschlichen Besiedlung Trojas. Dreihundert Jahre später unterhielten sumerische Kaufleute dort einen Handelsstützpunkt, was beweist, dass die Stadt rasch wirtschaftliche Bedeutung erlangte.

Um 2200 vor Christus war der Bevölkerungszuwachs in der Troas so stark, dass viele Trojaner nach Ägypten auswanderten. Sie gründeten eine Gemeinde gegenüber von Memphis am rechten Nilufer, am Fuße eines nahegelegenen Hügels, nach dem die neue Siedlung benannt wurde: Tarau (heute Tura). Die Neuankömmlinge, die zu Beginn des dritten Jahrtausends vor Christus plötzlich in Troja ankamen, waren gezwungen gewesen, aufgrund einer zweiten weltweiten Katastrophe, bekannt als die Flut von Ogyges, ihre atlantische Heimat zu verlassen.

Poseidon, der Vater des Ogyges, war derselbe Meeresgott, der Atlantis erschuf. Seine Anhänger waren »Giganten« wie er selbst, so wie die Atlanter nach Atlas als Titanen bezeichnet wurden. Ogyges und seine Begleiter verschlug die Überschwemmung des späten dritten Jahrtausends an die Küste Griechenlands, wo seine Anhänger ihn zum König ernannten. Über ihn ist nur wenig mehr bekannt als das, was Homer über seine verlassene Heimat Ogygia schrieb, eine Insel im Atlantik, auf der Kalypso (selbst eine Atlanterin, die Tochter des Atlas) Hohepriesterin eines Zauberkultes war. Der griechische Reiseschriftsteller Pausanias verwendete eine genealogische Chronologie, die längst verloren ist, und glaubte, dass die Ogygische Flut 1764 vor Christus stattfand, obwohl für diesen Zeitpunkt zumindest in der antiken Alten Welt keine größeren Naturkatastrophen bekannt sind. Da Ogyges nach Phorkys, aber vor Deukalion kam, lässt er sich mit der Katastrophe von 2200 vor Christus in Verbindung bringen.

Ein genaueres Datum lässt sich für eine dritte Sintflut festlegen, die in der griechischen Tradition bekannt ist. Im Jahr 1629 vor Christus explodierte die ägäische Insel Thera (heute Santorin) durch einen großen Vulkanausbruch, der von gleichzeitigen geologischen Verwerfungen in anderen Teilen der Welt begleitet wurde. Wieder einmal wurde das Atlantische Reich schwer erschüttert, und viele seiner Bewohner flohen nach Europa. Ihre Flucht wurde von Deukalion, »Der durch das Wasser gegangen ist«, verkörpert. Er und seine Frau Pyrrha waren die einzigen Überlebenden einer großen Sintflut, die den Rest der Menschheit vernichtete.

Der Mythos besagt, dass die Menschheit von diesem Paar abstammt, wodurch das atlantische Erbe jedes nachgeborenen Griechen bestätigt wird, weil nämlich Deukalions Onkel kein anderer als Atlas selbst war. Deukalions Vater, der ihn vor der kommenden Flut warnte, war Prometheus, der Bruder des Atlas. Seine Mutter war Klymene (»wellenbewegte See«). Deukalions Nachkommen wurden wie die Noahs zu Begründern der Zivilisationen nach der Sintflut. Sein Sohn Hellenos begründete die hellenische Kultur. Die Söhne des Hellenos wiederum waren Doros, der Ahnherr der Dorier, und Xulthus, der erste der achaischen Griechen, die Archäologen als Mykener bezeichnen. Apollonios Rhodios, der im dritten Jahrhundert vor Christus der Leiter der Großen Bibliothek von Alexandria war, bezeichnet in seinem Epos *Argonautika* Griechenland als »das pelasgische Land, das von den Söhnen Deukalions regiert wird«.

Deukalions Arche soll auf dem Berg Parnassos am Golf von Korinth gelandet sein, wo das wichtigste religiöse Zentrum der klassischen Welt, Delphi, gegründet wurde. Mit anderen Worten, die Delphischen Mysterien waren aus Atlantis importiert. In der Tat galt hier der heilige Omphalos-Stein als der Nabel der Welt. Wie der sumerische Ziusudra war Deukalion ein Winzer und »Erbauer von Schreinen«, was bedeutet, dass beide Zivilisationen eine gemeinsame Tradition hatten – nämlich diejenige von Überlebenden der vorletzten atlantischen Katastrophe, die getrennt nach Griechenland und Sumer kamen.

Die letzte Flut bewirkte die endgültige Zerstörung von Atlantis, wie von Platon beschrieben, und entsprach einer Naturkatastrophe, die um 1200 vor Christus einen großen Teil der damaligen Welt verwüstete.

Diese großen Überschwemmungen fanden nicht nur parallel zu den vier Katastrophen der Bronzezeit und ihren jeweiligen wissenschaftlichen Zeitparametern statt, sondern werden auch von atlantischen Motiven dominiert, was darauf hindeutet, dass jede Katastrophe ihre eigene Massenmigration von der betroffenen Insel auslöste. Flüchtlinge flohen in verschiedene Teile der Welt, einschließlich des östlichen Mittelmeers, wo ihre Ankunft und ihr weiterer Einfluss auf Griechenland im Mythos verankert sind.

SIEBEN

Atlanter durchqueren die Sahara

Sie unterwarfen Teile Libyens bis hinein nach Ägypten.

PLATON: *TIMAIOS*

Im Jahr 1926 verkündete ein deutscher Autor die Entdeckung von Atlantis. Paul Borchardt war ein ernsthafter Forscher, der sich mit wissenschaftlicher Methodik und der Anhäufung von harten Daten befasste. Er war kein Archäologe im Lehnstuhl, sondern suchte im Sand Nordafrikas nach konkreten Beweisen. Im algerischen Ahaggar-Gebirge traf er auf Berber, die mündliche Überlieferungen von einer verlorenen Stadt aus Messing bewahrt hatten. Die Legende ähnelte nicht nur in vielen Details dem Bericht Platons, der Stammesname der Berber, Uneur, glich auch dem Namen des ersten Mannes von Atlantis, Euenor, der in *Kritias* erwähnt wird. Ein anderer Stamm in Schott el Hameina in Tunesien trug den noch auffälligeren Namen Attala, was sie als »Söhne der Quelle« übersetzten.

Die Attala kannten ebenfalls Geschichten von einer überfluteten Stadt aus Messing, was auf die metallischen Verzierungen hinweist, für die die Mauern von Atlantis weithin bekannt waren. All dies überzeugte Borchardt davon, dass er der verlorenen Zivilisation auf der Spur war. Seine Vermutungen wurden durch einen zeitgenössischen Berber-Gelehrten, Ouzzin, bestärkt, der in dem sumerischen Flut-Epos *Die Abschlachtung der Labu* Namen und Orte fand, die praktisch identisch waren mit jenen, die er aus der marokkanischen Tradition kannte. Das Epos beschreibt die Gründung der Stadt Tanger durch Tangis, eine Prinzessin, die auf See starb. Ihr Ehemann war in den Krieg gegen Atlantis verwickelt, das inmitten der Kämpfe durch ein Erdbeben zerstört wurde und während einer schrecklichen Katastrophe in den Wellen versank (Hope 1970, 237).

Die Berber sind Nomadenvölker Nordafrikas. Es handelt sich um ein gemischtes Volk mit verschiedenen Stämmen, deren Geschichte bis weit in die frühen Jahrhunderte der Antike zurückreicht, lange vor der Etablierung des Islam. Gelegentliche Blondheit ist eine rezessive Eigenschaft, die bei Berberstämmen des Rif in Marokko und im Hohen Atlas manchmal auftaucht. Berber-Legenden berichten, dass ihre ersten Monarchen »glänzende goldene Haare« hatten, was an Platons Beschreibung der atlantischen Könige erinnert.

Die Sprache der Berber ist ebenso wie ihr ethnischer Charakter eine Mischung aus verschiedenen Einflüssen. Eine Grundlage für alle Berber-Dialekte ist jedoch das Hamitische, die Sprache der alten Ägypter. Ein besonders wichtiges Wort, das von beiden Völkern benutzt wurde, ist *Ba* (Seele). Tifinagh, die Schrift des Berberstammes der Tuareg, ist eine Mischung, die unmittelbar von den versunkenen libyschen und mauretanischen Sprachen abstammt, die selbst Erben einer noch älteren atlantischen Sprache waren. Die heutigen Stammesführer pflegen noch immer einen Brauch von besonderer Bedeutung: Die Ältesten eines Dorfes sitzen, wenn sie sich im Rat treffen, im Kreis und tragen dunkelblau gefärbte zeremonielle Gewänder. In *Kritias* berichtet Platon, wie sich die mit azurblauen Mänteln bekleideten atlantischen Könige im Kreis versammelten.

Die Vorfahren der Berber wurden in klassischer Zeit von mehreren Schriftstellern als Atlantes, Atlantioi oder Atarantes beschrieben – ein »Restvolk« an der Küste Nordwestafrikas. Der griechische Geschichtsschreiber Diodor (latinisiert: Diodorus Siculus) erwähnt, dass ein Volk, das sich aufgrund seiner direkten Abstammung von Atlas, dem gleichnamigen König von Atlantis, Atlantioi nannte, immer noch eine Art Königreich an den Ufern des äußeren Meeres – das heißt des Atlantischen Ozeans – unterhielt. Zu seinen Lebzeiten im späten ersten Jahrhundert vor Christus schrieb der römische Historiker Aelianus in seinem Buch *Über die Natur der Tiere*, dass die »Bewohner an der Küste des Ozeans, die die Geschichte der alten Könige von Atlantis erzählen, welche von Poseidon abstammten«, als Zeichen ihrer Autorität Stirnbänder »aus der Haut männlicher Meereswidder« trugen. Die Königinnen trugen entsprechend Bänder von weiblichen Meereswiddern. Welches Tier Aelianus mit »Meereswidder« meinte, konnte allerdings nie geklärt werden.

Borchardt kannte diese Parallelen zwischen Atlantern und Berbern und studierte Diodors *Bibliotheca historica*. Diese beschreibt ein katastrophales Erdbeben, das einen Großteil der nordafrikanischen Küste in Mitleidenschaft zog und Mitte des dreizehnten Jahrhunderts vor Christus ganze Städte im Mittelmeer versinken ließ.

Die Forschungen des deutschen Gelehrten in Libyen ergaben, dass die Küsten in der Frühgeschichte tatsächlich von einem besonders katastrophalen seismischen Ereignis getroffen worden waren. Geologen bestätigten, dass der Umbruch zwischen 1250 und 1175 vor Christus stattfand und zweifellos Teil der Naturkatastrophe war, die Atlantis im Jahre 1198 vor Christus auslöschte.

Dann grub Borchardt in einem Sumpfgebiet im südlichen Tunesien die Ruinen einer großen Stadt aus, deren konzentrische Mauern offenbar einen zentralen Palast umgaben. Der Ort, der seine Vermutungen zu stützen schien, war Schott el Jerid, lokal bekannt als Bahr Atala, das »Atlasmeer«. In der Nähe liegende Hügel wurden noch immer als »Berge von Talae« oder das »Große Atlantische Wasser« bezeichnet. Als die Grabungen voranschritten, begannen die Ruinen der in Platons *Kritias* beschriebenen Stadt zu ähneln. Die lokalen atlantischen Namen zusammen mit dem Berber-Mythos schienen Schott el Jerid als Standort der verlorenen Zivilisation zu bestätigen.

Aber es war nur eine kleinere Stadt, nicht die große Hauptstadt, die Platon beschrieb. Und sie versank nicht im Ozean, sondern unter dem tunesischen Sand. Bauten, wie Borchardt sie entdeckte, finden sich in der gesamten kulturellen Einflusssphäre von Atlantis an den Küsten des Atlantiks und im küstennahen Nordafrika. Timaios erklärt, die Atlanter hätten »Teile Libyens bis nach Ägypten unterworfen«. Auch wenn er Atlantis selbst nicht entdeckt hatte, fand Borchardt doch in der Volkstradition und den Ruinen den Beweis für eine östliche Expansion von Atlantis – einen Einfluss, der sich in einer geraden Linie vom Atlantik durch Nordafrika praktisch bis Ägypten ausdehnte. Tatsächlich erstreckte sich ein Muster neolithischer Zentren von der Iberischen Halbinsel aus nach Süden und Osten und über Nordafrika bis nach Ägypten, wie eine Reihe von Standorten zeigt, die sich von Mascara, Tiaret und Setif bis Haidra in Libyen durch die Sahara ausbreiteten.

Schon in der Antike sprachen die Griechen von dem sagenumwobenen Hekatompylon, der Stadt der hundert Tore, die Herakles irgendwo im Nordwesten Afrikas errichtet haben soll, auf seinem Weg zu Atlas auf den Inseln der Seligen. Ein solcher Ort existierte tatsächlich bei Zora in

Marokko. Er war eine große Stätte des frühen dritten Jahrtausends vor Christus und bestand ursprünglich aus einhundert aufrechten Steinplatten, die kreisförmig angeordneten Türen sehr ähnlich waren. Dieses vergessene Monument war zweifellos das Hekatompylon der Griechen. Seine Existenz bestätigt die Gültigkeit des Mythos der hellenischen (tatsächlich *vor*-hellenischen) Bronzezeit und zeigt Herakles tendenziell als Personifikation von seefahrenden Megalith-Baumeistern, die den Atlantik und das Mittelmeer befuhren und monumentale Steinbauwerke von Großbritannien bis Marokko sowie auf Mallorca und den Balearischen Inseln errichteten. Diese Menschen der Jungsteinzeit waren Atlanter, und aus ihrer konzentrischen Architektur – am bekanntesten ist das britische Stonehenge – sollte sich die bronzezeitliche Stadt entwickeln, die in den platonischen Dialogen als Atlantis bezeichnet wird.

Aber die Geschichte von Atlantis wurde in mehr als nur in nordafrikanischen Ruinen bewahrt. Der römische Historiker Avienus schrieb ausführlicher als Platon über die versunkene Hauptstadt in seinem Werk *Ora Maritima*, das leider nur in Fragmenten erhalten ist. Avienus arbeitete mit Originaldokumenten aus der Großen Bibliothek von Karthago, die während des Zweiten Punischen Krieges durch einen Brand zerstört wurde. Das geheimnisvolle isolierte Volk der Maxyes an der Küste Marokkos behauptete, von trojanischen Kriegsveteranen abzustammen, die während der Zerstörung von Ilios geflohen waren. Bis weit in die römische Kaiserzeit hinein zähmten sie Elefanten – die einzigen Exemplare dieser Art in ganz Nordwestafrika –, eine Gepflogenheit, die sie seit unvordenklicher Zeit bewahrt hatten, als ihre Vorfahren längst versunkene Landbrücken von Marokko bis zur Insel Atlantis überquert hatten.

In der Sahara wurden bisher keine Pyramiden entdeckt, und es ist auch nicht wahrscheinlich, dass dort welche gefunden werden. Die nach Osten wandernden Atlanter stellten wahrscheinlich fest, dass die schnell wachsende Wüste eine dauerhafte Besiedlung bald unmöglich machen würde. Während des mittleren bis späten vierten Jahrtausends vor Christus gewann der Wüstensand unaufhaltsam den Kampf gegen die sich zurückziehenden fruchtbaren Ebenen. Die Herden von Büffeln und Rindern, die dort einst in großer Zahl auf Savannen umherstreiften, begannen zu schrumpfen. Aber auch hier haben die durchziehenden Atlanter Spuren hinterlassen.

Die Zeichnungen in Jabbaren und Aouanrhet, die mit dem gleichen roten Ocker gemalt sind, den die Ägypter für ihre Tempelmalereien verwendeten, zeigen Frauen, die Kränze und Kopfbedeckungen tragen, die den ägyptischen entsprechen. Die in Tassili-n-Ajjer in der libyschen Provinz Oran abgebildeten Mädchen mit europäischen Gesichtszügen und blondem Haar tragen ägyptische Gewänder, darunter Wadjet-Diademe. Wadjet war eine Kobragöttin, die den unteren Nil beschützte. Die Figuren nehmen verehrende Haltungen ein – in ägyptischer Manier mit erhobenen Händen –, und zwar vor tierköpfigen Göttern, die im gesamten Niltal allgemein verbreitet sind. Am häufigsten sind der Löwe, der Falke und vor allem die Kuh, die eine Sonnenscheibe zwischen den Hörnern trägt.

In der ägyptischen Religion entsprachen diese Tiere den bekannten Erscheinungsformen von Sechmet, der Göttin der himmlischen Zerstörung, die von den Ägyptern der 20. Dynastie mit der atlantischen Katastrophe in Verbindung gebracht wurde, von Horus, dessen Anhänger im Nildelta ankamen, um dort die Zivilisation zu begründen, und von Mehurt, die die große Sintflut verkörperte, aus der sie kamen. Diese drei Gottheiten, die zu den ältesten im ägyptischen Pantheon gehören (alle prädynastisch), sollen aus dem Westen stammen. Ihre mythischen Bilder zeigen auf perfekte Weise ein Volk, das nach einer Naturkatastrophe über Nordafrika in Richtung Niltal wanderte, wo man ihm Verehrung erwies.

Die Viehhirten, wie Archäologen diese Atlanter auf ihrem Weg durch die Sahara nennen, praktizierten das Verformen von Rinderhörnern, eine seltsame Praxis, die ansonsten nur bei den Ägyptern der dynastischen Zeit bekannt ist, und setzten Tierzuchtverfahren ein, wie sie auch im oberen Niltal angewandt wurden. Während die atlantischen Migranten keine monumentale Architektur hinterließen, um ihren Durchzug durch Libyen zu markieren, gilt dies nicht für ihre Präsenz im Nordwesten Afrikas. Strabo, ein griechischer Geograf, der später zu einem römischen Historiker wurde, beschreibt ein Zeitalter lange vor seiner Zeit, als »mehr als dreihundert Städte« die Küsten beidseits der Säulen des Herakles (der heutigen Straße von Gibraltar) säumten. Vielleicht hatte er dabei vor allem eine Stadt im Sinn, nämlich Lixus.

Lixus liegt etwa einhundertzwanzig Kilometer südlich von Gibraltar an der Atlantikküste Marokkos. Hier bauten die Römer auf früheren Fundamenten weiter (siehe Abb. 7.1), nachdem sie die Stadt von den Phöniziern erobert hatten, die sie ihrerseits bereits von anderen übernommen hatten. Die Phönizier nannten den Ort Maqom Semes, »Stadt der Sonne«. Eine Stele in der phönizischen Hauptstadt Karthago erinnert an Admiral Hannos erste Reise nach Maqom Semes, das zum Zeitpunkt seiner Ankunft bereits uralt und von »Ausländern« bewohnt war. Hanno berichtete, dass sich die Stadt auf »einer Insel inmitten einer Insel« befand und dass ihre Mauern von Kanälen durchschnitten waren und einen Tempel-Palast-Komplex im Zentrum der innersten Insel umgaben. Seine Beschreibung erinnert, wenn auch in kleinerem Maßstab, an Platons Darstellung von Atlantis in *Kritias*.

Abb. 7.1. Die bizarren Ruinen von Lixus, einer atlantischen Gründung an der Atlantikküste des heutigen Marokko.

Eines der wenigen erhaltenen Fragmente einer Legende aus vorphönizischer Zeit besagt, dass die letzte Königin der Stadt Schimisa (Kleine Sonne) hieß. Bis heute bezeichnen die dort ansässigen Araber die Ruinen der Stadt als Schimisch (Sonne). Die Römer nannten sie Lixus, Stadt des Lichts. Sie schufen ein großes, wunderschönes Mosaik des Neptun (Poseidon) an einer dem Meeresgott heiligen Stelle. Herakles soll unter den massiven Steinen des Hauptplatzes begraben sein, und die Hesperiden sollen nahe ihren Mauern die goldenen Äpfel der Unsterblichkeit gehütet haben.

Die ursprüngliche Stadt, wie auch immer sie geheißen haben mag, wurde auf einem Hügel am Fluss Lucas erbaut, der in früheren Zeiten das Gelände von allen Seiten umfloss und es dadurch zu einer Insel machte. Sie besaß riesige umlaufende Mauern in einem Maßstab, der durchaus mit Platons Atlantis vergleichbar war. Von den Erbauern und ursprünglichen Bewohnern ist so gut wie nichts bekannt, außer dass sie eine Sonnengottheit verehrten, wie sowohl der phönizische als auch der arabische Name der Stadt sowie der Name ihrer letzten Königin andeuten. Allein die Ruinen der Stadt sind noch übrig von der nordafrikanischen Verbindung zwischen Atlantis im Westen und Ägypten im Osten.

Sowohl in Lixus wie auch im Niltal verehrten die Menschen vor allen anderen Göttern einen Sonnengott. Die Architektur war in beiden Ländern bereits in der Frühzeit der Zivilisation monumental. Die massiven Stadtmauern erinnern an die Festungsmauer, die Atlantis umgab. Der weitläufige Hafen von Lixus, der bereits lange vor dem Eintreffen der Phönizier und Römer erbaut und verlassen worden war, beherbergte Schiffe von Platons ozeanischer Insel, möglicherweise während der Evakuierung. Die unter den Berbern gelegentlich auftauchende Blondheit ist ein genetischer Überrest dieser letzten Periode großflächiger Migration vor 3200 Jahren. Aber die Beziehung zwischen Berbern und Ägyptern lässt auf eine frühere Verbindung schließen, etwa zwei Jahrtausende zuvor, als die geologischen Erschütterungen ihrer Heimatinsel die Atlanter zu ihren ersten Migrationen zwangen.

Lixus ist nicht die einzige alte und mysteriöse Stadt am Atlantik. Weiter die Küste entlang liegt Mogador, wie die Phönizier es nannten, das heute unter dem Namen Essaouira (»die Eingeschlossene«, in der Bedeutung von »sicherer Ankerplatz«) bekannt ist. Der steinerne Wellenbrecher im Hafen, der zu den größten seiner Art in der Antike gehörte und nach mehr als dreitausend Jahren erosiver Wellenbewegung immer noch steht, war Teil eines kolossalen Hafens und ist ein Rätsel für sich: Wozu eine Anlegestelle, geschweige denn eine von derartigen Ausmaßen, viele hundert Kilometer von den nächsten Handelszentren entfernt? Die nächstgelegene größere Stadt, Lixus, liegt 560 Kilometer nördlich. Mogador ist eine offensichtliche Anomalie in einem Niemandsland an der Küste. Seine Lage erscheint jedoch sinnvoll, wenn wir berücksichtigen, dass dieser alte Hafen von Madeira aus der nächstgelegene Punkt an der nordafrikanischen Küste ist. Dies lässt vermuten, dass die Stadt vor langer Zeit als wichtiger Hafen für den Schiffsverkehr zwischen den Atlantikinseln und Marokko diente.

Ein weiterer Hinweis auf Mogadors atlantische Identität ist ihr noch älterer Name Karikon Teichas (das »Karische Fort«). *Karisch* leitet sich vom persischen Wort *karka* ab, das sich auf die bereits erwähnten gefiederten Helme bezieht, eine gepanzerte Kopfbedeckung, die von den Seevölkern aus Atlantis getragen wurde und an den Wänden des Siegestempels von Ramses III. dargestellt ist. In der Tat ist *karisch* ein Begriff, den klassische Schriftsteller regelmäßig für atlantische Themenbereiche verwendeten, wie die *Karyatide*, eine tragende Säule in Form einer Frau, die auch als atlantische Säule bezeichnet wird. Die bekanntesten Beispiele für solche Säulen stützen die Vorhalle des Erechtheions auf der Akropolis von Athen.

Mogador oder Karikon Teichas scheint von den Atlantern bewusst als nächstgelegene Landverbindung zwischen ihren ozeanischen Inseln und Nordafrika gegründet worden zu sein. Es dürfte dem Handel mit Madeira gedient haben, das einst, während seiner Zeit als Teil des Atlantischen Reiches, Holz für den Schiffsbau lieferte. Welche anderen Gründe könnten in antiker Zeit den Bau eines derart großen Hafens rechtfertigen, der weit entfernt von einem bekannten Handelszentrum lag? Leider bleibt diese Frage jedoch immer noch ungeklärt; die bei Mogador durchgeführten archäologischen Arbeiten waren außerordentlich dürftig. Gleiches gilt für Lixus, das aufgrund seiner Lage fast direkt gegenüber dem vermuteten Ort von Atlantis, vermutlich als Hauptstadt einer nordafrikanischen Kolonie, gegründet wurde.

Autochthonos (wörtlich »Dem eigenen Land entsprungen«) wird in Platons *Kritias* als der sechste atlantische König aufgeführt. Er herrschte wahrscheinlich über ein Gebiet, das gegenwärtig das moderne Marokko umfasst. Diodor schreibt von einem einheimischen Volk, das an der Küste Mauretaniens (des heutigen Marokko) gegenüber Atlantis blühte und sich selbst »die Autochthonen« nannte. Sie waren Nachkommen der atlantischen Kolonialherren, die an der Atlantikküste Nordafrikas ein verbündetes Reich errichtet hatten.

Während die Ruinen von Lixus und Mogador noch existieren, ist von einer anderen ursprünglich atlantischen Siedlung in Nordafrika, die sich zu einer der mächtigsten Städte der Antike entwickelte, kaum noch etwas erhalten. Heute existiert nur noch eine kaum erkennbare archäologische Zone in einem Vorort von Tunis, doch vor langer Zeit stand die als Byrsa bekannte Zitadelle von Karthago auf einem niedrigen Hügel, umgeben von einer mit Edelmetallen bedeckten Mauer. Rund um die Byrsa waren abwechselnd Land- und Wasserringe in einem konzentrischen Muster angeordnet und durch überdachte Kanäle miteinander verbunden. Jeder Landring war von einer eigenen Mauer umgeben, die in regelmäßigen Abständen von hohen Wachtürmen überragt wurde. Ein riesiger Hafen lag vor dem breiten Platz, der als Marktplatz mit einem geschlossenen Becken oder einer befestigten Anlegestelle diente, die als Cothon (Trinkbecher) bekannt war. Von hier aus verlief ein Kanal mit einer Länge von 425 Meter zu einem anderen Hafen, in dem Handelsschiffe aus der ganzen damals bekannten Welt ankerten.

Der bedeutendste Atlantologe des frühen zwanzigsten Jahrhunderts, Lewis Spence, stellte dazu die folgende Überlegung an:

> »Ich glaube, dass diese Ähnlichkeiten, die auch sehr ungewöhnliche Merkmale umfassen, keinen Zweifel daran lassen, dass der Grundriss von Karthago im Wesentlichen der gleiche war wie der von Atlantis. Es stellt sich natürlich die unvermeidliche Frage, wie dies zu erklären ist. Wir können nur mit der Annahme antworten, dass Karthago selbst Atlantis war oder dass sein Plan eine architektonische Erinnerung an die Stadt war.« (Spence 1927, 18)

Ganz offensichtlich war Karthago nicht Atlantis, da die phönizische Stadt zu Platons Zeit sehr wohl noch existierte. Sie wurde erst zweihundertfünfzig Jahre später zerstört, und zwar durch militärische Handlungen, nicht etwa durch eine Naturkatastrophe.

Karthago (phönizisch: Kart-Hadshat, die »Neue Stadt«) wurde vermutlich mindestens vier Jahrhunderte nach den Ereignissen des Trojanischen Krieges gegründet, der die Seemacht-Tradition in der ägäischen Welt zerstörte und das Mittelmeer für die Handelsmächte der Kanaaniter oder Phönizier öffnete. Sie folgten sowohl kulturell als auch kommerziell den von Atlantis abstammenden Seevölkern – den Minoern auf Kreta, den griechischen Mykenern und den Trojanern in Kleinasien –, die während der späten Bronzezeit um die Vorherrschaft im östlichen Mittelmeer rangen.

Der römische Schriftsteller Strabo berichtet, dass die Phönizier ihre Kolonialisierungsexpeditionen nach dem Trojanischen Krieg begannen: »Sie besetzten vor dem Zeitalter Homers (ca. 800 vor Christus) die besten Gegenden in Iberien und Libyen.« Aufgrund ihres weiten Handelsnetzes und ihrer Kontakte mit unterschiedlichen Kulturen verbanden die Phönizier diverse Kunstformen zu einem kulturellen Mosaik aus ägyptischen, assyrischen, griechischen und sonstigen Stilen. Die Ähnlichkeit zwischen Karthago und Atlantis könnte daher auf das atlantische Erbe zurückzuführen sein, das die Phönizier in Nordafrika vorfanden.

Mit anderen Worten, die Phönizier erbauten Karthago an einer Stelle, die ursprünglich von einer atlantischen Kolonialstadt besetzt war, oder sie verbündeten sich mit Nachkommen atlantischer Überlebender. Vergil lässt Aeneas nach Karthago kommen, was impliziert, dass die Stadt sogar schon vor dem Ausbruch des Trojanischen Krieges existierte. Vielleicht gab es sie bereits – doch im Gegensatz zu dem, was sich Historiker vorstellen, zur damaligen Zeit nicht als phönizische Metropole, sondern als atlantischen Hafen, den die Phönizier später ausbauten.

Die Atlanter hinterließen schwache, aber unvergängliche Spuren ihrer Existenz in Ruinen, alter Geschichtsschreibung, in Mythen und im überlebenden kulturellen und ethnischen Erbe Nordafrikas. Dass so wenig von dem erhalten geblieben ist, was einst das größte menschliche Drama war, das sich je auf dem Kontinent abspielte, ist ein Zeugnis für das Wirken der Zeit ebenso wie für die Zerbrechlichkeit der Zivilisation, wie mächtig sie auch sein mag.

ACHT

Die Amazonen und Atlantis

Große Abgründe bilden eine Felswand, von der die Tuareg glauben, sie sei die Festung der Amazonen, die von einer weißen Göttin regiert wird: die alte Fabel von Atlantis.

BYRON DE PROROK: *IN QUEST OF LOST WORLDS*

Auch wenn Platons Bericht über Atlantis die bekannteste Version aus der klassischen Epoche ist, ist sie doch keineswegs die einzige. Eine andere, weitaus weniger berühmte Version wurde ungefähr dreihundert Jahre später von einem in Agyrion auf Sizilien geborenen Griechen niedergeschrieben. Diodor (latinisiert: Diodorus Siculus) war ein peripatetischer Gelehrter, also der Schule des Aristoteles zugehörig, der ausgedehnte Reisen durch den Mittelmeerraum unternahm und aus erster Hand Informationen für eine umfangreiche Weltgeschichte sammelte. Gegen 5 vor Christus besuchte er Caesarea Mauretaniae, das von Kaiser Augustus selbst umbenannt worden war. Zuvor unter dem phönizischen Namen Iol (Sonnenstadt) bekannt, wurde es zur Hauptstadt Mauretaniens, eines halb unabhängigen

Königreichs, das sich über das heutige Marokko und den Westen Algeriens erstreckte.

Der mauretanische König war Juba II., ein ehemaliger Prinz von Numidien (heute Libyen) und mittlerweile ein gründlich romanisierter Monarch. Und er war mehr Gelehrter als Staatsmann. Juba hatte am Aufbau des ersten modernen Bibliothekssystems in Rom mitgewirkt und später eine eigene umfangreiche Sammlung in Caesarea zusammengestellt. Seine Bibliothek war eine der größten der klassischen Welt und enthielt Manuskriptkopien, die nirgendwo sonst zu finden waren, denn dem numidischen Königshaus waren Teile der riesigen Bibliothek von Karthago zugefallen, die der Vernichtung der Stadt fast einhundertfünfzig Jahre zuvor entgangen waren. Diese Dokumente gehörten zu den ältesten, die damals existierten; sie stammten aus der Frühzeit der Phönizier und enthielten altes Wissen, das ansonsten in dem vierhundert Jahre währenden dunklen Zeitalter nach dem Ende der Brozezeit verloren gegangen war. In dieser besonderen Bbibliothek fand Diodorus Siculus eine Geschichte, die nur wenigen Forschern bekannt ist und generell als Mythos abgetan wird.

Für Diodor war sie jedoch eine historische Tatsache, keine fantastische Legende, und wert, in sein enzyklopädisches Lebenswerk aufgenommen zu werden. Diese gewaltige Weltgeschichte, das Ergebnis seiner ausgedehnten Reisen durch die Mittelmeerländer, bestand aus vierzig Büchern, die in drei Hauptteile gegliedert waren. Während die meisten dieser Bände den Zusammenbruch der klassischen Zivilisation nicht überstanden, entgingen die ersten fünf der Zerstörung. Im ersten Band schreibt Diodor, dass lange vor der Geburt Griechenlands, als Ägypten noch das große Weltreich war, eine andere Macht aus dem Kaukasusgebirge Zentralasiens auftauchte. Es handelte sich dabei um einen Stamm von Kriegerinnen – die berühmten Ama-

Abb. 8.1. Modellrekonstruktion der typischen Verteidigungsmauer einer spätbronzezeitlichen Stadt, die zu Platons Beschreibung der Festungsmauern von Atlantis passt. (Nationalmuseum von Athen, Griechenland)

zonen, die von ihrer Königin Myrina angeführt wurden und dreißigtausend Fußsoldatinnen sowie zwanzigtausend Reiterinnen umfassten. Die Königin kam dem ägyptischen Pharao Horus zu Hilfe und unterstützte ihn dabei, eine Invasion aus Libyen abzuwehren. Die siegreichen Amazonen dehnten ihren Eroberungsfeldzug anschließend über Nordafrika bis an die Atlantikküste aus. Dort erbauten sie auf der Insel Hespera in einem vom Fluss Triton gebildeten Sumpfgebiet eine neue Stadt, Chersonesus. Von dieser »Stadt des Triton« aus unternahmen sie einen Angriff auf Atlantis selbst, das nur eine Tagesreise von der nordafrikanischen Küste entfernt lag.

Diodor zufolge war die Invasion trotz heftigen Widerstands erfolgreich, und Cerne, die atlantische Hauptstadt, fiel, nachdem ihre hohen Mauern (siehe Abb. 8.1) überwunden waren. Die alte Stadt wurde nach der triumphierenden Myrina umbenannt, aber sie war eine großzügige Siegerin, ließ die durch die Kämpfe verursachten Schäden wieder beseitigen und schloss ein Bündnis mit den besiegten Atlantern. Frieden herrschte, bis Atlantis erneut angegriffen wurde, diesmal vom Volk der Gorgonen, die die Eroberer zu vertreiben versuchten. Die atlantisch-amazonische Union hielt jedoch stand, und die Bedrohung wurde abgewehrt. Unbeirrt kehrten die Gorgonen bald mit einer neuen Streitmacht zurück, landeten an mehreren Stellen entlang der Küste und brachten der Armee der Königin schmerzhafte Verluste bei.

Myrina wurde schließlich aus Atlantis vertrieben und floh über das Meer zurück nach Hespera, wo eine verzweifelte Schlacht beiden Seiten enorme Verluste einbrachte. Nachdem die Gorgonen Chersonesus geplündert und verbrannt hatten, kehrten sie nach Atlantis zurück, wo sie der Hauptstadt ihren ursprünglichen Namen zurückgaben, während Myrina ihre toten Kriegerinnen einsammeln und unter drei Hügeln begraben ließ. Sie zog sich mit ihren geschlagenen Veteraninnen durch die libysche Wüste zurück und kam schließlich wieder in Ägypten an, wo sie von Pharao Horus aufgenommen wurde.

Was sollen wir von diesem Bericht halten? Er ist völlig anders als Platons Version und scheint keine Grundlage in vergleichbaren Mythen oder in der Geschichtsschreibung zu haben. Auch wenn Diodor schreibt, dass er all dies in der großen Bibliothek von König Juba II. in Caesarea in Erfahrung gebracht habe, scheint es doch reine Legende zu sein: Atlantis, angeblich die größte Macht der Antike, von einer Bande wurzelloser Frauen gedemütigt? Doch Diodor hielt Königin Myrina immerhin für so wichtig, dass er sie in seine Weltgeschichte aufnahm. Enthält die Geschichte zumindest – wenn auch vielleicht verstümmelte – Fragmente realer Ereig-

Abb. 8.2. Luftaufnahme des Cerne-Abbas-Riesen, eines mehr als dreitausend Jahre alten Monumentalbildes eines britischen Fluthelden. (Foto mit freundlicher Genehmigung des National Trust of Britain)

nisse, wie er anscheinend glaubte? In diesem Fall könnte sie etwas über eine verlorene Episode in der langen Geschichte dieser versunkenen Zivilisation enthüllen.

Ein genauerer Blick auf die Details deutet darauf hin, dass es sich zumindest nicht komplett um Fiktion handeln könnte. Zum Beispiel erinnert Hesperias Standort im heutigen Marokko an die Hesperiden, die Töchter des Atlas, die seinen Garten mit einem Baum mit goldenen Äpfeln hüteten. Nicht weniger wichtig sind die Hinweise auf den Fluss Triton bei den Tritoniden und auf Chersonesus, die von den Amazonen errichtete neue Hauptstadt. Triton war ein Sohn des Meeresgottes Poseidon, des Gründers von Atlantis.

Seltsamerweise erzählt uns Diodor, dass die Hauptstadt von Atlantis Cerne hieß. Dieser Name taucht ansonsten nur in der Grafschaft Dorset bei Dorchester in Südengland auf. Am Stadtrand von Cerne Abbas befindet sich ein insgesamt sechsundsechzig Meter großes Abbild eines nackten Mannes mit einer Keule in der rechten Hand (siehe Abb. 8.2). Archäologen glauben, dass es weit über zweitausend Jahre alt ist, obwohl auch mit modernen Datierungstechniken noch kein genauer Zeitrahmen für seine Entstehung festgelegt werden konnte. In den 1970er Jahren zeigten genauere Untersuchungen, dass sich unter dem ausgestreckten linken Arm des Riesen einst eine zusätzliche Fläche befand, die heute nicht mehr sichtbar ist. Einige Forscher nahmen daher an, dass es sich bei der Hügelfigur um Herkules handelte, der gewöhnlich mit Keule und Umhang dargestellt wurde. Nachfolgende Tests ergaben jedoch, dass die Fläche am Unterarm erst Jahrhunderte nach dem ursprünglichen Einschneiden des Bildnisses in die Kreideschicht am Boden hinzugefügt worden war. Möglicherweise haben römische Legionäre die ursprüngliche Figur so verändert, dass sie Herkules, dem göttlichen Schutzpatron der Soldaten, ähnelte.

Der Cerne-Abbas-Riese sollte eigentlich Gogmagog repräsentieren, der eine riesige Kriegskeule geführt haben soll. Mit der richtigen Identifizierung tritt die atlantische Verbindung dieser Figur in ihren gigantischen Ausmaßen zutage: Gogmagog war ein Anführer der ersten Bewohner Großbritanniens; diese waren Nachfahren des Titanen Albion, des Bruders von Atlas. Diese Überlieferung scheint mit den riesenhaften Fomorern, den ersten Bewohnern Irlands, in Verbindung zu stehen. Kulturträger aus Atlantis, die in verschiedene andere Teile der Welt, bis hin zu den Küsten Perus, gelangten, wurden in den lokalen Legenden oft als »gigantisch« bezeichnet.

Vier Jahrhunderte vor Diodorus Siculus berichtete der griechische Historiker Herodot von einem Volk, das an der Atlantikküste Nordafrikas in der Nähe des Flusses Triton lebte. Dieser bildet eine große Lagune, die als Tritonsee bekannt ist. »Die Bewohner nannten sich nach dem Berg Atlanter. Diejenigen, die um den Tritonsee lebten, opferten hauptsächlich der Athene und nach ihr Triton und Poseidon.« (Herodot, *Historien*, Buch IV.) Er schreibt weiter, dass die Atlanter seiner Zeit (ca. 490 vor Christus) ein jährliches Festival veranstalteten, »bei dem sich die Mädchen in zwei Gruppen aufteilen und sich mit Steinen und Stöcken bekämpfen. Sie sagen, dieser Ritus sei aus unvordenklichen Zeiten überliefert, und durch seine Aufführung ehrten sie ihre Gottheit, die mit unserer griechischen Athene identisch sei.« Entsprechend bedeutsam erscheint es daher, dass bei den Panathenäen, einem jährlichen Fest in Athen, das der Göttin Athene gewidmet war, Tänzerinnen das Peplon trugen, eine Art flatternden Rock, der mit Szenen aus dem griechischen Krieg gegen Atlantis verziert war. Ebenso überzeugend ist, dass dieselbe Geschichte auch in einem Tempel der Neith, einer ägyptischen Inkarnation der amazonischen Göttin, im Nildelta auftaucht.

Herodot glaubte, dass die Amazonen nicht vollkommen mythischer Natur waren, sondern eine tatsächliche Gruppe von Kriegerinnen, die eine Macht darstellten, mit der man in vorklassischen Zeiten rechnen musste. Er erklärt, dass sie groß waren und Lederröcke trugen, ihre traditionelle Stammestracht.

Mitte der 1960er Jahre wurde im Sand von Abalessa, etwa vierundfünfzig Kilometer westlich von Tamanrasset in Algerien, ein kreisförmiger, knapp ein Meter hoher Grabhügel mit einem Durchmesser von vierundzwanzig Metern ausgegraben. In seiner Kammer entdeckten französische Archäologen die gut erhaltene Mumie einer 1,7 Meter großen kaukasischen Frau, die einen Lederrock trug. Die Tuareg-Eingeborenen hielten sie sofort für Tin-Hinan, die legendäre Gründerin ihrer Stammesnation. Ihre sterblichen Überreste stammten gemäß Radiokarbondatierung aus dem späten vierten oder frühen dritten Jahrtausend vor Christus, also aus dem Zeitraum, in den Diodor die Amazonen in Nordafrika datiert. Sowohl er als auch Herodot scheinen durch den Abalessa-Fund bestätigt zu werden.

Königin Myrina stammte angeblich von jenseits des Schwarzen Meeres, doch ihr Name, »Meeresgöttin«, weist nicht auf einen Ursprung im Kaukasus hin. Wahrscheinlicher ist es daher, dass sie ihn als Titel von den besiegten Atlantern erhielt, mit denen sie ein Bündnis schloss. Die drei Hügel der Amazonen, wo sie ihre toten Kriegerinnen beisetzen ließ, wie Diodor berichtet, existieren tatsächlich, und Reiseleiter zeigen sie immer noch den Touristen. Und ebenso erzählen heute noch marokkanische Berber Geschichten von Al Azoun, dem Volk von Azoun, großen Kriegerinnen, die Nordafrika Jahrtausende vor der Ankunft des Islam erobert hatten. *Amazigh* bedeutet in der Sprache der Berber »edle Sprache« und bezieht sich auf die vergessene Sprache der Amazonen.

Byron de Prorok, der berühmte ungarische Archäologe, erkundete Mitte der 1930er Jahre das Ahaggar-Gebirge im Süden Algeriens. Er erfuhr, dass ein Gipfel von den Tuareg mit besonderer Ehrfurcht betrachtet wird. »Es gibt viele mit dem Berg verbundene Legenden«, schrieb der Graf, »vor allem die von der geheimnisvollen weißen Königin, die dort mit einer Armee von Amazonen lebte. Benoit verwendete diese Geschichte in seinem Werk *L'Atlantide* [»Atlantis«].«

Auch wenn Myrina möglicherweise einen atlantischen Namen oder Titel trug, deuten einige sprachliche Hinweise auf die traditionellen Ursprünge der Amazonen am Schwarzen Meer hin. Zum Beispiel ist der Name »Amazone« nicht griechischen Ursprungs, sondern leitet sich vom georgischen Wort *Maza* für »Mond« ab; verwandte Bedeutungen finden sich beim hethitischen *Amargi*, »Rückkehr zur

Mutter«, und *Hamaxzun*, »Landsleute«. Noch näher am ursprünglichen Wortsinn ist die armenische Bedeutung des Wortes »Amazone«, nämlich »Mondfrau«, was auf den Kult der lunaren Muttergöttin bei den Amazonen verweist. Ihre Schilde waren *paltae* – sichelförmig – wie der Mond. Myrinas Priesterinnen am libyschen Golf von Syrte (Sidra) trugen Waffen, und die erste Anführerin der Amazonen war eine bewaffnete Priesterin aus der minoischen Kolonie von Ephesus. Ihr Name war Kresus, und der Name der Insel Kreta geht auf sie zurück. Die amazonische Bildersymbolik erinnert an die berühmten Darstellungen minoischer Priesterinnen mit nackten Brüsten, die Schlangen in ihren ausgestreckten Händen halten, was wiederum an Herodots Beschreibung der unbekleideten Amazonen mit ihren Schlangensymbolen erinnert.

Platons Bericht über Atlantis enthält ebenfalls Belege für eine Verbindung zu den Amazonen. Er gibt an, dass die ranghöchste Frau der atlantischen Insel Leukippe (Weiße Stute) hieß – ein offensichtlicher Hinweis auf die schäumenden Wellen des Meeres. Weitere Amazonen sind bekannt unter den Namen Melanippe (Schwarze Stute), Lysippe (Die die Pferde loslässt) und Hippolyte, von Claudian beschrieben als Königin, »die ihre schneeweißen Pferde in die Schlacht führt«. Platon betont die atlantische Begeisterung für Pferde; diese hatten sogar ihre eigenen separaten Bäder. Der gesamte zweite Landring von Atlantis war eine Rennstrecke.

Der Name Leukippe ist Bestandteil einer bronzezeitlichen Tradition, die den Schimmel, insbesondere die weiße Stute, mit Königtum und Göttlichkeit in Verbindung bringt. Trojas heilige Pferde, ausgestattet mit Gold- und Silberschmuck, waren rein weiß; frühe Kultanhänger spannten in Pontus vier weiße Pferde vor einen Streitwagen und trieben das gesamte Gefährt als Opfer für Poseidon ins Meer. Dem Meeresgott, der das Pferd erschuf, wurde auch die Gründung von Atlantis zugeschrieben, wo eine kolossale Statue Poseidons inmitten von vier geflügelten Pferden im heiligen Zentrum der Stadt stand. Pferdeskulpturen waren auch die wichtigsten Symbole der Amazonen. Die amazonische Mondgöttin Artemis ritt auf einem weißen Ross, und die Araber nennen ein weißes Pferd immer noch »mondfarben«. Cooper bezeichnet das weiße Pferd unter Bezug auf die atlantische Leukippe als ein »lunares Meeressymbol«.

Auf verschiedenen Hügeln in Großbritanniens sind noch Bilder des heiligen weißen Pferdes erhalten, die wie der Cerne-Abbas-Riese in Kalk gescharrt wurden. Das berühmteste ist das Weiße Pferd von Uffington in Dorset. Mit einhundertsieben Meter Länge und siebenunddreißig Meter Höhe kann es auch heute noch aus einer Entfernung von bis zu zwanzig Kilometern wahrgenommen werden, da die Anwohner regelmäßig seine Konturen nachziehen. Diese Tätigkeit wird seit langer Zeit von den umliegenden Gemeinden in einer alten Zeremonie namens *Scouring the Horse* (»das Pferd scheuern«) gepflegt.

Bis Mitte der 1990er Jahre galt das Weiße Pferd von Uffington im Allgemeinen als Überbleibsel keltischer Ritualpraktiken, die frühestens auf das dritte Jahrhundert vor Christus zurückgehen. Die langgestreckte Form deutet jedoch auf vergleichbare Darstellungen aus der Bronzezeit hin – eine Annahme, die bestätigt wurde, als verbesserte Datierungsverfahren ergaben, dass die Figur tatsächlich dreieinhalbtausend Jahre alt ist und somit in die Epoche des Aufblühens von Atlantis fällt. Die Geoglyphe stellt eine britische Version der atlantischen Leukippe dar: Ceridwen, eine Meeresgöttin, die ebenfalls über ein fernes Reich herrschte und von druidischen Barden als »Weiße Stute« bezeichnet wurde. Der renommierte Autor und Mythologe Robert Graves erzählt, dass die Göttin »sich plötzlich in eine Stute verwandelt. Sie wird oft als ›Weiße Frau‹ und in alten Religionen von den

Britischen Inseln bis zum Kaukasus als ›Weiße Göttin‹ symbolisiert« (Graves 1948, 209). Ihre Inkarnation im griechischen Argos war Io, die Tochter des Fluthelden Inachus. Als Mondgöttin gebar sie Epaphus, den Gründer von Memphis und Libyen, dessen Name »der Anfang« bedeutet. Sie wurde auch als Leukippe verehrt, und mit ihrer Bezeichnung als »Weiße Göttin« korrespondiert der Name des vorkeltischen Großbritannien: Albion, das »Weiße Land«. Diese sich ergänzenden griechischen und britischen Mythenfiguren weisen mit ihren Themen von Flut und fernen Reichen deutliche Spuren atlantischer Ursprünge auf.

Scouring the Horse war nicht das einzige traditionelle britische Ritual, bei dem weiße Stuten involviert waren, die an Atlantis denken lassen. Bei einem vorchristlichen Maifeiertag bei Padstow in Cornwall wurde eine Pferdenachbildung als Opfergabe an den Meeresgott in den Ozean geführt. Die Zeremonie sollte an ein prächtiges weißes Pferd erinnern, das der großen Flut entkommen war. Eine ähnliche Zeremonie wurde in Minehead, Somersetshire, durchgeführt, wo sie *Sailor's Horse* genannt wurde. Die kornische Legende von Lethowstow berichtet davon, wie ein Überlebender eines Hochwassers auf einem weißen Pferd durch die alles verschlingenden Wellen floh. Das Wappen der Familie Trevellyan zeigt die weiße Stute ihres Ahnherrn, die durch den schäumenden Ozean schwimmt.

Auch Irland kannte Rituale mit weißen Pferden. Jeder angehende König von Ulster hatte bei seiner Inthronisation eine symbolische Vereinigung mit der großen Muttergöttin in Gestalt einer weißen Stute zu vollziehen. Das Pferd wurde geopfert, und der künftige Monarch kostete sein Fleisch und trank eine Tasse seines Blutes. Anschließend wurde er als rechtmäßiger Herrscher und »Gemahl der Weißen Göttin« bestätigt. Zu Mittsommer wurde die Figur eines weißen Pferdes in einer Prozession durch ein Feuer getragen, durfte dabei aber nicht verbrennen. Unmittelbar nach dem »Überleben« des weißen Pferdes liefen die Bauern durch das Feuer, und Kinder wurden über die Flammen hinweg Verwandten und Freunden in die Arme geworfen. Jungen in Dublin schnitten am ersten Mai Buschen aus Weißdorn, ein Symbol für die Mähne des weißen Pferdes. Zusammen mit dem gebleichten Schädel eines Pferdes wurden sie dann ins Maifeuer geworfen.

Interessanterweise sollen all diese Traditionen rund um den ersten Mai an die Ankunft der Túatha Dé Danann 1202 vor Christus in Irland erinnern. Diese Anhänger der Göttin Danu, die als frühe Zivilisationsbringer Irlands gelten, werden im altirischen *Buch der Landnahmen Irlands* als Kulturträger beschrieben, die einer Naturkatastrophe entkommen waren, durch die ihr Land zerstört wurde, worauf es im Meer versank. Solche besonderen Zeremonien scheinen also an die feurige Vernichtung eines versunkenen Heimatlandes und die Ankunft von Überlebenden zu erinnern, die das Andenken an ihre Ahnen ehrten – Platons Leukippe, die »weiße Stute« von Atlantis.

Auf der anderen Seite des Atlantiks, der seinen Namen dem überfluteten Reich verdankt, war es Ixchel, die Weiße Dame und göttliche Begründerin der Maya-Zivilisation, die nach einer schrecklichen Flut, die ein früheres Zeitalter auslöschte, am Ufer von Yucatán ankam. In der Tempelkunst wird sie manchmal auf einer gigantischen Welle reitend abgebildet, ihr Besitz auf der Meeresoberfläche verstreut. Das gleiche, an Atlantis erinnernde Thema wurde entlang der Ostküste Mexikos auch von einem späteren Volk, den Huaxteken, aufgegriffen. Ihre Armee verfügte über Hilfstruppen mit Kriegerinnen, die von Tlazolteotl angeführt wurden, der »Frau, die vor der Sintflut gesündigt hat«. Als Waffen trugen sie wie ihre amazonischen Schwestern einen Bogen und einen Schild aus Schlangenleder. Auch die Guayaqui-

Indianer aus dem fernen Paraguay erzählten von Kriegerinnen, die in Schlangenleder gekleidet waren.

Laut dem Mestizen-Chronisten Enrique Camargo stammte Tlazolteotl aus »einem angenehmen Land, einem köstlichen Ort, an dem es viele entzückende Brunnen, Bäche und Blumengärten gab. Dieses Land hieß Tamoanchan, der Ort der frischen, kühlen Winde« (Davies 1982, 42). Hier beging sie einen Frevel an den Göttern, die den »Ort der frischen, kühlen Winde« mit einer gewaltigen Flut zerstörten. Tlazolteotl segelte daraufhin mit dem Rest ihrer Kriegerinnen an eine Küste in der Nähe von Veracruz.

Der griechische Mythos erzählt, dass Herakles den Amazonen eine schlimme Niederlage zufügte und sie aus ihrem Heimatland in eine weite Ferne vertrieb, jenseits der bekannten Welt, nachdem er den Gürtel ihrer Anführererin Hippolyte gestohlen hatte. Das Schicksal der Huaxteken-Kriegerinnen scheint die griechische Geschichte zu ergänzen. Könnten die Amazonen, die Herakles verfolgte, von Tamoanchan/Atlantis aus den Ozean überquert haben, bevor das Inselreich zerstört wurde, und an die mexikanische Küste gelangt sein? Waren Tlazolteotl und Hippolyte ein und dieselbe Person? Auf jeden Fall erscheint es bemerkenswert, dass sich zwei Mythen aus so unterschiedlichen Kulturen an entgegengesetzten Enden der Welt so wunderbar ergänzen, sogar bis hin zur Einbeziehung von Tamoanchan/Atlantis. In der Tat ähnelt Camargos Beschreibung von Tamoanchan Platons Darstellung des milden mittelozeanischen Klimas von Atlantis. Die Parallelen zwischen der huaxtekischen und der griechischen Version lassen darauf schließen, dass hier Wissen oder Erfahrungen tatsächlich von einem Kontinent auf den anderen übertragen wurden.

Und was ist mit Königin Myrinas Begegnung mit dem Pharao Horus, von dem Diodorus berichtet? Hat ein solcher König jemals in Ägypten regiert? Erinnern wir uns an die Erklärung des britischen Ausgräbers von Sakkara, Walter Emery, die in Kapitel 4 zitiert wurde: »Der Gott Horus [...] wurde immer von einem irdischen König vertreten, der ein »Horus« oder Horus-König war.« Mit anderen Worten, alle Könige, die regierten, nachdem Horus selbst in prähistorischer Zeit geherrscht hatte, trugen seinen göttlichen Namen und erhielten diesen als königlichen Titel. Daher könnte jeder Pharao der König Horus gewesen sein, dem Königin Myrina begegnete.

Doch gab es auch einen frühdynastischen Monarchen mit einem ähnlich klingenden Namen, Hor-Aha. Er könnte ein sehr wichtiger Mann gewesen sein, wenn Emerys Annahme, dass er identisch ist mit Menes, dem ersten Herrscher des vereinigten Ägyptens, korrekt ist. Wäre Hor-Aha derselbe König gewesen, der von Diodorus als der Pharao Horus beschrieben wurde, dann ereignete sich diese Atlantis-Geschichte um 3100 vor Christus. Dies ist eine besonders wichtige Zeit im Hinblick auf unsere Betrachtungen zu Atlantis: Damals wurde nämlich das von Naturkatastrophen heimgesuchte Inselreich teilweise evakuiert. Große Scharen von Flüchtlingen siedelten sich in anderen Teilen der Welt an und ließen ihr ozeanisches Heimatland fast ohne Verteidiger zurück. Nach der verheerenden Katastrophe waren kaum noch genügend Bewohner übrig, um ihre zerstörte Zivilisation wiederaufzubauen, geschweige denn, um ausländische Aggressoren abzuwehren, und so war Atlantis damals eine leichte Beute für Invasoren.

Die von Diodor erwähnten Gorgonen waren anscheinend Atlanter von den Kanarischen Inseln, die entschlossen waren, Atlantis von seinen ausländischen Eroberern zu befreien. Der römische Gelehrte Pomponius Mela bezeichnet um 40 nach Christus in seiner *Cosmographia* die Kanarischen Inseln als Gorgonen. Andere römische Gelehrte nannten die Kanaren auch Gorgonische Inseln. Die Gleichsetzung der Kanaren mit den Gorgonen stützt sich zusätzlich auf die Bezeichnung verschiedener Teile von Teneriffa, der größten der Kanarischen Inseln, als Gorgo und Gorgano. Diese Namen gehen auf die ursprünglichen Bewohner, die Guanchen, zurück. Als die Spanier auf Teneriffa landeten, fand sich bei den Guanchen auch eine Klasse weiblicher Krieger, die Vacaguare. Ihre Anführerin Guayanfanta (»Große Frau«) war so stark, dass sie in der Lage war, einen spanischen Offizier zu ergreifen und mit ihm in den Armen wegzulaufen.

Im Jahr 1530 entdeckte ein anderer Eroberer, Francisco Pizarro, auf der anderen Seite des Atlantiks eine Insel vor der Nordwestküste Kolumbiens, die die Eingeborenen Gorgone nannten. Sie wurde von Kriegerinnen bewohnt, die denen der Huaxteken sehr ähnelten und die mit kleinen, mondförmigen Schilden bewaffnet waren. Wie viele Stammesvölker in der Neuen Welt überlebten sie die spanische Eroberung nicht.

Die legendäre Fähigkeit der Gorgonen, Menschen und Gegenstände in Stein zu verwandeln, könnte auf die zahlreichen kleineren Inseln in der Nähe der atlantischen Inselgruppen wie etwa der Kanarischen Inseln hinheuten, von denen viele durch die Einwirkung von Wind und Wellen im Laufe der Zeit zu bizarren Gebilden geformt wurden. *Gorgon* bedeutet »grimmig« und meint auch »die Werke und Kräfte der Erde«, was sich auf geologische Umwälzungen beziehen könnte. Lewis Spence, ein Mythologe des zwanzigsten Jahrhunderts, erklärt dazu:

> »So finden wir die Gorgonen mit den seismischen Kräften verbunden, die den Untergang von Atlantis verursachten ... Es war in der Tat das abgetrennte Haupt der Medusa, der ›Hexe‹, in den Händen von Perseus, das den Atlas in einen Steinberg verwandelte. Der Beweis ist somit erbracht, dass der Mythos von den Gorgonen-

> Schwestern eine Geschichte ist, die allegorisch auf die Zerstörung von Atlantis und auf jene bösen – seismischen und dämonischen – Kräfte verweist, die die Katastrophe auslösten.« (Spence 1942, 117)

Die Amazonen waren mit ziemlicher Sicherheit keine weiblichen Kriegerinnen; das Bild ist zu mythisch, um real zu sein, obwohl sie möglicherweise von einer Königin angeführt wurden. Immerhin hatte Ägypten leibhaftige Herrscherinnen, insbesondere Hatschepsut um 1500 vor Christus. Während der Zeit, als Diodorus in Mauretanien die Geschichte von der Invasion der Amazonen in Atlantis erfuhr, wurde das nordafrikanische Königreich tatsächlich von Cleopatra Selene regiert. Höchstwahrscheinlich stellten die Amazonen eine Streitmacht dar, die wie üblich aus Männern bestand, die aber eine kriegerische Göttin wie die griechische Athene oder die ägyptisch-libysche Neith verehrten. Noch heute tragen unter den marokkanischen Tuareg, deren amazonische Traditionen bereits erwähnt wurden, männliche Anhänger der Berggöttin Atlas manchmal Röcke und Schleier in ehrfurchtsvoller Nachahmung von Frauen.

Ähnlichkeiten zwischen klassischen Beschreibungen der Amazonen und archäologischen Zeugnissen der Minoer lassen ebenfalls eine Beziehung erkennen. So wie die Amazonen als mächtige, barbusige Frauen beschrieben werden, die den Mond anbeteten, wurden die Minoer von barbusigen Mondpriesterinnen angeführt. Emery weist darauf hin, dass ein Gau (Distrikt) im Nildelta ein minoisches Emblem aufwies, was auf eine Verbindung zwischen Kreta und dem Pharao Horus oder einem anderen König der ersten Dynastie hindeutet. Dennoch ist eine militärische Konfrontation zwischen dem alten Kreta und Atlantis im späten vierten oder frühen dritten Jahrtausend vor Christus angesichts des niedrigen Niveaus der ägäischen Zivilisation zu jener Zeit unwahrscheinlich. Wahrscheinlich gehörten die Amazonen, die Atlantis eroberten, derselben Kultur an wie die, die die minoische Zivilisation hervorbrachte.

Während der vier dunklen Jahrhunderte vor dem Aufstieg des klassischen Griechenland waren die atlantischen Gorgonen offenbar zu mythischen Monstern geworden. Übrig blieb nur ihre Abstammung von Phorkys, bekannt als »der alte Mann des Meeres«, und Keto, einer Tochter des Okeanos. So sind die Gorgonen durch Phorkys, den Anführer der Überlebenden, die nach der ersten Zerstörung der atlantischen Insel nach Griechenland kamen, mit Atlantis verbunden. Seine berüchtigtste mythische Tochter, Medusa, ist mit dem atlantischen Nordafrika verbunden, wo Myrina mit den echten Gorgonen kämpfte. Sie befreiten ihre atlantischen Landsleute und vertrieben die Besatzer über das Meer zurück nach Mauretanien. Diese Niederlage ihrer Königin brachte die Amazonen für immer von weiteren militärischen Ambitionen im Westen ab.

Diese Interpretation der seltsamen Geschichte, von der Diodor berichtet, wird durch seine detaillierten Belege in Bezug auf Ereignisse des späten vierten Jahrtausends vor Christus nahegelegt und untermauert. Wenn sie richtig ist, hat er eine ansonsten vergessene Episode des bedeutsamen Übergangs von Atlantis von einer geologisch in Mitleidenschaft gezogenen neolithischen Gesellschaft zu einem neuen bronzezeitlichen Reich bewahrt.

NEUN

Verloren im Hades

Atlantis war extrem groß und erhielt lange Zeit seine Macht über alle Inseln des Atlantischen Ozeans aufrecht.

MARCELLUS

Auf den ersten Blick erscheinen die Kanarischen Inseln als ideale Kulisse für Platons Beschreibung von Atlantis. Sie liegen, wie er es beschrieb, »jenseits der Säulen des Herakles«, nicht weit von der Atlantikküste Nordwestafrikas entfernt, und sind reich an den von ihm erwähnten Früchten und natürlichen heißen und kalten Quellen, die aus vulkanischen Spalten sprudeln. Bis vor etwas mehr als fünf Jahrhunderten waren die Inseln dicht bewaldet. Auf Teneriffa, der größten der sieben Inseln, gab es einen großen See, und mehrere Flüsse strömten durch ausgedehnte, fruchtbare Ebenen. Den großen Vulkangipfel Teneriffas, den Teide, könnte man leicht mit dem Vulkanberg von Atlantis in Verbindung bringen. Tatsächlich passt der geologische Hintergrund der Inseln zu Platons Geschichte. Erst 1867 stieg ein Vulkan in der Nähe der Insel Terceira donnernd an die Oberfläche, sank jedoch einige Tage nach seinem dramatischen Erscheinen wieder in den Ozean zurück. Die roten, weißen und schwarzen Steine, die die Atlanter für ihre gemauerten Bauwerke verwendet haben sollen, sind auf den Kanarischen Inseln in Form von Tuff, Bimsstein und Lava immer noch in großer Menge zu finden.

Die oberflächliche Ähnlichkeit der Kanarischen Inseln mit Platons untergegangener Zivilisation ist jedoch nicht einzigartig. Die Azoren und Madeira passen im Grunde genauso gut zu seiner Beschreibung von Atlantis. Auch sie waren einst stark bewaldet, sind von gemäßigtem Klima und bergig und besitzen die typischen roten, weißen und schwarzen Steine sowie natürliche Quellen mit heißem und kaltem Wasser. Der Curral das Freiras auf Madeira wäre für die legendäre Hauptstadt nicht weniger passend als so manche Gebiete von Teneriffa oder Gran Canaria. Natürlich kommen all diese Inseln als das ursprüngliche Atlantis nicht in Frage, weil sie heute noch existieren. Jedoch sind die geologischen Merkmale der Kanaren, der Azoren und Madeiras charakteristisch für die meisten Inseln im mittleren Atlantik. Folglich unterstreicht die physische Korrespondenz dieser Inseln mit Dingen, die in *Timaios* und *Kritias* beschrieben sind, Platons Bericht. Etrusker und Phönizier beherrschten zu seiner Zeit das westliche Mittelmeer. Was jenseits von Sizilien lag, war den Griechen in klassischer Zeit daher so gut wie unbekannt. Platons genaue Beschreibung einer Vulkaninsel im Atlantik bedeutet, dass seine Informationen über Atlantis von einer externen Quelle stammen müssen, die mit der Welt jenseits der Straße von Gibraltar vertraut war. Seine Lokalisierung des alten ozeanischen Reichs passt jedenfalls zu allen vulkanischen Inseln im östlichen Atlantik.

Im Gegensatz zu Madeira oder den Azoren, die bei ihrer (Wieder-)Entdeckung im fünfzehnten Jahrhundert unbewohnt waren, enthüllen die Kanarischen Inseln aufgrund ihrer einzigartigen Geschichte einen Teil des Atlantis-Rätsels.

Im Jahr 1331 stießen die ersten Portugiesen, die auf Teneriffa landeten, auf ein merkwürdiges einheimisches Volk, das den ausländischen Entdeckern erzählte, sie seien Guanchen – wörtlich übersetzt »Menschen«. Obwohl ihre Insel nur neunzig Kilometer vom nordafrikanischen Festland entfernt liegt, waren die Guanchen ein hellhäutiges kaukasisches Volk von großer, aufrechter Statur mit hellen Augen und oft blonden Haaren. Ihre Kultur ähnelte in jeder Hinsicht einer frühen bronzezeitlichen Zivilisation, die wieder zum steinzeitlichen Ursprung degeneriert war, und zeigte zudem eine merkwürdige Mischung aus kontinentaleuropäischen und ägyptischen Einflüssen. Jahrtausende der Isolation von der Außenwelt hatten aufgrund von Inzucht zu einer genetischen Degeneration geführt: Gut erhaltene menschliche Überreste im Mumienmuseum von Teneriffa in der Hauptstadt Las Palmas zeigen zahlreiche verkrümmte Wirbelsäulen, Knochendeformationen, Schädelunregelmäßigkeiten und verschiedene Erbkrankheiten. Die Portugiesen waren erstaunt über den Kontrast zwischen diesen primitiven Inselbewohnern, die in Höhlen lebten und in Tierhäuten herumliefen, und den großen Steinpyramiden, massiven Mauern und hohen Säulen, die sie in ihrer Umgebung vorfanden.

Die Phönizier waren zweitausend Jahre zuvor auf den Kanarischen Inseln angekommen und hatten den sogenannten Anago-Stein, eine mit punischen Inschriften bedeckte Stele, an der äußersten Nordspitze Teneriffas aufgestellt. Auf dieser großen Insel wurde das steinerne Bildnis eines Fisches gefunden, das mit dem alten Berberwort »Zanata«, dem Namen einer phönizischen Göttin, beschriftet ist (Reid 1999, 145). Allerdings legten die Phönizier keine dauerhaften Siedlungen auf der Insel an; sie nutzten sie bei ihren Kolonialisierungsbestrebungen entlang der afrikanischen Küste nur als Zwischenstation, um ihre Frischwasservorräte aufzufüllen. Auf Graciosa, einer kleinen Insel nördlich von Lanzarote, wurde 1968 eine römische Amphore gefunden. Seitdem hat das Hauptstadtmuseum in Arrecife seine Sammlung um ein Dutzend phönizischer und römischer Krüge erweitert. Irgendwann nach dem Niedergang Karthagos kamen gelegentlich römische Frachter nach Teneriffa, um frische Orangen zu holen.

Plinius der Ältere, ein bekannter Geograph des ersten Jahrhunderts nach Christus, beschreibt eine Expedition zu den Kanaren während der Regierungszeit von Juba II. (29 vor bis 20 nach Christus), dem aufgeklärten Monarchen Mauretaniens. Auf einer Insel, die schon damals »Canaria« genannt wurde, stießen die Mauretanier auf Überreste einer Zivilisation, die alt und verlassen waren, und auf einer als »Junonia« bezeichneten Insel (heute La Palma) auf die Überreste eines kleinen Steintempels.

Während der atlantischen Zeit (und viele Jahrhunderte danach, bis Plinius der Ältere sie umbenannte) wurden die Kanarischen Inseln wegen des ursprünglichen Namens ihrer Bewohner, der Gorgonen (Guanchen), allgemein als Gorgonien bezeichnet. Später verwandelte der griechische Mythos sie in Monster, die die Macht besaßen, Menschen und Gegenstände in Stein zu verwandeln. In der *Odyssee* beschreibt Homer, wie ein Schiff direkt vor dem Hafen einer Atlantis ähnelnden Stadt in Stein verwandelt wird – eine Warnung Poseidons. Dieses Thema steht im Einklang mit der Meeresumgebung der Atlantikinseln. Tatsächlich wurden die Gorgonen 40 nach Christus vom iberischen Geographen Pomponius Mela, der in Tingentera in der Nähe der Säulen des Herakles lebte, mit den Kanarischen Inseln in Verbindung gebracht.

Nachdem Portugal die Kanaren an Spanien abgetreten hatte, wurden die Guanchen fast vollständig ausgerottet, da sie sich den Unterwerfungs- und Christianisierungsbestrebungen widersetzten. Vor ihrer Vernichtung zeigte ihre

Sprache Einflüsse anderer, scheinbar nicht verwandter, entfernter Kulturen. Ein Beispiel: Das guanchische Wort für »Jungfrau«, *Magada*, entspricht dem althochdeutschen »Magath«, und das Guanchen-Wort *hari* ist mit dem deutschen »heilig« verwandt, ebenso wie das Guanchen-Wort *ec* für die erste Person Singular dem deutschen »ich« ähnelt. Als die Bewohner am nördlichen Ende von Fuerteventura 1339 von französischen Forschern nach dem Namen der Insel gefragt wurden, antworteten sie *Ma Hoh* – »mein hoher Ort« –, was sich auf die nahegelegenen Berge Sombrero und Ecantaga bezog. *Ma Hoh* ist zweifellos indoeuropäischer Herkunft und ähnelt dem deutschen »meine Höhe« oder »mein Hochland«. Das guanchische Wort für eine Ziegenherde war *Cabuca*; *Capra* ist das lateinische Wort für die Ziege. Im Guanchischen ist *vincter* (er wird erobert) mit dem entsprechenden hethitischen Wort identisch, und Etruskisch und Guanchisch haben das gleiche Wort für »Gott«: *Ais*. Das guanchische *Cel* beziehungsweise »Mond« ähnelt dem griechischen *Selene*, so wie das guanchische *Corja* (Vogel) einen Anklang an das lateinische *Corvus* beziehungsweise »Krähe« hat.

Die mit Abstand faszinierendste sprachliche Parallele findet sich in der Bezeichnung der Guanchen für den großen Vulkan von Teneriffa. Mit rund 3.700 Metern ist der Teide der höchste Berg der Insel. Die ursprünglichen Inselbewohner glaubten, sein feuriger Abzug öffne sich in das unterirdische Reich des Todes, das von Echeyde oder kurz Heyde regiert wird. Aides war der frühere Name des Hades, im griechischen Mythos der König der Toten, dessen unterirdisches Reich im fernen Westen lag. Sein Vater war Kronos – Synonym für den Atlantik, der auch bei den späteren Römern noch als »Meer des Kronos« bekannt war. Die Ähnlichkeit zwischen dem Guanchen-Wort Heyde und dem griechischen Hades oder Aides sowie der Atlantikstandort des Hades verweisen auf den Teide (hispanisierte Form von Heyde) als das ursprüngliche Reich des Todes, das die Atlanter ihren Nachkommen in Griechenland beschrieben haben müssen.

Die Sprache der Guanchen zeigte außerdem auch Affinitäten zur nordafrikanischen Berbersprache. Ein wichtiger Begriff im Berberischen und im Mandingo (einer vom Berberischen stark beeinflussten schwarzafrikanischen Sprache) ist *Mensa* (»König«); im Guanchischen war *Mency* der »Prinz«, während *Taoro Mency* »König« bedeutete. Die Guanchen bezeichneten die Kanarische Insel La Palma als *Benahoare* (»mein Land«), ein Begriff, der auf den Beni-Howare-Stamm des Mittleren Atlasgebirges hindeutet. Und der Name der kanarischen Insel La Gomera scheint mit dem des Ghomara-Stammes verwandt zu sein, der im marokkanischen Rif ansässig ist.

Auf Gomera gibt es mehrere neolithische Dolmen beziehungsweise Steinsetzungen, die auf Megalithanlagen in ganz Europa bis hin nach Italien und an der Ostsee ausgerichtet sind. Geht man von diesen Bauwerken der Jungsteinzeit aus, dann folgt aus Platons Beschreibung, insbesondere des konzentrischen Plans der Stadt, dass Atlantis ursprünglich ein Megalithzentrum war, über dem später eine bronzezeitliche Zitadelle errichtet wurde.

Die Kanarischen Inseln wurden von Plinius dem Älteren benannt. Er berichtet, dass eine Expedition, die 40 vor Christus von Mauretanien aus startete, Teneriffa besuchte, wo von den Eingeborenen eine große Zahl von Hunden (*canes*) gehalten wurde. Ihr Hundekult begleitete, wie der des ägyptischen Anubis, die Riten der Mumifizierung und des Übergangs ins Leben nach dem Tod. Anubis wurde oft als stilisierter Hund dargestellt und manchmal als Schakal missdeutet. Aber Anubis war kein Aasfresser; er trug den Titel »Erster der Westlichen«, wodurch ausgedrückt wurde, dass er zu den ersten Gottheiten gehörte, die vom Urhügel, der im Mythos als im fernen Westen versinkend beschrieben wurde, nach Ägypten kamen.

Plinius behandelte in seinen Schriften Themen, die zu seiner Zeit, aber auch davor, allgemein bekannt waren. Fast fünf Jahrhunderte früher hatte Herodot die Kynesier beschrieben. Von allen Menschen wohnten sie am weitesten entfernt, jenseits der Säulen des Herakles. *Kynesii* bedeutet »Hundefreunde« (*kyon* ist der griechische Begriff für Hund), und die Guanchen stellten den Hund tatsächlich ins Zentrum ihrer Religion, direkt nach Ataman, dem Atlas der Kanarischen Inseln. Einige Jahrhunderte, bevor die Inseln von den Portugiesen wiederentdeckt wurden, sprachen mittelalterliche europäische Legenden von den *Cynocephali*, einem hundeköpfigen Volk, das irgendwo in der Nähe Nordwestafrikas wohnte. In der ägyptischen Tempelkunst wurde Anubis traditionell als ein Mann mit Hundekopf dargestellt.

Auch hier taucht ein atlantisches Thema auf. In der *Odyssee* kommt der Held zum Palast der Phäaken, dem homerischen Atlantis, und findet eine königliche Residenz vor, die mit goldenen Statuen lebensgroßer Hunde verziert ist, die von Hephaistos gestaltet wurden. Dieser göttliche Kunsthandwerker war eine mythische Personifikation der Vulkane, geologische Symbole seiner Schmiede. Hephaistos war auch der Ehemann von Maia, der ältesten der Plejaden, der Töchter des Atlas, und damit einer Atlanterin. Wie so oft in unserer Forschung sind historische Fakten und vielsagende Mythen zu komplementären, manchmal nicht mehr unterscheidbaren Formen verwoben. Aber dies ist kein nebensächliches Motiv. Der Hund ist vielmehr eine wichtige Kultfigur, die die Beziehung zwischen den Kanaren und den atlantischen Verbindungen zum Niltal nachzeichnet.

Tatsächlich spielte dieses Tier in der ägyptischen Gesellschaft immer eine bedeutende Rolle. Herodot beschreibt, dass sich die Ägypter nach dem Tod eines Familienhundes in Trauer das Haar schoren, wie sie es auch für Menschen taten. In Buch II seiner *Historien* erzählt er, dass niemand Wein, Brot oder andere Nahrung konsumierte, die sich zum Zeitpunkt des Todes eines Hundes im Haus befunden hatte, aus Respekt vor dem Geist des verstorbenen Tieres. Die Reichen ließen verschwenderische Gräber speziell für ihre Hunde errichten. Saka, die Hauptstadt des ägyptischen Anubis-Kults, wurde von den Griechen als Kynopolis bezeichnet. Nur in Ägypten und auf den Kanarischen Inseln wurde diesem Tier ein derart hoher religiöser Status beigemessen.

Der hundeköpfige Anubis begleitete den Kulturhelden Osiris auf seiner zivilisatorischen Mission durch die ganze Welt. Als sein Meister ermordet wurde, war es Anubis, der die Leiche fand und so geschickt einbalsamierte, dass sie der Verwesung trotzte. Von da an wurden Bestattungsriten im alten Ägypten immer mit dem treuen Anubis in Verbindung gebracht. Er wurde als Seelenführer gesehen, der die menschliche Seele durch die Dunkelheit des Todes geleitet, so wie ein Blindenhund den Blinden führen. Das ägyptische Neujahr begann am 15. Juni mit dem Aufgehen von Sopdit, dem Hundsstern (Sirius), im Morgengrauen – daher auch unsere »Hundstage« im Sommer.

Während die Guanchen und die Ägypter ganz besonders stark auf den Hund fokussiert waren, spielte das Tier auch in den mythischen Konzepten anderer alter Völker eine Rolle, und dies oft in einem atlantischen Kontext. In einem sumerischen Epos über die Anfänge der mesopotamischen Gesellschaft, *Die Übertragung der Zivilisationskünste von Eridu nach Erech*, wird erzählt, wie die Göttin Inanna in ihrem von sieben Hunden gezogenen Wagen die »göttlichen Dekrete« von Medizin, Kunst, Technologie, Schrift und Gesetzen aus einem fernen Land über das Meer brachte. Die Sieben steht zahlensymbolisch für die Vollendung eines Zyklus (etwa bei den sieben Chakren oder den sieben Noten) sowie für die Sonne (zum Beispiel die sieben Wochentage). In Verbindung mit dem Erscheinen des Hundes in ihrem Mythos – ganz zu schweigen von ihrer Zivilisationsreise von jenseits des Meeres nach Mesopotamien – verweist diese Inanna-Legende auf die atlantischen Guanchen mit ihrem Sonnen- und Hundekult.

In *The Cults of the Dog* (»Die Kulte des Hundes«) untersucht Howey die alttestamentarische Geschichte eines Sohnes Japheths, der nach der großen Sintflut ...

> »... die Gesellschaft seiner Mitmenschen verließ und zum Stammvater der Cynocephalii wurde, einer Gruppe von Menschen, die mit diesem Namen ausdrückten, dass bei ihnen die Verehrung des Hundes im Mittelpunkt stand. Wenn wir dieser Überlegung folgen, stellen wir fest, dass Männer, die als hundeköpfig dargestellt werden, als Pioniere des menschlichen Fortschritts auf neuen unbekannten Wegen angesehen werden dürfen.« (Howey 1972, 45)

Passenderweise führte Japheths Sohn seinen *Cynocephalii*-Kult nach der großen Sintflut ein, als er zu einem der Pioniere einer neuen Zivilisation wurde. In der Genesis werden die Söhne Noahs als Ahnherren der ersten Völker nach der Sintflut beschrieben, und man identifizierte ihre Namen mit den frühesten Völkern der Antike. Ham beispielsweise war der Stammvater der Hamiten, zu denen auch die Ägypter und Guanchen gehörten, ebenso wie Shumer der gleichnamige Gründer von Sumer war.

Es scheint demnach klar, dass sich die Verehrung von Hunden bei den Guanchen und bei den Ägyptern im Wesentlichen glich. Howeys Charakterisierung des Hundes als »Pionier des menschlichen Fortschritts auf bisher unbekannten Wegen« deutet auf den Rang des Tieres im Pantheon der wegweisenden Hochkulturen der Welt hin, deren frühe Bewohner mit ihrer treuen Hundegottheit den weiten Weg von den Küsten Marokkos durch die Sahara ins Niltal wanderten. Von den goldenen Hundestatuen der Phäaken über den Hundekult der Guanchen bis hin zur ägyptischen Anbetung des Anubis ist eine Linie von Atlantis im Westen bis in den Osten erkennbar.

Ein Hinweis auf die Bedeutung des Hundes bei Guanchen und Ägyptern findet sich bei den griechischen Anhängern der Orphischen Mysterien, die das Tier als etwas Besonderes betrachteten, da sie glaubten, dass die Seelen tugendhafter Menschen als letzte Phase vor dem Eintritt in den Himmel vorübergehend als Hunde auf die Erde zurückkehren würden.

Die grundlegende Verbindung zwischen den Kanarischen Inseln und dem Niltal ist jedoch nicht auf diese spirituellen Parallelen beschränkt. Es lassen sich auch praktische und technische Vergleiche ziehen. Zum Beispiel sind die Ähnlichkeiten der Mumifizierung bei den Guanchen und den Ägyptern bemerkenswert, wenn man die tausende von Wüstenkilometern bedenkt, die die Inseln im Atlantik vom Niltal trennen. Wesentliche Techniken waren nahezu identisch, auch wenn die Ägypter ein höheres Maß an Raffinesse und Verfeinerung erreichten. Sowohl Guanchen als auch Ägypter balsamierten die Leichen nach einem zeremoniellen Bad ein und entfernten Herz, Lunge und Haare, die gesondert in Kanopenkrügen aufbewahrt wurden. Die Verstorbenen wurden auf ähnliche Weise mit Binden umwickelt, und Speisen, Blumen, Honig und Grabbeigaben wurden als Opfer für ihre Seelen dazugelegt. Das Milchopfer war eine Standardpraxis im Ritual der Guanchen, so wie auch die Ägypter zu Ehren von Eset, dem Erfinder der Mumifizierung, Milch ausgossen. Interessanterweise wurden die Leichenbestatter bei den Guanchen wie auch in Ägypten von der übrigen Gesellschaft verachtet.

Howard Reid, dessen jüngste Untersuchungen zur antiken Mumifizierung wahrscheinlich zugleich auch die umfassendsten sind, stellt fest:

> »Die Guanchen, die die Sonne verehrten und Mumien herstellten, hatten mit den alten Ägyptern ziemlich viel gemeinsam, mehr als der Zufall erklären könnte. Obwohl ich mehrere Jahre lang weltweit Mumienkulturen studiert habe, habe ich noch keine anderen Völker getroffen, deren Methoden den ägyptischen Techniken so stark ähnelten.« (Reid 1999, 149)

Reid berichet, wie sehr eine Archäologin bei der Untersuchung einer Guanchen-Mumie von der Ähnlichkeit der Haartracht mit der von Mumien im fernen Niltal überrascht war: »Ihre unmittelbare Reaktion war, dass die Haare nach dem Tod fast genauso hergerichtet wurden wie bei den Mumien der alten Ägypter« (Reid 1999, 161). Auch andere Praktiken und Traditionen der Guanchen entsprachen denen Ägyptens. Wie in Ägypten erzielte das Trepanieren (eine Art primitiver Gehirn- oder Schädeloperation) bei den Guanchen hohe Erfolgsraten. Sogar traditionelle Griffe des Guanchen-Ringkampfes werden in zahlreichen Beispielen ägyptischer Tempelkunst identisch dargestellt. Als Reid und seine Begleiterin, die Archäologin, auf Gran Canaria eine Aufführung der Kampfkünste der Guanchen sahen, bemerkte sie dazu: »Das ist genau wie der Stockkampf, den man an den Wänden des Tempels von Ramses III. in Medinet Habu sehen kann, unweit des Tals der Könige. Es ist identisch« (Reid 1999, 156).

Diese an Ägypten erinnernden Einflüsse auf den Kanarischen Inseln weisen besonders auf eine atlantische Verbindung hin. Die Sprache der Guanchen selbst ist bei all ihren zahlreichen indogermanischen Verwandtschaften den frühesten hamitischen Dialekten des Alten Ägypten sehr ähnlich. Diese sprachlichen Übereinstimmungen werden durch einen Bericht des Smithsonian Instituts ergänzt, der »die eigenartig ägyptische Gesichtsform einer der Frauen« (Gambier 1903, 111) kommentierte, die kurz nach der Ankunft der Spanier skizziert wurde.

Der überzeugendste Vergleich zwischen den Kanarischen Inseln und Ägypten betrifft jedoch die Pyramiden, die in diesen beiden Teilen der antiken Welt zu finden sind. Auch wenn die Pyramiden von Teneriffa in viel kleinerem Maßstab als die der pharaonischen Hochkultur errichtet wurden, ähneln sie frühen ägyptischen Mustern, wie Djosers Stufenpyramide in Sakkara. Kanarische Pyramidenstile variierten aus ungeklärten Gründen von Insel zu Insel. Während auf Teneriffa Stufenpyramiden anzutreffen sind, gibt es auf Lanzarote, der kanarischen Insel, die Nordafrika am nächsten liegt, ein konisches Design. Hier errichteten die Guanchen hohe, spitze Bauten, die an Sonnenuhren erinnern. Anscheinend hat die seismische Instabilität auf Lanzarote alle Kegel bis auf einen umgestürzt, der aus schwarzem, weißem und rotem Vulkangestein besteht. Er steht in der Nähe des Meeres in einem Park der Stadt Arrecife.

Zwei Pyramiden in gutem Zustand finden sich noch immer auf entgegengesetzten Seiten von Teneriffa, in Güímar und in der Nähe der Stadt Icod de los Vinos. Beide Bauwerke sind auf den Sonnenaufgang zur Sommersonnenwende hin ausgerichtet. Eine knapp vierzehn Meter hohe Steinpyramide mit sieben Stufen, die zu einer flachen Spitze führen, kann noch auf La Palma besichtigt werden. Alle drei Pyramiden der Kanarischen Inseln wurden bewusst zwischen dem Meer und einem Vulkanberg errichtet. Sie sind von den Ruinen der terrassenförmig angelegten Felder umgeben, die große Ähnlichkeiten mit den landwirtschaftlichen Techniken der Inka- sowie der Prä-Inka-Kulturen Südamerikas aufweisen.

Wie ihre ägyptischen Gegenstücke sind die Pyramiden der Kanarischen Inseln Verbindungen zur Geschichte von Atlantis. Im Zentrum des religiösen Glaubens der Guanchen stand die Befürchtung, dass ihre Hauptpyramide einstürzen und dadurch das Versinken der gesamten Insel im Meer ankündigen würde. Ein Teil ihrer Litanei, die von der Hälfte der versammelten Gemeinde gesungen wurde, lautete: »Ee Iguida, ee Igan, Idafe!« (»Sie wird einstürzen, Idafe!«). Idafe, der Geist der Pyramide, antwortete durch die andere Hälfte der Gemeinde: »Gueguerte, ee guantaro!« (»Opfere ihr, und sie wird nicht einstürzen!«). Es scheint, dass eine frühere Katastrophe die Guanchen so stark beeindruckt hatte, dass sie ein Ritual gegen deren Wiederholung in ihre religiösen Zeremonien aufnahmen.

Der früheste, in Heliopolis überlieferte ägyptische Schöpfungsmythos berichtet, wie Ra Götter und Menschen von einem Urhügel im fernen Westen wegführte, weil er prophezeit hatte, dass dieser im Meer versinken würde. Das religiöse Denken der Guanchen war von einer ähnlichen bevorstehenden Katastrophe geprägt. Um diese abzuwehren, sprang die Harimagada, eine Gruppe »heiliger Jungfrauen«, jedes Jahr freiwillig in den Ozean. Die Harimagada war aus einer mündlichen Überlieferung der Guanchen entstanden, die an eine Epoche erinnerte, in der die Kanarischen Inseln Teil einer größeren Heimat waren, die im Ozean verloren ging. Nur wenige ihrer Vorfahren überlebten die Katastrophe, indem sie auf den Gipfel des Teide kletterten. Die letzte Zeile des Guanchen-Flutepos lautet: »Janege quayoch, archimenceu no haya dir hanido sehec chungra petut.« (»Der mächtige Vater des Vaterlandes starb und ließ die Einwohner als Waisen zurück.«)

Diese offensichtlichen Hinweise auf die Atlantis-Geschichte waren vor der Ankunft der europäischen Christen, die jeden Aspekt der einheimischen Kultur verteufelten, bei den Guanchen noch in weit größerer Detailtreue erhalten. Das vielleicht aufschlussreichste Material, das die Guanchen mit Atlantis verbindet, findet sich bei heutiger Recherche im *Tois Aethiopikes* des römischen Schriftstellers Marcellus aus dem Jahre 45 nach Christus:

> »Historiker sprechen von den Inseln der Proserpina und drei weiteren Inseln von immenser Größe, von denen die erste dem Pluto, die zweite dem Ammon und die dritte dem Neptun geweiht war. Die Bewohner der letzteren hatten eine von ihren Vorfahren überlieferte Erinnerung an die Insel Atlantis bewahrt, die außerordentlich groß gewesen war und lange Zeit über alle Inseln des atlantischen Ozeans geherrscht hatte. Atlantis war ebenfalls dem Neptun geweiht.«

Marcellus beschreibt atlantische Inselgruppen, die in der Neuzeit als Azoren, Kanaren und Madeira bekannt sind. Passenderweise spielen die von ihm erwähnten Götter Pluto und Neptun (griechisch Hades beziehungsweise Poseidon) eine wichtige Rolle im atlantischen Drama: Ersterer entspricht dem Teide auf Teneriffa, während Poseidon in Platons Bericht Atlantis erschuf. In diesem Fragment aus *Tois Aethiopikes* erfahren wir, dass die Guanchen noch in der römischen Kaiserzeit »eine von ihren Vorfahren überlieferte Erinnerung an die Insel Atlantis bewahrten«.

Plinius der Ältere stützt Marcellus' Beschreibung der Guanchen, indem er berichtet, dass es sich tatsächlich um die Nachfahren derer handelte, die die Katastrophe überstanden, die ihre Hauptstadt versenkt hatte. Ein griechischer Philosoph schreibt 410 nach Christus, dass die Geschichte von Atlantis immer noch von den Einwohnern der Inseln der Seligen, eine Tagesreise vor der Küste Mauretaniens, erzählt wurde. Ein Jahrhundert später beschreibt Kosmas Indikopleustes die Kanaren in seinem Werk *Topographia Christiana* als »das Land, in dem die Menschen vor der Sintflut lebten«, und Don Inigo, ein Chronist der Eroberung der Kanarischen Inseln aus dem frühen sechzehnten Jahrhundert, gab an, dass der Adel der Guanchen behauptete, von den frühesten Königen von Atlantis abzustammen.

Die Ureinwohner Gran Canarias begrüßten die Spanier zunächst (bis zu ihrer unvermeidlichen Enttäuschung) mit Begeisterung, da sie glaubten, sie seien die Erfüllung einer uralten Prophezeiung von einem »großen weißen Schiff«, das von einem Seekönig gesandt würde, um den Inseln neuen Glanz zu verleihen. War dies eine Erinnerung an die goldenen Tage des Atlantischen Reiches, die durch die Volkstradition am Leben erhalten worden war? Vielleicht war es das nie erfüllte Versprechen eines »Seekönigs« nach der Zerstörung von Atlantis, eines Tages zurückzukehren.

Wie die Atlanter in Platons Bericht versammelten sich auch die Guanchen zum Gebet auf ägyptische Weise mit erhobenen Armen und offenen Handflächen in einem Kreis um eine heilige Säule, einen Dolmen. Die Christen stürzten alle Dolmen um, die sie finden konnten, doch mindestens ein Exemplar im Barranco de Valeron auf Teneriffa blieb erhalten. Wie der Platz des königlichen Rates in Platons Beschreibung des Tempels von Poseidon im innersten Zentrum von Atlantis, so war auch der Tagoror (Versammlungsplatz) der Ort, an dem sich die Guanchenfürsten trafen, wo Gesetze verkündet und wichtige Fragen des Staates erörtert wurden.

Eine andere Parallele zu den Guanchen, die direkt aus *Kritias* stammt, waren ihre »Efeguen«. Diese ungewöhnlichen Tempel wurden größtenteils von den christlichen Eroberern zerstört, aber zuverlässige Augenzeugenberichte (wie die persönlichen Beobachtungen von Galindo, einem gebildeten spanischen Armeekommandanten des späten fünfzehnten Jahrhunderts, zitiert in Mercer 1973, 104) bestätigen ihren atlantischen Charakter. Ein Efegue wies eine Struktur auf, die dem konzentrischen Entwurf ähnelte, den Platon als Kennzeichen der heiligen Architektur von Atlantis ansah. Es bestand aus zwei kreisförmigen Wänden, einer kleineren innerhalb einer größeren, mit einem erhöhten Altar in der Mitte, genau wie der Altar von Poseidon im Zentrum der konzentrischen Mauern von Atlantis. Außerdem wurden viele Efeguen aus rotem, weißem und schwarzem Stein erbaut – also nach demselben Farbschema, das gemäß Platon von den Atlantern bevorzugt wurde.

Der am besten erhaltene Tempel dieser Art befindet sich in Las Palmas. Seine einzigartige Anlage ist nur mit der Architektur der ozeanischen Hauptstadt Platons vergleichbar. Die Nähe der Kanarischen Inseln zum vermuteten Ort von Atlantis und die Erinnerung der Guanchen an die untergegangene Hochkultur sprechen dafür, dass Platons *Kritias* Geschichtsschreibung darstellt und keine Allegorie ist. Die Ruinen von Las Palmas und die wichtigste Stadt des Atlantischen Reiches wurden zweifellos im selben architektonischen Stil erbaut. Die monumentale Guanchen-Baukunst ist ein greifbarer Beweis dafür, dass tatsächlich atlantische Bauformen existierten, und zwar in dem Bereich des Ozeans, den Platon erwähnt. Damit sind die antiken Überreste von Las Palmas ein Beweis für die atlantische Zivilisation.

Weniger dramatische materielle Beweise unterstreichen die Präsenz von Atlantis auf den Kanarischen Inseln. Einige der häufigsten prähistorischen Töpferwaren auf Gran Canaria weisen stilisierte Griffe auf, die an die Hörner eines Stiers erinnern und auf das antike Kreta hindeuten, während die Mehrheit der Töpferwaren auf Teneriffa laut einem Bericht der Smithsonian Institution »den Einfluss der frühen etruskischen Kunst« zeigt. Die *Labrys*, die Doppelaxt, die sowohl für die Minoer als auch für die Etrusker steht, taucht auf den Kanaren ebenfalls auf. Wie auf Kreta und in Etrurien gibt es auf Teneriffa *Tumuli* oder steinerne Grabhügel; in ihnen wurden die *Sigones*, auserwählte Adlige der Guanchen, beigesetzt.

In Las Palmas wird immer noch der prähistorische *Canario* aufgeführt, ein Volkstanz, der der osteuropäischen Hora sehr ähnlich ist. Dieser Kreistanz hat eine uralte Tradition. Er war einst in ganz Kleinasien populär und wird vor allem mit den Trojanern der Spätbronzezeit, also vor mehr als dreitausend Jahren, in Verbindung gebracht. Es gibt auch einen obskuren Ziegenkult der Guanchen, der sich bis zu den Dardanern – Verbündeten der Trojaner – zurückverfolgen lässt. Die *Faycag*, Priester-Richter der Guanchen, trugen eine *Anepa*, einen Zeremonienstab, als Rangabzeichen, der dem von etruskischen, hethitischen und trojanischen Auguren getragenen *Lituus* entsprach.

All diese verschiedenen sprachlichen, architektonischen, mythischen und kulturellen Spuren germanischen, berberischen, ägyptischen, römischen, minoischen, hethitischen, trojanischen und etruskischen Ursprungs, die auf den Kanarischen Inseln in Erscheinung treten, können nicht mit der ersten Besiedlung aus dem Osten gekommen sein. Diese Einflüsse breiteten sich vielmehr vom Westen aus über Kontinentaleuropa, das Niltal, den Nahen Osten und Kleinasien aus. Ihre weitreichende Wirkung ist auf die Massenmigration von Kulturträgern zurückzuführen, die eine dynamische, ja wegweisende Zivilisation aus Richtung des Atlantischen Ozeans mitbrachten. Und nur eine große Naturkatastrophe konnte dort eine ganze Bevölkerung entwurzeln und in die gesamte Welt abwandern lassen.

In der Tat erzählen die ältesten Überlieferungen all jener Völker von Vorfahren, die nach einer großen Sintflut eintrafen, die eine frühere Hochkultur im äußersten Westen ausgelöscht hatte. Die Kanarischen Inseln waren dem Epizentrum der kulturellen Verbreitung am nächsten, was die Vielfalt der Motive bei den Guanchen erklärt. Sie waren selbst Atlanter und wohnten in einem der nächstgelegenen Außenposten der Inselhauptstadt. Die Kanaren liegen in der Mitte zwischen Atlantis, Nordafrika, dem Mittelmeer und den Hochkulturen im Osten.

Zu den am besten identifizierbaren Überresten des atlantischen Materials der Guanchen gehören ihre gewaltigen Wälle. Eine riesige Mauer verlief neunzehn Kilometer lang und teilte die Insel Lanzarote in zwei Hälften. Eine andere durchschneidet Fuerteventura noch heute. Henry Myhill schreibt in seinem Buch über die Kanarischen Inseln: »Alle architektonischen Funde der letzten Jahre auf den Kanarischen Inseln belegen, dass diese Inseln die Außenposten einer früheren Hochkultur waren, wenn auch provinziell und barbarisch. Es wurden große, stadtähnliche Siedlungen entdeckt; imponierende Gräberfelder und Inschriftenfunde kommen immer wieder zutage« (Myhill 1968, 27).

Beispiele für Inschriften der Guanchen sind immer noch auf den Kanarischen Inseln zu finden, aber keine wurde bislang übersetzt. Ein herausragendes Beispiel steht nahe der Küste in Richtung Afrika auf der Insel Lanzarote. Auf einem 3,5 Meter hohen Monolithen erscheinen mehrere Inschriftenzeilen unterhalb von fünf konzentrischen Kreisen, die sechs Felder voneinander trennen – möglicherweise eine Darstellung von Atlantis selbst, denn die Fünf und die Sechs wurden von den Atlantern laut Platon als heilige Ziffern betrachtet und in ihre Stadtplanung einbezogen.

Die historischen Guanchen sind nicht weniger rätselhaft als die Atlanter selbst, von denen die »Gorgonen« abstammten. Doch es sind genug Überreste ihres Erbes erhalten, um zu belegen, dass Atlantis tatsächlich existiert hat. Dies drückt sich besonders deutlich in der wichtigsten Gottheit der Guanchen aus. Der Montaña de las Cuatro Puertas auf Gran Canaria war der heilige Wohnsitz ihres höchsten Wesens, Ataman, der Erhalter von allem, der – genau wie Atlas – als ein Berg dargestellt wurde, der Himmel und Erde trennte. Eine wiederkehrende Petroglyphe, die vor allem in prähistorischen Höhlen zu finden ist, stellt den Gott dar, der den Himmel auf seinen Schultern trägt, was diese gemeinsame Identität unterstreicht. Der Ataman der Guanchen und der griechische Atlas waren zweifellos ein und dieselbe Gestalt, nämlich der erste König von Atlantis.

ZEHN

Kinder von Atlantis

Auf der Insel Atlantis hatte sich eine mächtige und bemerkenswerte Dynastie von Königen herausgebildet, die Europa bis nach Westitalien regierte.

PLATON: *TIMAIOS*

Im Zentrum von Atlantis befand sich laut Platon der monumentale Tempel des Poseidon. Der reich verzierte Bau aus Stein und Edelmetall enthielt eine Kolossalstatue des Gottes, die in einem riesigen Wagen stand, der von sechs geflügelten Pferden gezogen wurde. Eine kleinere Version dieses atlantischen Werkes ist noch im Etruskischen Museum in Rom zu sehen. Ein weiteres Exemplar ist im Museum von Tarquinia ausgestellt (siehe Abb. 10.1). Poseidons Figur fehlt bei diesen Terrakotten; es ist jedoch bekannt, dass beide ursprünglich Tempel des Meeresgottes schmückten. Das Werk aus Praeneste (heute Palestrina) wurde irgendwann im frühen sechsten Jahrhundert vor Christus von etruskischen Handwerkern gefertigt. Doch wer waren die Etrusker? Und wieso machten sie Kopien der wichtigsten Statue von Atlantis?

Die Etrusker waren ein vorrömisches Volk, das ab etwa 800 vor Christus das westliche Italien beherrschte. Eine frühere Periode, die einst von Archäologen als Villanova bezeichnet wurde und von der sie annahmen, dass sie eine andere Kultur darstellte, gilt heute als eine frühe etruskische Phase, die fünf Jahrhunderte zuvor begann. Um 750 vor Christus bezieht sich der frühklassische Historiker und Mythologe Hesiod in seiner *Theogonie* auf »die berühmten Tyrsenoi« (griechische Bezeichnung für die Etrusker). Er erklärt, sie seien die ersten Zivilisatoren in Italien gewesen sowie außergewöhnliche Seefahrer, die eine mächtige Seemacht begründeten, die das westliche Mittelmeer bis zum Aufstieg Karthagos beherrschte. Es gibt auch Berichte darüber, dass sie gegen phönizische Seeleute um die fernen Azoren im Atlantik kämpften, rund eintausendvierhundert Kilometer vom europäischen Festland entfernt.

Archäologen wissen, dass die Etrusker prächtige Städte errichteten, in denen architektonische Meisterleistungen zu finden waren, wie der hundert Meter hohe Turm des Etruskerkönigs Lars Porsenna, in dem ein halbes Dutzend gewaltiger Bronzeglocken hingen. Sie produzierten hochwertige Bronze in einem beispiellosen Maßstab. Als römische Truppen 280 vor Christus die etruskische Stadt Volsinii eroberten, beschlagnahmten sie nicht weniger als zweitausend Bronzestatuen. Im Jahr 205 vor Christus versorgte die etruskische Stadt Arretium die Invasionsflotte von Scipio Africanus in fünfzehn Tagen mit dreißigtausend Schilden, fünfzigtausend Speeren und vierzig voll ausgestatteten Kriegsschiffen. Zu den wertvollsten Besitztümern des New Yorker Kunstmuseums gehört ein vollständig erhaltener etruskischer Wagen aus Bronze, der mit Gold- und Silberauflagen verziert ist.

Die Leistungen der Etrusker gingen aber weit über die Bronzeproduktion und -gestaltung hinaus. Sie liebten Musik und versammelten große Gruppen von Harfenisten, Lautenspielern, Flötisten, Schlagzeugern, Trompetern, Pfei-

Abb. 10.1. Dieses Paar geflügelter Pferde aus einem etruskischen Tempel entspricht exakt Platons Beschreibung der Pferde, die Poseidons Wagen zogen. Die vollständige Skulptur stand im Zentrum von Atlantis. Laut Platon besetzten die Atlanter im Zuge ihrer Kolonialisierung auch Westitalien, wo sie zu den Vorfahren der Etrusker wurden.

fern, Sängern und anderen Künstlern zu den möglicherweise ersten Orchestern der Geschichte. Die erhaltene etruskische Grabkunst ist ebenso raffiniert, lebendig und dynamisch. Die etruskische Reiterei war unübertroffen in ihrer Pracht und Vielseitigkeit.

Die Ruinen vieler etruskischer Städte werden heute immer noch besucht und erforscht. Tausende Artefakte sind in Museen und Privatsammlungen auf der ganzen Welt verstreut. Dennoch sind die Etrusker das größte Rätsel der europäischen Archäologie. Obwohl es zahlreiche Relikte ihrer Schriftsprache gibt, widersetzt sie sich nach mehr als einem Jahrhundert wissenschaftlicher Bemühungen immer noch der Übersetzung, bis auf die gelegentliche Entzifferung eines wichtigen Namens.

Um die Verwirrung komplett zu machen, bezeichneten die Etrusker sich selbst als *Rasna*. Die Forscher sind sich uneins, ob dieser Begriff tatsächlich ein Eigenname oder lediglich eine Beschreibung ist. Mit anderen Worten, wenn man die Etrusker Rasna nennt, könnte das so sein, als würde man das gesamte deutsche Volk von 1900 als »die Kaisers« bezeichnen, obwohl nur der Herrscher ein Kaiser war. Eine als Rassenna bekannte Gebirgskette befindet sich in der Nähe der antiken Stadt Arretium, deren etruskische Bewohner maßgeblich zum römischen Krieg gegen Karthago beigetragen haben.

Die Ursprünge der Etrusker sind nicht weniger rätselhaft. Einige Forscher vermuten, dass sie autochthone Bewohner Italiens waren, doch ihr plötzliches Auftreten zu Beginn des zwölften Jahrhunderts vor Christus deutet auf anderes hin. Herodots Behauptung, dass die Etrusker aus Lydien im Südwesten Kleinasiens stammten, wird heute immer noch diskutiert.

Die Ägypter kannten sie schon viel früher, denn Pharao Merenptah zählte sie zu seinen schlimmsten Feinden, den berüchtigten Seevölkern. Von seinem Nachfolger Ramses III. werden sie erneut erwähnt, als er gegen die gleiche Allianz von Invasoren zu kämpfen hatte. Sie tauchen in der Liste der Gefangenen an den Wänden seines Siegestempels als Trs.w oder Twrws.w (die ägyptische Version des griechischen *Tyrsenoi*) auf. Die Identifizierung von Trs.w als Etrusker wird von Ramses selbst unterstützt. Er stellte sie heraus, weil sie aus dem Nordwesten kamen, aus der Richtung Italiens, im Gegensatz zu den übrigen Seevölkern, die von Norden und Nordosten her angriffen. Die Trojaner waren Teil der atlantischen Konföderation, die in das Nildelta einfiel, und *Rasnes* oder *Rasne* – der Name der Etrusker für sich selbst – bezieht sich in der trojanischen Sprache auf »öffentliche Angelegenheiten«.

Von den zehn möglichen Ursprüngen der Gründung Roms, die von Plutarch im Kapitel »Romulus« in seinem Werk *Römische Heldenleben* aufgezählt werden, sind zwei identifizierbar atlantisch. Er berichtet, dass die Menschen am Pelasgischen Meer, »die über den größten Teil der bewohnbaren Welt gewandert waren und zahlreiche Nationen unterworfen hatten, sich hier niederließen und die Stadt nach ihrer eigenen großen kriegerischen Stärke ›Rom‹ nannten«. Vergil stimmt dem bei und meint, »die alten Pelasger waren vor langer Zeit die ersten Bewohner des latinischen Landes«. Er erklärt, dass die Vorfahren der Römer Flüchtlinge aus Troja waren, angeführt vom Prinzen Aeneas, dessen eigener Vorfahr »der gleiche Atlas war, der den Sternenhimmel emporhebt«. Diese Ursprünge erinnern an den Bericht von Ramses III. über die Trs.w-Invasoren, die er restlos aufrieb, sowie an ältere griechische Hinweise auf die kulturbringenden Pelasger.

Der Grieche Plutarch fährt fort: »Einige sagen wiederum, dass Roma, nach der die Stadt benannt wurde, die Tochter von Italus und Leukaria war.« Italus ist die lateinische Version von Atlas, während Leukaria eine Meeresgöttin war, eine der Sirenen, und eine andere Bezeichnung für Leukippe, die höchste Frau von Atlantis.

Platon erklärt schließlich, dass der Einfluss von Atlantis in Europa sich bis nach Westitalien erstreckte, wodurch die Etrusker in die ozeanische Allianz einbezogen sind, die die Ägäis und Ägypten bedrohte. Seine Charakterisierung dieser Ereignisse als Atlantischer Krieg passt perfekt zu Homers Trojanischem Krieg und zu Ramses' Invasion der Seevölker. In der Tat zeigen alle drei Quellen unterschiedliche Aspekte derselben Konfrontation. Die Trs.w waren Verbündete der Seevölker, die nach der Niederlage und endgültigen Zerstörung von Atlantis zurück nach Italien segelten, wo sie als Etrusker die Macht übernahmen.

Die Seestreitmacht, die sie von Etrurien aus befehligten, und ihre Errungenschaften in der Stadtplanung, der Baukunst, der Herstellung von Bronze sowie im Kunsthandwerk waren alle im wahrsten Sinne des Wortes atlantisch. Die Ruinen der etruskischen Städte bei Fiesole, Volterra, Tarquinia und Sutri weisen alle die gleiche Art konzentrischer Mauern mit Wachtürmen und Verbindungsbrücken über Kanälen auf, wie sie Platon für Atlantis beschreibt.

Die etruskische Kultur florierte für fast tausend Jahre nach der Katastrophe, die ihre Vorfahren jenseits der Säulen des Herakles überwältigt hatte. Doch schließlich erlagen sie derselben moralischen Dekadenz, die der Zerstörung von Atlantis vorausgegangen war. Sie vermischten sich mit den römischen Eroberern, so dass ihre Sprache und ihre kulturelle Identität schon lange vor dem Zusammenbruch der klassischen Zivilisation verschwunden waren.

Das nachfolgende dunkle Zeitalter verdüsterte auch das atlantische Erbe am anderen Ende des Mittelmeers. Ein Teil dieses Erbes ist noch in der spanischen Stadt Cádiz erhalten, die in der späten Römerzeit als Gades bekannt war. Die Griechen nannten sie zuvor Gadira, vermutlich nach Gadeiros (Caroli 2003), dem zweiten König, der in Platons Bericht über Atlantis aufgeführt ist.

Doch Gadira war nicht die einzige atlantische Stadt auf der Iberischen Halbinsel. Es gab noch Tartessos, dessen genaue Lage jedoch unklar ist – möglicherweise beim heutigen Huelva an der Mündung des Rio Tinto oder nördlich von Cádiz bei der Stätte Asta Regia im unteren Tal des Guadalquivir. Tartessos könnte direkt durch Überlebende entstanden sein, die in großer Zahl über den Ozean kamen. Strabo, der bedeutende römische Historiker, berichtet, dass ein Seevolk die Stadt 1150 vor Christus erbaute, also weniger als fünfzig Jahre nach der endgültigen Zerstörung von Atlantis. Mit dessen plötzlichem Untergang entwickelte sich ein

Machtvakuum in Spanien, das damals Teil des Atlantischen Reiches war. Der imperialen Hauptstadt beraubt, verschob sich das politische Zentrum von Gadira weg, was zum Bau einer neuen iberischen Hauptstadt führte.

Es gibt eine etymologische Ähnlichkeit zwischen den Namen Tartessos und Tyrsenoi (griechisch für Etrusker), und tartessische Bronzen sind den Beispielen aus der etruskischen Stadt Caere nicht unähnlich. Ein noch früherer Name, mit dem die Einwohner von Tartessos sich selbst bezeichneten, ist Turduli, ähnlich wie Tursha, ägyptisch für Trojaner. Die Tursha wurden von Ramses III. unter den Seevölkern aufgeführt, die nach der Wende zum dreizehnten Jahrhundert vor Christus sein Reich angriffen. Eine Beziehung zwischen Turduli und Tursha wird durch die Kopie einer tartessischen Tafel aus der Spätbronzezeit gestützt, die auf der Insel Lemnos, etwa fünfzig Kilometer vor der Küste Trojas, gefunden wurde. Manchmal wurden die alten Iberer alle zusammen auch als Turdentani bezeichnet. Diese Verbindungen belegen das Erbe, das sie alle – Turduli, Etrusker und Trojaner – in ihren Ursprüngen als Seevölker teilten, sowie ihre gemeinsamen Erfahrungen im Atlantischen Krieg.

Während der 1920er Jahre grub die amerikanische Archäologin Dr. Ellen M. Whishaw nach den mutmaßlichen Ruinen von Tartessos an einem düsteren Ort, der lokal als Höhle der Fledermäuse gemieden wurde. Dort fand sie insgesamt zwölf männliche und weibliche Skelette, die in einem Kreis rund um das Skelett einer weiteren Frau in der Mitte angeordnet waren. Aufgrund ihrer Untersuchungen und der kostspieligen Grabbeigaben vermutete sie, dass die Überreste einer wohlhabenden Familie gehörten, deren Mitglieder durch eine Überdosis von Opium Selbstmord begangen hatten. Waren sie Mitglieder des königlichen Hauses von Gadeiros, die aufgrund der Tragödie in ihrer atlantischen Heimat verzweifelt waren? Oder waren sie

Teilnehmer an einem rituellen Opfer, wie es ihre Anzahl und Anordnung andeutet? In der pythagoräischen Numerologie wurde die Zahl Zwölf mit der kosmischen Ordnung in Verbindung gebracht, wie sich an den Tierkreiszeichen, der Anzahl der olympischen Gottheiten, den Arbeiten des Herakles, den Monaten des Jahres usw. erkennen lässt. Dreizehn war die Zahl des Unglücks, weil sie die kosmische Ordnung störte und zu Chaos führte. Könnte die Grablegung in der Höhle der Fledermäuse ein zeremonieller Versuch gewesen sein, die Harmonie einer von der Atlantiskatastrophe zerstörten Welt wiederherzustellen?

Eine Antwort darauf findet sich vielleicht in der Büste einer kunstvoll bekleideten Frau, die 1897 in der Nähe der Stadt Elche unweit des Mittelmeers im Südosten Spaniens gefunden wurde. Sie ist ein bildhauerisches Meisterwerk und mit nichts vergleichbar, was in der römischen, phönizischen oder griechischen Kunst zu finden ist. Die »Dame von Elche« ist ein Produkt der Turduli, der Nachkommen der atlantischen Kolonisten, die Spanien während der späten Bronzezeit in Besitz nahmen. Beweis für diese Zuschreibung ist ein Bronze-Kandelaber, der bei späteren Ausgrabungen gefunden wurde. Das einzige bekannte Gegenstück dazu stammt aus der vermuteten Gegend von Tartessos in der Nähe des Flusses Huelva. Überzeugend ist auch eine einzigartige goldene Halskette aus Tartessos, die mit dem auf der Statue abgebildeten Ornament identisch ist. Diese kostbaren Gegenstände und die aufwendige Kopfbedeckung lassen auf eine Person von öffentlicher Bedeutung schließen. Möglicherweise gehörte sie zum königlichen Haus von Gadeiros zu neo-atlantischen Zeiten in Tartessos. Oder vielleicht war die Dame von Elche auch eine von jenen, die im Selbstmordring der Stadt gestorben sind. War sie die Frau in der Mitte? Ihre Statue verkörpert auf jeden Fall eine Atlanterin in Spanien.

Abb. 10.2. Diese zerbrochenen Säulen in der Nähe des Castelo de São Jorge auf dem höchsten Hügel Lissabons sind alles, was von Elasippos übriggeblieben ist, der atlantischen Kolonialhauptstadt des bronzezeitlichen Portugals, die den Namen des siebten Königs von Atlantis trug.

Als Direktorin der Anglo-Spanish-American School of Archaeology bewies Whishaw besonderen Mut, indem sie erklärte, dass ihrer Ansicht nach »Tartessos mehr oder weniger direkt von ... dem verlorenen Kontinent von Atlantis abstammte« (Whishaw 1924). Ihre Kollegen verurteilten jede ernsthafte Erwähnung der versunkenen Stadt als die schlimmste Form der akademischen Häresie, und ihre Forschung wurde ignoriert. Aber die Namen dieser Kritiker sind inzwischen vergessen, während ihre Arbeiten nach wie vor von unkonventionellen wie auch von etablierten Archäologen beachtet werden.

Sie kam zu ihrer kontroversen Schlussfolgerung, indem sie die Turduli mit Platons Beschreibung der Atlanter verglich. Wie diese waren die Turduli außergewöhnliche Seefahrer, die den Atlantik von Cornwall in Großbritannien bis nach Lixus oder sogar Mogador entlang der nordafrikanischen Küste Marokkos befuhren. Ihre ozeantauglichen Schiffe waren normalerweise mit Ladungen aus Metallbarren schwer beladen. Atlantis galt als das reiche Zentrum des Metallhandels in der Bronzezeit. Auch der Wohlstand von Tartessos gründete auf dem Bergbau. Einer ihrer Könige, Arganthnios (wörtlich übersetzt »Silberlocke«), verkaufte angeblich so viel Edelmetall an phönizische Händler, dass sie sogar einen Schiffsanker aus massivem Silber herstellten. Der Name des Königs leitet sich vom etruskischen Wort für Silber ab, *arcnti*; auch dies eine weitere Verbindung zwischen Tartessos und Etrurien. Tartessos war eine bedeutende Produktionsstätte von Kupfer und Bronze, so wie auch die Atlanter ihren Wohlstand durch die Produktion von Bronze und Orichalcum erlangt hatten. Hesekiel sagt im Alten Testament über Tartessos: »Tarsis hat für dich Handel getieben mit einer Fülle von Gütern aller Art und Silber, Eisen, Zinn und Blei auf deine Märkte gebracht« (Hesekiel 27:12).

Während ihrer Feldzüge, mit denen sie die Iberische Halbinsel ihren Bewohnern zu entreißen suchten, lernten die Römer keltische Traditionen kennen, die besagten, dass ihre herrschende Ahnenklasse von der »Insel der Glastürme« stammte, die bei einer Naturkatastrophe verschwunden war. Ein griechischer Schriftsteller des ersten Jahrhunderts, Timogenes, beschreibt eine weit verbreitete Überzeugung unter den »Barbaren«, dass ihre gallischen Vorfahren von einer verlorenen Insel im Atlantik nach Westeuropa gekommen waren. Die Überlebenden landeten an der Mündung des Flusses Douro und bauten dort ihre erste Stadt, die Hafenstadt Porto. Von dort aus zogen sie durch die Iberische Halbinsel nach Frankreich, wo sie zu den ersten Anführern der Gallier wurden. Diese Geschichte ist nicht ohne historische Grundlage. Eine keltische Siedlung am Douro, die

die Eingeborenen Porto Galli (Hafen der Gallier) nannten, wurde zum römischen Portus Cale, von dem die gesamte lusitanische Provinz schließlich ihren modernen Namen Portugal ableitete. Ihre Hauptstadt Lissabon war zuerst als Elasippos bekannt (siehe Abb. 10.2); das ist der gleiche Name, den Platon dem siebten König von Atlantis zuweist. Im griechischen Mythos ist der Titan Iberus, nach dem die gesamte Halbinsel benannt wurde, der Bruder von Atlas. Nichts davon hätte die Römer überrascht, die alle Iberer als »Kinder von Atlantis« bezeichneten.

ELF

Atlantische Könige in Irland und Wales

In Conans Adern floss das Blut des alten Atlantis.

Robert E. Howard

Wie tief der amerikanische Fantasy-Autor Robert E. Howard (1906-1936) in die vorkeltische irische Folklore eintauchte, um seinen berühmten Barbarencharakter Conan zu erschaffen, lässt sich nur erahnen. Auf jeden Fall erscheint im *Leabhar Gabála Érenn* (»Buch der Landnahmen Irlands«*), der ältesten be*kannten Geschichte Irlands aus der Zeit »vor der Sintflut«, eine Figur namens Conann. Diese Zusammenstellung druidischer und anderer heidnischer Volkstraditionen, die von christlichen Mönchen um 580 nach Christus transkribiert wurden, erzählt, dass Conann eine Festung auf Tory Island vor der Küste von Donegal befehligte, der Grafschaft, deren Name eine Korruption der gälischen Bezeichnung Dún na nGall (»Festung der Fremden«) ist. Dieser Name bezog sich auf Conanns Volk, die Fomorer oder Formorach, Irlands früheste Bewohner, die vor der ersten Sintflut angekommen waren. Sie waren seefahrende Riesen, deren Name »Unter Wellen« bedeutet – ein Hinweis auf ihr ursprüngliches Heimatland Falias, das im Meer versunken war.

Conann und die Fomorer werden auch in den *Annalen von Clonmacnois* erwähnt, laut denen sie von Königin Cessair regiert wurden. Diese war auch als Banba bekannt, was als poetischer Name für Irland gebraucht wurde. Von den drei Schiffen, die vor der Überflutung geflohen waren, entging nur ihr Boot dem Schiffbruch und landete sicher an den Ufern von Cora Guiny. Es trug ihren Vater Bith sowie ein Gefolge von fünfzig Mädchen, die sich um ihr Wohl kümmerten, außerem Ladru, einen weiteren Sohn Noahs, und Fintan, den Chronisten der vorkeltischen Geschichte Irlands.

Drei Jahrhunderte später folgte ihnen das Volk Partholons, ein Stamm von tausend Männern und Frauen, die nach ihrem Anführer benannt waren. Partholon und sein Volk waren die einzigen Überlebenden von Gorias, auch bekannt als Mag Meld (Schöne Ebene), das von einem heftigen Sturm auf den Grund des Ozeans gezogen worden war. Sie hatten Erfahrung mit Entwässerung und begannen damit, die Gegend in Land- und Wasserbezirke einzuteilen, um die Voraussetzungen für eine neue Landwirtschaft zu schaffen. Sie wurden jedoch von den bereits ansässigen Fomorern abgelehnt. Partholons Volk, in zahlreichen Kämpfen besiegt und von Krankheiten geplagt, zog sich schließlich wieder aufs Meer zurück.

Man hörte nie wieder etwas von ihnen; nur eine kleine Gemeinschaft blieb zurück und überlebte noch lange nach dem Verschwinden der Fomorer in Irland.

Die monumentalen Bauprojekte, die diese Einwanderer hinterlassen hatten, wurden schließlich von einer anderen Gruppe von Neuankömmlingen gefunden und genutzt. Die Nemeder kamen aus dem versunkenen Land Finias. Während sie Partholons Entwässerungssysteme um ein Dutzend neue

Seen erweiterten, begegneten auch ihnen die Fomorer, die jedes Jahr zwei Drittel ihrer Ernte sowie viele ihrer Kinder als Tribut forderten. Als Reaktion darauf stürmten die Nemeder Conanns Festung auf Tory Island und erschlugen ihn zusammen mit einer großen Anzahl seiner Gefolgsleute. Ihr Triumph war jedoch nur von kurzer Dauer. Von einer Seuche und einer Reihe von Niederlagen auf dem Schlachtfeld geschwächt, folgten die Nemeder dem Beispiel ihrer unmittelbaren Vorgänger und verließen Irland, um niemals zurückzukehren. Sie zählten nur vierzig Überlebende.

Dann wurde Irland von neuen Einwanderungsströmen aus dem versunkenen Murias überschwemmt. Zuerst landeten die Fir Bolg. Anstatt die ansässigen Bewohner zu bekämpfen, schloss Breas, der König der Fir Bolg, ein Bündnis mit ihnen, indem er eine Fomorer-Prinzessin heiratete. So waren die beiden Völker gegen die gemeinsame Bedrohung vereint, als die Túatha Dé Danann die Küsten stürmten. Diese Anhänger der Göttin Danu waren zwar zahlenmäßig unterlegen, besiegten aber dennoch die Koalition in einer großen Schlacht. Ein Teil der Fir Bolg, die Galioin, schworen den Tuatha Treue, aber die übrigen Überlebenden flohen auf die vorgelagerten Inseln Man, Aran, Islay und Rathlin. Die dort noch stehenden steinernen Ruinen werden gemeinhin mit den Fir Bolg in Verbindung gebracht. Anschließend herrschten die siegreichen Túatha Dé Danann friedlich über das vereinte Irland, bis eine letzte Welle vorkeltischer Invasoren ankam: die Milesier, die von ihrem namensgebenden Herrscher Miled angeführt wurden.

Die Kelten, die sechs Jahrhunderte später aus Kontinentaleuropa kamen, übernahmen das gesamte Vermächtnis aller Invasionen im alten Irland. Der letzte Dichter-König der Fir Bolg zum Beispiel war Fathach, von dessen Namen der irische Ausdruck für Druide, Fathi, abgeleitet ist. Die keltischen Gene, ihre Traditionen und ihre Mystik waren stark von den früheren Bewohnern beeinflusst. Die gedemütigten Fomorer dienten weiterhin als Hohepriester und Priesterinnen in den Megalithstätten Irlands, die ihre Vorfahren errichtet hatten.

So jedenfalls wird die prähistorische Vergangenheit im *Leabhar Gabála Érenn* (»Buch der Landnahmen Irlands«) dargestellt. Auch wenn die meisten Forscher das Buch für eine reine Sammlung historisch unbelegter Legenden halten, räumen sie doch ein, dass zumindest einzelne Hinweise auf die Bronzezeit und sogar auf das Neolithikum in den Texten aufblitzen. Das *Leabhar Gabála Érenn* ist jedoch weit aufschlussreicher, als die Skeptiker glauben.

Es ist nichts weniger als eine Chronik wichtiger Ereignisse vor der Geburt des keltischen Irlands um 600 vor Christus, erzählt in Begriffen der atlantischen Erfahrungen. Jede »Landnahme« entsprach einer der Einwanderungswellen, die über die Insel hinweggingen, von der ersten Katastrophe Ende des vierten Jahrtausends bis zur endgültigen Zerstörung von Atlantis um die Wende des dreizehnten Jahrhunderts vor Christus. Der altirische Bericht erzählt von vier verlorenen Städten – Falias, Finias, Gorias und Murias –, die jeweils mit einem der Völker in Verbindung gebracht werden können, die vor den Kelten in Irland eintrafen.

Dabei entspricht das Geschilderte nicht nur den griechischen und indianischen Traditionen hinsichtlich derselben vier Fluten, jede Flut fällt auch mit einem der Kataklysmen zusammen, die erst kürzlich von der Wissenschaft nachgewiesen wurden. Die früheste im Jahr 3100 vor Christus korrespondiert mit Irlands ersten Einwanderern, den Fomorern. Die Katastrophe von 2193 vor Christus steht in Verbindung mit Partholon, gefolgt von den Nemiden im Jahre 1629 vor Christus. Die endgültige Zerstörung von Atlantis löste dann 1198 vor Christus eine Welle von verschiedenen flüchtenden Völkern aus – Fir Bolg und Túatha Dé Danann.

Die Umwälzungen im späten vierten Jahrtausend auf der Insel des Atlas zwangen die Fomorer, in Irland Schutz zu suchen, wo sie als Überlebende der Flut in Erinnerung blieben. Platon charakterisierte die Atlanter als Titanen, deren mächtige Flotten den größten Teil der Welt eroberten. Den *Annalen von Clonmacnois* zufolge besaßen die Fomorer »eine Flotte von sechzig Schiffen und eine starke Armee«, die ein *Sept* oder einen Teil eines Stammes umfasste, der von Chem abstammte, dem biblischen Sem, einem Sohn Noahs. Sie lebten von »Piraterie und der Beute anderer Nationen und waren in jenen Tagen eine Plage für die ganze Welt«. Der Name, den man ihnen gab, leitet sich ab von *Fomor*, was »Riese« und »Pirat« bedeutet.

In Irland soll es bereits vor der großen Sintflut zu einer ersten Ansiedlung der Fomorer gekommen sein, aber ihr Vermächtnis setzte sich in der nachfolgenden Geschichte Irlands fort. Von ihnen stammt der häufigste Name im Land: Murphy leitet sich von O'Morchoe oder Fomoroche ab – also von Fomor. Auf dem Murphy-Wappen ist der Baum des Lebens dargestellt, der von einem Greifen als beschützendem Ungeheuer überragt wird und an dem Äpfel hängen – zentrales Element im Garten der Hesperiden (Atlanter). An der Küste im westlichen Teil der Grafschaft Wexford liegt der Mount Ard Ladran, wo Ladru, einer der männlichen Gefährten der Fomorer-Königin Cessair, nach der Überlieferung mit den Überresten ihres Schiffes begraben wurde. Ihr Vater Bith, ein weiterer Sohn Noahs, liegt auf dem Slieve Beagh, einem Berg an der Grenze zwischen den Grafschaften Fermanagh (von Formorach) und Monaghan. Sowohl seine als auch Ladrus Ruhestätte in diesen Berggräbern erinnert an den Berg Atlas ihrer überfluteten Heimat. Königin Cessair selbst wurde auf einem hohen Hügel am Ufer des Flusses Boyne begraben, der bis heute als Cuil Cesra bekannt ist.

Wie um diese Legende zu bestätigen, befindet sich unweit von Cuil Cesra am Boyne eine neolithische Grabanlage: Newgrange, etwa fünfzig Kilometer nördlich von Dublin, ist ein kreisförmiger Hügel mit einem Durchmesser von rund fünfundsiebzig Metern, der von zwölf Megalithen umgeben ist. Zur Wintersonnenwende fällt kurz nach Sonnenaufgang ein Lichtstrahl durch einen Durchbruch über dem Eingang und durch den zwanzig Meter langen Gang in die ansonsten dunkle, sieben Meter hohe Grabkammer, die mit spiralförmigen Mustern verziert ist. Die Radiokarbondatierung von Mörtel, der zur Abdichtung des Daches verwendet worden war, deutet darauf hin, dass Newgrange zeitlich zur Ankunft der ersten Atlanter im späten vierten Jahrtausend vor Christus passt, die als Fomorer in Erinnerung geblieben sind. Die hohen architektonischen und astronomischen Standards, die die Anlage auszeichnen, sowie die hochentwickelten Konzepte von der Wiedergeburt der menschlichen Seele sind nicht aus dem Nichts hervorgegangen und bedurften mit Sicherheit mehr als einiger Generationen kontinuierlicher Entwicklung. Da es keine Nachweise für eine solche Vorbereitung gibt, müssen das Können und die Spiritualität, die Newgrange hervorgebracht haben, von einer fremden Kultur importiert worden sein, die in ihren monumentalen Bautechniken und metaphysischen Ideen bereits weit fortgeschritten war. Irlands mythische Traditionen lassen auf die atlantische Identität dieser Kultur schließen. Obwohl die Fomorer das Monument erbauten, wurde es wohl auch von den erobernden Túatha Dé Danann genutzt.

Newgrange war ursprünglich als *Oengus an Broga*, die »Höhle von Oengus«, bekannt, nach einem Fürsten der Túatha Dé Danann, der die Göttin der Jugend und der Schönheit, Bride, vor der jährlichen Entführung durch Bera, den Herrn der Unterwelt, rettete. Oengus trug sie auf die Insel der Jugend, Tir-nan-Og, deren Name eine weitere Bezeichnung für Murias ist – das Land mitten im Ozean, aus dem die Túatha Dé Danann nach Irland kamen. Diese Namen zeugen von der bleibenden Erinnerung an eine atlantisähnliche Heimat im irischen Bewusstsein. Eine schottische Version des Mythos erzählt, dass der heilige Brunnen von Tir-nan-Og frevelhafterweise geöffnet wurde, was zu einer weltweiten Überschwemmung führte, die die gesamte Insel erfasste. In diesen Volkserinnerungen tauchen nicht nur offensichtliche Bezüge auf, die Newgrange und Atlantis miteinander verbinden, sondern auch die in der griechischen Tradition beschriebene atlantische Flut des Ogyges.

Die Menschen, die die zweite Welle der atlantischen Migration bildeten – die der Katastrophe des Jahres 2193 vor Christus entspricht –, wurden in Irland als das Volk von Partholon beschrieben, wobei Partholon als ihr Anführer galt. Er wurde auch als Bartholon bezeichnet; sein Name war damit eine Kombination aus *bar*, »Meer« und *tolon*, »Wellen«, ähnlich einem anderen Kulturträger auf der anderen Seite des Atlantischen Ozeans, in Peru, nämlich Kon-tiki Viracocha oder »Weißer Mann des Meerschaums«. Er war der Sohn von Baath, dem Meeresgott, ebenso wie Atlas der Sohn des Poseidon war, der Atlantis laut Platon in Ringe aus Land und Wasser unterteilt hatte. Das *Leabhar Gabála* beschreibt, dass auch Partholon Irland in Land- und Wasserflächen untergliederte. Ein Großteil dieses Berichts wurde im späten sechsten Jahrhundert nach Christus von einem der letzten lebenden Nachkommen der Familie Partholon, Tuan MacCairill, erzählt und von dem Mönch St. Finnen niedergeschrieben.

Platon erklärt, dass die Atlanter bei der Schaffung ihres Reiches die Fünf als heilige Zahl betrachteten, was mit der Aufteilung des Landes Irland in fünf Provinzen durch die Fir Bolg übereinstimmt. Die atlantische Identität der Gailioin ist weniger klar definiert – möglicherweise, weil sie gar nicht aus Atlantis stammten. Stattdessen impliziert ihr

Name, dass sie Verbündete der Trojaner in der Konföderation der Seevölker waren, die am Ende der Spätbronzezeit das östliche Mittelmeer heimsuchten. Fir Gailion bedeutet wörtlich »Volk von Ilion«, und Ilion war der Name der trojanischen Hauptstadt. Nach dem Fall Trojas und ihrer Niederlage gegen Ramses III. suchten sie möglicherweise jenseits der Säulen des Herakles im Atlantik Zuflucht vor den sie verfolgenden Griechen. Diese Spekulation mag erklären, warum sie und die Fir Bolg, die direkt vom Debakel im Nahen Osten kamen, einige Jahre vor den Túatha Dé Danann in Irland ankamen.

Diese etwas späteren Anhänger der Göttin Danu waren Flüchtlinge, die nicht vor einem Krieg, sondern vor einer Naturkatastrophe flohen, die ihre Stadt versinken ließ. Ihr Anführer war Ogma von Tir-nan-Og, dem irischen Atlantis. Er führte eine neue, nach ihm benannte Schrift ein – Ogham –, die aus Punkten für fünf Vokale und Linien für fünfzehn Konsonanten bestand. Diese wurden in Natursteine oder in die Wände von Gräbern geritzt, um an die Toten und/oder prominente Besucher zu erinnern. Die ältesten erhaltenen Beispiele der Ogham-Schrift stammen zwar erst aus dem vierten Jahrhundert vor Christus, doch ihre Verbindungen zu runischen und etruskischen Alphabeten deuten auf eine frühere Entstehung hin; ihre Wurzeln scheinen in der Mittel- und Spätbronzezeit zu liegen. Der Importcharakter der Schrift zeigt sich in den Zeichen für *h* und *z* – dies sind nämlich Buchstaben, die im Altirischen nicht vorkommen. Es könnte sich um eine der in Atlantis entwickelten und verwendeten ursprünglichen Schriften handeln, wahrscheinlich aber eher um eine vereinfachte Version der atlantischen Schrift, die man der späteren keltischen Sprache anpasste. Bezeichnenderweise befinden sich die meisten Ogham-Inschriften in Munster, Irlands südlichster, am frühesten bewohnter Provinz, in der die Túatha Dé Danann gelandet sein und ihre erste Siedlung errichtet haben sollen. Ogmas atlantische Herkunft geht aus dem Namen seiner versunkenen Heimat hervor, der Insel der Jugend – Tir-nan-Og.

Einem klassischen Autor, Henry O'Brien, zufolge erreichten die Túatha Dé Danann 1202 vor Christus die Südküste Irlands. Dieses Datum stimmt bemerkenswert gut mit dem Zeitpunkt der endgültigen Katastrophe von Atlantis überein, die um die Wende des zwölften Jahrhunderts vor Christus eintrat. Natürlich wusste O'Brien, der sein Werk 1833 verfasste, noch nichts von den Wandinschriften im ägyptischen Medinet Habu oder der Ozeanographie und Astrophysik des späten zwanzigsten Jahrhunderts, die die endgültige Zerstörung von Atlantis genau in derselben Periode ansetzen, die er allein aus der irischen Volkstradition ableitete. Seine Schlussfolgerungen wurden im folgenden Jahrhundert von einem Landsmann bestätigt, dem führenden Dendrochronologen Mike Baillie, dessen Untersuchungen der irischen Torfmoore ergaben, dass um 1200 vor Christus ein Klimawandel mit katastrophalen ökologischen Folgen stattgefunden haben muss. Baillies Forschungen trugen wesentlich zum wissenschaftlichen Verständnis der weltweiten Katastrophe bei, die das Ende der bronzezeitlichen Zivilisation bedeutete. O'Brien glaubte, dass die seltsamen obeliskenartigen Rundtürme, die überall in Irland anzutreffen sind, von den Túatha Dé Danann errichtet wurden. Er zitierte *Leabhar Mór Leacain*, das »Große Buch von Lecan«, in dem von einem »Tuathan-Turm« berichtet wird. Ruinen einiger solcher Türme wurden passenderweise auch in der Grafschaft Roscommon bei Moytura entdeckt, wo die Túatha Dé Danann ihre unmittelbaren Feinde entscheidend besiegten. Im Irischen ist das Schlachtfeld bekannt als Mag Tuired, »Feld der Türme«.

Die Feindseligkeiten zwischen den verschiedenen atlantischen Gruppen, die doch eben erst einer gemeinsamen Katastrophe entronnen waren, lassen sich möglicherweise durch unterschiedliche Ursprünge erklären, obwohl sie miteinander verwandt waren. Die Túatha Dé Danann erzählten von vier großen Städten – Finias, Gorias, Murias und Falas –, die von einer Naturkatastrophe überrollt und auf den Meeresgrund hinabgerissen wurden. Es handelt sich vermutlich um separate Inseln des atlantischen Reiches und um verschiedene Bevölkerungsgruppen, die sich die Kontrolle über Irland streitig machten. Gorias beispielsweise befand sich wahrscheinlich auf den Gorgon-Inseln, die mit den Kanarischen Inseln assoziiert werden.

Der Gelehrte William O'Flaherty aus dem sechzehnten Jahrhundert gibt an, dass die Milesier, die letzten vorkeltischen Invasoren, vor 1000 vor Christus ankamen. Sein allgemeiner Zeithorizont fällt mit dem spätbronzezeitlichen Atlantis zusammen. Der Anführer der Milesier war Eremon, dessen Name eine sprachliche Abwandlung von Euaemon zu sein scheint, dem vierten König von Atlantis in Platons *Kritias*. Das »Buch der Landnahmen Irlands« berichtet, wie Eremon Tara – irisch Teámhair, benannt nach seiner Frau Tea – als Hauptstadt seines neuen Reiches etablierte. Zusammen mit ihrer Schwester Tephi machte Königin Tea Tara zum spirituellen Zentrum des alten Irlands. Die Frauen werden als Töchter des königlichen Hauses der Inseln der Seligen beschrieben, die im Meer versanken.

Die Hauptgottheit der Milesier, Manannan Mac Lir, war ein Weltenwanderer aus Annwn, das im keltischen Mythos als Land unter den Wellen bekannt ist und dessen Name aus dem brythonischen *an* (Abgrund) und *dwfn* (Welt) zusammengesetzt ist. Annwn war eine befestigte Insel von großer natürlicher Schönheit, mit Süßwasserströmen und einer kreisförmigen Stadt, die von konzentrischen Mauern umgeben war, die üppig mit glänzendem Edelmetall verziert waren. Der zentrale Palast hieß Emhain Ablach, »Emhain der Apfelbäume«. Manannan Mac Lirs zweite Heimat lag jedoch auf der Isle of Man, wo Reel Castle angeblich seine Grabstätte bedeckt.

Obwohl er ein Gott und eigentlich unsterblich war, zog er den Tod der Ewigkeit vor, als Irland christianisiert wurde. Zuvor war er als »Reiter der Meereswogen« auf einem Streitwagen unterwegs und galt als der göttliche Schutzpatron der Seefahrer. Er gründete Llyr-cestre, das heutige Leicester, und war Oberhaupt der »drei wichtigsten heiligen Familien der Insel Britannien«, die in Wales als die Kinder von Llyr bekannt sind.

Die Ähnlichkeiten zwischen Manannan Mac Lir und Poseidon, dem atlantischen Meeresgott, sind unverkennbar. Beide überquerten die Wellen in einem Streitwagen und waren Schutzpatrone der Seefahrer sowie Ahnherren königlicher Familien. Ihre Inseln waren in derselben Weise mit konzentrischen Mauern aus Edelmetallen erbaut; und Emhain Ablach erinnert an Atlas' Garten der Hesperiden mit seinem Baum mit goldenen Äpfeln. Das mittelalterliche Werk *Das Schicksal der Kinder von Tursun* beschreibt ebenfalls eine Insel des Glücks, auf der im Garten von Hisberna Bäume mit goldenen Äpfeln wuchsen. In erhaltenen Auszügen aus den verlorenen *Druidenbüchern von Pheryllt* und den *Schriften von Pridian* heißt es, Ynys Avallach oder Avallenau sei »älter als die Sintflut, die die gesamte restliche Menschheit überwältigt hat«.

Avallenau war der Name der keltischen Göttin der Obstgärten, was die Verbindung der Hesperiden mit Atlantis bestätigt. Avalon wurde auch als Ynys Witrin bezeichnet, die Glasinsel, und war eine Insel der Toten und früher der Ort eines großen Reiches im Atlantik. Dies ist die gleiche Geschichte, die die portugiesischen Gallier als ihren Gründungsmythos erzählten. Eine andere irische Erinnerung an Atlantis, die in der Geschichte der »Reise von Maeldune« erhalten ist, erwähnt die Insel der Äpfel. Der Brite Geoffrey of Monmouth stellte in seiner *Vita Merlini* aus dem zwölften Jahrhundert einen Ort mit gleichem Namen dar, den er zusätzlich als »glücklich« bezeichnete. Atlantis wurde von Platon sowie anderen klassischen Schriftstellern (Strabo, Plinius, Aelian etc.) oft auch »Glückliche Insel« genannt.

In mehreren weiteren irischen Epen wird Atlantis in Erinnerung gerufen, darunter *Brans Seefahrt*. Diese Geschichte erzählt von

> »... einer fernen Insel mit einer Ebene, auf der die Gastgeber Spiele und Pferderennen abhalten. Säulen aus weißer Bronze strahlen durch Äonen der Schönheit. Es ist in allen Zeitaltern ein schönes Land, ein silbernes Land, mit Drachenstein und kristallenem Regen. Süße Musik trifft das Ohr.«

Diese Darstellung ähnelt stark Platons Beschreibung der Insel Atlantis, von ihrer weiten Ebene bis hin zu ihren Pferderennen. »Säulen aus weißer Bronze« lassen auf Orichalcum schließen, die hochwertige goldfarbene Bronzelegierung, die Platon als das außergewöhnliche Produkt der atlantischen Metallurgie bezeichnet. Orichalcum wird auch in anderen irischen Berichten über Atlantis erwähnt, wie zum Beispiel in den *Reisen des O'Corra* aus dem neunten Jahrhundert, eine Geschichte, die von einem glänzenden Metall erzählt, *Findrine*, das keinem anderen gleicht und bei der Insel Formigas zu finden ist. Die Insel

> »... war von einer Mauer aus Kupfer umgeben. In der Mitte stand ein Palast, aus dem eine wunderschöne Jungfrau mit Sandalen aus Findrine an ihren Füßen heraustrat, die einen goldfarbenen Umhang trug, der mit hellem, getöntem Metall überzogen war und am Hals

> von einer Brosche aus purem Gold zusammengehalten wurde. In der einen Hand hielt sie einen kupfernen Krug und in der anderen einen silbernen Kelch.«

Auch hier trifft man auf den zentralen Palast, der von metallbeschlagenen Mauern umgeben ist, mit seinem charakteristischen Metallreichtum, insbesondere in Bezug auf Kupfer, wie in Platons *Kritias* beschrieben.

Das einzigartige Metall taucht auch in *Die Reise von Mael Duin* auf, wo es als *Bath* bezeichnet wird. Der seefahrende Mael Duin landet auf »einer großen, hohen, schildförmigen Insel mit Terrassen ringsum, die sich hintereinander erheben«. Als Mael Duin die Insel erkundet, findet er »eine breite, grüne Rennstrecke«. Aber es gab noch mehrere andere Inseln in der Nähe. Die nächste, die er besuchte, war die oben erwähnte Insel der Äpfel. Eine dritte bestand aus einer Stadt, die von einer hohen Mauer umgeben war, während eine vierte durch eine mächtige Mauer aus glänzendem Messing in der Mitte geteilt wurde. Die letzte Insel besaß nicht weniger als vier konzentrische Mauern, die sich ringförmig umschlossen. Die äußere Mauer war mit Gold verziert, die zweite mit Silber, die dritte mit Kupfer und die innerste Mauer mit Kristall. Aus der Beschreibung geht hervor, dass es sich bei den vier Inseln, die Mael Duin besuchte, nicht um separate Orte handelte, sondern um abwechselnde Land- und Wasserringe auf einer großen Insel – also Inseln innerhalb von Inseln, in derselben konzentrischen Anordnung, wie sie Platon mit Bezug auf Atlantis beschreibt.

Andere Erzählungen beschreiben ähnliche Orte, wie Rath-cruachain, eine kreisförmige Befestigungsanlage mit an der Basis fast vier Meter dicken Mauern, umgeben von fünf umlaufenden Stadtmauern. Ein Palast aus Bronze, Gold und Silber war das Zentrum der festungsartigen Stadt, die eines Tages im Meer verschwand. Sogar die atlantische heilige Ziffer taucht in den fünf Mauern von Rath-cruachain wieder auf.

Wenn Eremon (oder Euaemon) der atlantisch-milesische König Irlands war, wurde das spätbronzezeitliche Britannien vom achten Flüchtlingskönig regiert, der in Platons Bericht über Atlantis erwähnt wird. Mestor, dessen Name »Ratgeber« bedeutet, könnte mit Europas berühmtester Megalithstätte in Verbindung stehen, die sozusagen Rat in Bezug auf die Himmelsbewegungen gab. Stonehenge (siehe Abb. 11.1) war nach Aussage von Archäoastronomen eine Art astronomischer Computer, der sich in erster Linie an den Positionen und Phasen des Mondes orientierte. In der Tat ähnelt die Anlage dem konzentrischen Plan von Atlantis selbst, bis hin zu den atlantischen heiligen Ziffern fünf und sechs, die sich im Grundriss wiederholen.

Archäologen glauben, dass die Anlage um 3000 vor Christus begonnen wurde, eintausendvierhundert Jahre später ihren Höhepunkt erreichte und um 1200 vor Christus ganz plötzlich aufgegeben wurde. Ihre Entwicklung, Nutzung und Aufgabe verliefen damit parallel zur Einwanderung aus Atlantis gegen Ende des vierten Jahrtausends vor Christus, dem Höhepunkt von Atlantis als wichtigster bronzezeitlicher Zivilisation und seiner endgültigen Zerstörung im Jahre 1198 vor Christus. Nicht zufällig wird Atlas im griechischen Mythos als Begründer der Astronomie dargestellt; daher seine Darstellung als Titan mit der Himmelskugel auf den Schultern. Er symbolisierte folglich die Geburt und das Aufblühen der Astronomie in der nach ihm benannten Stadt Atlantis.

Die Auswirkungen von Atlantis auf Britannien waren nicht weniger dramatisch als die auf Irland, wie Erinnerungen an Fremde belegen, die nach einer ozeanischen Katastrophe in grauer Vorzeit angekommen waren. Die irischen Versionen und ihre walisischen Parallelen sind oft sehr ähnlich und deuten auf dasselbe Ereignis hin, das von zwei verschiedenen Völkern unabhängig voneinander erlebt wurde. Zum Beispiel war Murias, die versunkene Heimat der Túatha Dé Danann, in Wales unter dem ganz ähnlichen Namen Morvo bekannt. Die britischen Versionen der Geschichte von Atlantis werfen jedoch noch mal ein neues Licht auf das Schicksal seiner Überlebenden.

Llyon Llion war der »See der Wellen«, der seine Ufer überflutete und schließlich die gesamte Erde überschwemmte. Bevor das Reich unterging, stellte der große Schiffbauer Nefyed Nav Nevion gerade noch rechtzeitig ein Schiff fertig, um der Katastrophe zu entgehen. Ihm schlossen sich die Zwillingsbrüder Dwyvan und Dwyvach an, die sicher an der Küste von Wales landeten und zu den ersten walisischen Königen wurden. Dieser Mythos, der einen bloßen See für die Überschwemmung der Welt verantwortlich macht, ist ein Beispiel für die keltische Neigung zu skurriler Übertreibung. Im Übrigen entspricht er anderen Berichten über die atlantische Sintflut, wie zum Beispiel Platons Atlantis-Geschichte, in denen ebenfalls überlebende Zwillinge zu Gründervätern einer neuen Zivilisation wurden.

In *Hanes Taliesin*, der »Geschichte Taliesins«, wird Hu-Gadarn erwähnt, der als der »Kleine Gwion« bekannt ist. Dieser Name könnte von der trojanischen Hauptstadt Ilios (Wilion auf Hethitisch und vielleicht auch im Trojanischen) abgeleitet sein, ein Eindruck, der dadurch verstärkt wird, dass Hu-Gadarn sagt: »Ich bin nun zu Trojas Überresten gekommen.« Troja war mit Atlantis durch gemeinsame Blutsbande verknüpft.

Hu-Gadarn gilt als der erste Ahnherr der Cymry, des walisischen Volkes, und seine atlantische Identität ist offenkundig, denn er bekennt: »Ich bin in der Arche aufgezogen worden«. Die »Geschichte Taliesins« berichtet: »Er war zwischen den Knien von Dylan zur Zeit der Sintflut aufge-

Abb. 11.1. Künstlerische Darstellung von Stonehenge, wie es um 1200 vor Christus ausgesehen haben mag. Parallelen zu Atlantis zeigen sich in der konzentrischen Gestaltung sowie in der Einbeziehung heiliger Ziffern. (Abbildung mit freundlicher Genehmigung des National Trust of Britain)

zogen worden.« Er landete in Wales nach einer weltweiten Flutkatastrophe, die von einer ungeheuren Seeschlange aufgepeitscht worden war.

Llys Helig, ein steiniger Bereich in der Conwy Bay, der manchmal bei klarem, stillem Wasser von der Küste aus sichtbar ist, wird in dieser Gegend immer noch als Ort eines Reiches angesehen, das von Helig ap Glannawg regiert wurde. Er soll zusammen mit der Insel untergegangen sein, als diese ganz plötzlich auf den Grund des Meeres sank. Die Steine, die für die Ruinen seines überfluteten Palastes gehalten werden, sind Teil einer natürlichen Formation. Doch gibt es im westlichen Wales mehrere Versionen solcher versunkenen Reiche, die an die Atlantis-Katastrophe denken lassen. So gibt es eine ähnliche Geschichte vom Llynclys Pool, einem großen, dunklen See voll abgrundtiefem Wasser beim kleinen Dorf Llynclys, der eine alte Burg namens Lyngwyn verschluckt haben soll.

Im alten walisischen Gedicht *Preiddeu Annwn*, »Die Beute aus Annwn«, entkommen König Arthur und seine Männer aus der gläsernen Festung Caer Wydyr, die bald darauf in den Wellen versinkt. In der *Historia Brittonum* des mittelalterlichen Chronisten Nennius taucht ebenfalls ein »Turm aus Glas« auf. Er steht majestätisch inmitten des Meeres, scheint vollkommen verlassen zu sein (ein keltisches Symbol für den Tod) und gibt nur das Echo der Stimmen von außen wieder. Ähnliche Geschichten erzählt man sich in Wales von Caer Feddwid, dem »Hof der Gelage«, und von Caer Siddi; beides sind prächtige Inselreiche mit Springbrunnen und heilenden Quellen, wie auch in Platons Atlantis-Dialog beschrieben.

Die Geschichte von Cantref y Gwaelod erzählt von einer Insel etwa dreißig Kilometer vor der heutigen Küste. Sie war voller Obstbäume, natürlicher heißer Quellen und Wälder und war von einer Bergkette umgeben. Ein Schleusensystem schuf abwechselnde Ringe aus Landdämmen und Wassergräben mit Kanälen, die durch Verbindungswege überbrückt wurden. Die Insel hatte eine Hauptstadt, Caer Wyddno, die ihre politische Herrschaft auf sechzehn benachbarte Inseln und Städte ausgedehnt hatte. Die Stadt wurde überraschend von einer Katastrophe heimgesucht und versank im Ozean, wobei die meisten der Bewohner ertranken. König Gwyddno Garanhir landete zusammen mit einer Gruppe Überlebender an der walisischen Küste und begründete die erste königliche Familie von Wales. Ein felsiger Kamm, der etwa elf bis zwölf Kilometer ins Meer hinausreichte, bevor er im Wasser verschwand, soll die Richtung markiert haben, in der Caer Wyddno am Grunde des Atlantiks liegt.

Viele ähnliche Berichte, die tief in den Volkstraditionen von Irland und Wales verwurzelt sind, wurden von den

Menschen nie als bloße Legenden angesehen, sondern als heilige Überlieferungen ihrer ältesten Ursprünge verehrt. Mythen wie diese geben ihre Wahrheiten nicht dem Spaten des Archäologen preis, aber sie können ihre Echtheit jedem frei denkenden Geist offenbaren.

ZWÖLF

Als die schlimmen Tage kamen

Atland verschwand, und das wilde Wasser stieg so hoch über Hügel und Tal, dass alles unter dem Meer begraben wurde.

AUS DER *URA-LINDA-CHRONIK*

Olof Rudbeck (1630-1702) war der schwedische Leonardo da Vinci. Seine Errungenschaften auf verschiedenen Gebieten waren nicht nur innovativ, sondern auch von Dauer; dazu zählen die Entdeckung der Lymphdrüsen, der Entwurf eines Seziersaals (*Theatrum anatomicum*) und die Begründung der modernen Botanik. Er war der erste moderne Historiker seines Landes, ein Pionier der Archäologie und Gestalter der ersten Universitätsgärten in Uppsala, wo er als Professor für Medizin wirkte. Rudbeck führte Latein als Verkehrssprache der internationalen wissenschaftlichen Gemeinschaft ein; er schrieb fließend auf Lateinisch, Griechisch und Hebräisch und besaß ein Verständnis der klassischen Literatur, das nichts weniger als enzyklopädisch war.

Sein umfassendes Wissen über die Alte Welt verband er mit archäologischer Forschung, und er gelangte nach einer intensiven Zeit des Forschens von 1651 bis 1698 zu dem Schluss, dass Atlantis keine Fiktion, sondern eine Tatsache und sogar die Urquelle der Zivilisation war. Er glaubte, dass nordische Mythen und einige Funde in Schwedens megalithischen Ruinen den Einfluss der Überlebenden von Atlantis auf Nordeuropa aufzeigen. Sie trugen dort zur kulturellen Entwicklung bei und legten den Grundstein (insbesondere im Schiffsbau) für das, was später als das Zeitalter der Wikinger (vom neunten bis zum zwölften Jahrhundert nach Christus) in Erinnerung bleiben sollte.

Rudbecks Vergleich des nordischen Schiffsdesigns mit den atlantischen Vorläufern wurde später von seinem skandinavischen Kollegen A. E. Brogger, Norwegens herausragendem Archäologen der 1950er Jahre, bestätigt. Brogger verwies auf die großen Ähnlichkeiten zwischen den Drachenschiffen der Wikinger und entsprechenden Schiffen der Veneter, eines bekannten Stammes oder Clans der atlantischen Seevölker. Nach der endgültigen Zerstörung von Atlantis – so behauptete Brogger – gründeten sie die Stadt Ateste in Norditalien, die zu ihrer Hauptstadt wurde. Viele Jahrhunderte später wurde diese nach ihren Gründern, den Venetern, in »Venedig« umbenannt.

Ein weiterer prominenter Gelehrter des frühen zwanzigsten Jahrhunderts, Oswald Spengler, stimmte Brogger zu. In seinem berühmten Werk *Der Untergang des Abendlandes* stellte Spengler fest, dass sich die im Siegestempel von Ramses III. abgebildeten Schiffe »stark von den Schiffen der Ägypter und Phönizier unterscheiden, aber denen ähneln, die Cäsar bei den Venetern in der Bretagne fand« (Spengler 1962, 162). Dieser Tempel aus dem frühen zwölften Jahrhundert vor Christus wurde errichtet, um den Triumph des Pharaos über die Seevölker zu feiern, die mit Invasoren aus Atlantis identisch sind. Diese Verbindung wird von Homer in der *Odyssee* unterstrichen. Homer zählt die Veneter zu den trojanischen Verbündeten, die nach dem Fall von Ilios die Städte Patavium (das moderne Padua) und Venedig (das nach ihnen benannt ist) gründeten.

Der von Spengler erwähnte Julius Cäsar bewunderte den Fernhandel der Veneter mit Großbritannien und hielt sie für die besten Seefahrer seiner Zeit. Er schrieb, dass ihre Schiffe »aus massiver Eiche gebaut und in der Lage waren, sich mit ihrem flachen Rumpf und dem hohen Bug und Heck der See entgegenzustemmen, die vom Atlantik heranrollte«. Dieselbe Art von Schiffen ist auf einem Felsen in Tjaenguide auf der schwedischen Ostseeinsel Gotland abgebildet, wo Rudbeck die Verbindungen zwischen Atlantis und Skandinavien erkannte. In der Tat stimmt Cäsars Darstellung der Veneter, die er während seines Feldzugs in Gallien kennengelernt hatte, und ihrer Schiffe mit den Beschreibungen der Langboote der Wikinger überein.

Nach der Zerstörung von Troja zogen einige Veneter, die sich nicht dem Kommando ihrer Mitüberlebenden in Ateste unterwerfen wollten, in Gebiete vor der französischen Küste nördlich der Loiremündung weiter. Es ist daher nicht überraschend, dass hier die Überlieferungen von einer Sintflut, auf die die Ankunft von Überlebenden aus Atlantis folgte, am zahlreichsten sind. Ein anschauliches Beispiel ist die Geschichte von Ker Ys oder Ys, die in der gesamten Bretagne erzählt wird. Sie war sogar Gegenstand einer stimmungsvollen Tondichtung für das Klavier, *La Cathédrale engloutie* (»Die versunkene Kathedrale«), von Claude Debussy, die später von dem renommierten Dirigenten Leopold Stokowski für Orchester eingespielt wurde. Ein anderer französischer Komponist, Édouard Lalo, verwandelte die Legende in eine große Oper, *Le Roi d'Ys* (»Der König von Ys«).

Ys war ein Inselreich im Nordatlantik, das von Gradlon Meur (Gradlon dem Großen) regiert wurde. Seine Hauptstadt war eine raffinierte Anordnung von miteinander verbundenen Kanälen, die um ein riesiges Becken herum gebaut waren, ähnlich, wenn nicht identisch mit den konzentrischen, einander abwechselnden Land- und Wasserringen in Platons Beschreibung des städtischen Grundrisses von Atlantis. Ein zentraler Palast erstrahlte mit Marmorböden, Zederndächern sowie vergoldeten Wänden und erinnerte ebenfalls an Platons prachtvolle versunkene Stadt.

Die Legende berichtet von einem Monarchen, der einen silbernen Schlüssel besaß, den er an einer Kette um den Hals trug und mit dem die Schleusentore des großen Beckens geöffnet und geschlossen werden konnten, um dem Rhythmus der Gezeiten Rechnung zu tragen. Eines Nachts jedoch stahl seine Tochter Dahut ihrem Vater den Schlüssel, während er schlief, um damit einem ihrer zahlreichen Liebhaber die Seetore zu öffnen. Dahut öffnete aus Versehen jedoch nicht die Tore, sondern das gesamte Kanalsystem der Stadt und setzte damit eine riesige Überschwemmung in Gang. Von einer mahnenden Vision des heiligen Gwenole geweckt, schwang sich König Gradlon gerade noch rechtzeitig auf sein Pferd und galoppierte einen der miteinander verbundenen Dammwege entlang, dicht gefolgt vom rasch ansteigenden Strom. Er allein entkam, während Ys mit all seinen Bewohnern, einschließlich Dahut, im Ozean versank.

Sein Pferd schwamm zur französischen Küste hinüber, wo Gradlon Meur schließlich in Quimper an Land ging. Eine sehr alte Statue von ihm stand einst zwischen zwei Türmen der Kathedrale. (1793 wurde der Kopf des Denkmals im Zuge der damaligen gegen den Adel gerichteten Hysterie in Frankreich gewaltsam entfernt. Sechsundsechzig Jahre später wurde er wieder restauriert.) Wie der griechische Flutheld Deukalion soll Gradlon den Wein nach Europa gebracht haben. Während des Mittelalters wurde die Geschichte von Gradlon jedes Jahr am Tag der heiligen

Cäcilie aufgeführt, wobei ein Chor die Geschichte vom verlorenen Ys vortrag. Währenddessen stieg ein Schauspieler auf Gradlons Statue, um dem vorsintflutlichen König einen goldenen Becher mit Wein anzubieten. Anschließend wischte er den Schnurrbart der Statue mit einer Serviette ab, trank den Wein aus und warf den leeren Becher in die Menge. Wer ihn fing, bevor er den Boden berührte, und ihn an die Schauspielgesellschaft zurückgab, erhielt einen Preis von zweihundert Kronen.

Dahut dagegen richtete weiterhin Unheil an – nun aber als Meerjungfrau, die rund um die Stadt, in der sie ertrunken war, unachtsame Fischer in Versuchung führte und ins Meer zog. Der Ys-Mythos beschreibt sie als »die weiße Tochter des Meeres«, was an die erste Herrin von Atlantis in Platons Bericht erinnert – Leukippe, die »weiße Stute« –, und die schäumenden Wellen des Meeres heraufbeschwört.

Abgesehen von ihrer Berühmtheit an den Küsten der Bretagne und der Normandie taucht der Name Ys auch in den walisischen Legenden von Avalon oder Ynys Avallach beziehungsweise Ynys Wydryn auf. Überdies ist Avalon eine Stadt in Burgund, die nach der versunkenen Insel benannt ist. Der bekannte schottische Mythologe Lewis Spence erklärte: »Wenn die Legende von Ys keine Variante der Geschichte von Atlantis ist, müsste ich mich schon sehr irren« (Spence 1958, 152).

Die Geschichte von Ys ist jedoch nicht die einzige Legende dieser Art in Frankreich. Eine andere erzählt von Sequana, einer Prinzessin, die zum burgundischen Hochland reiste, nachdem eine große Flut ihr entferntes Inselreich überschwemmt hatte. Dessen Name, Morois, erinnert an Murias, die versunkene Stadt, aus der die Túatha Dé Danann nach Irland kamen. Sequana fuhr die Seine hinauf und ließ einen Steintempel in der Nähe von Dijon errichten. Darin verwahrte sie in vielen geheimen Kammern einen kostbaren Schatz – aus dem verlorenen Atlantis? Nach ihrem Tod wurde sie zu einer eifersüchtigen Flussgöttin. Tatsächlich gibt es in der Nähe von Dijon ein Megalithzentrum, das aus unterirdischen Gängen besteht, die manchmal noch nach alten Schätzen durchsucht werden. Sequana wurde in den Sequani wiedergeboren, einem keltischen Volk, das das Gebiet zwischen Rhein, Rhône und Saône bewohnte. Die Römer bezeichneten das Gebiet dementsprechend als Maxima Sequanorum.

Ähnliche Traditionen verbreiteten sich mit der Wanderungsbewegung atlantischer Kulturträger entlang der Nordsee nach Norden. Einige wurden in der *Völuspa* aufbewahrt, der frühesten Darstellung des germanischen Mythos. Obwohl sie erst im achten oder neunten Jahrhundert nach Christus zusammengestellt wurde, spiegelt das darin enthaltene volkstümliche Material zweifellos eine weitaus ältere Tradition wider. Die *Völuspa* gibt die Weissagung einer Seherin (Völva) wieder, die von sich erzählt, dass sie alt genug sei, um sich an die allerersten Lebewesen, die Eisriesen, zu erinnern. Einer von ihnen, Ymir, überschwemmte die ganze Welt mit seinem vergossenen Blut – eigentlich mit Salzwasser, da er ein Frostriese war, durch dessen Adern der Ozean strömte. Die einzigen Überlebenden seiner Art waren Bergelmir und seine Frau, die ihr Vieh in ein Schiff packten und damit der Sintflut entkamen. Sie trieben bis ans Ende der Welt und landeten schließlich in Jötunheim, wo sie ein neues Geschlecht begründeten, die Jötnar. Nur drei sterbliche Menschen entgingen der Katastrophe in dem prächtigen Schiff Naglfar, das von Hrim Thursar (Raureif) geführt wurde und auch dessen Eltern Lif und Lifthrasir trug. In der Wikingerzeit führten alle Nordmänner ihre Abstammung auf Hrim Thursar zurück.

Das Epos *Atlakvith* (»Die Bestrafung von Atla[ntis]«), eine skandinavische Saga aus dem dreizehnten Jahrhundert, bewahrt mündliche Überlieferungen, die mehr als eintausendfünfhundert Jahre bis in die Spätbronzezeit zurückreichen. Es schildert in poetischer Sprache die atlantische Katastrophe im Sinne des nordischen Mythos und legt dabei einen besonderen Schwerpunkt auf die Rolle, die »kriegführende Kometen« während der Katastrophe spielten. Wie *Atlakvith* erzählt auch das *Atlamal* (Götterdämmerung) von der endgültigen Zerstörung der Welt durch himmlische Ereignisse, Brände, Kriege und Überschwemmungen. *Atlamal* bedeutet wörtlich »Die Geschichte von Atla(ntis)«.

Eine andere Geschichte, *Ragnarök* (»Das Schicksal der Götter«), beschreibt die Zerstörung der Welt, die immer und immer wieder als Teil des ewigen Zyklus der Natur geschehen ist und geschehen wird. Mit seinen lebendigen Darstellungen feuriger Himmel und versinkender Landmassen spiegelt *Ragnarök* sicherlich die Erinnerungen der Menschen an Atlantis wider. Es heißt darin: »Die Sterne lösten sich vom Himmel und fielen in die klaffende Leere. Sie waren wie Schwalben, die, von einer zu langen Reise ermüdet, in den Wellen versinken.« Ein kosmischer Wolf, Fenrir, verschlang die Sonne während der Großen Sintflut und verbreitete dadurch Dunkelheit über die ganze Welt. Dieser Mythos ist eine lebendige Metapher für die riesigen Asche- und Staubwolken, die, von der atlantischen Katastrophe ausgelöst, das Tageslicht auslöschten und die Erde in zeitweilige, aber allgemeine Finsternis tauchten.

Wann immer die monströse Seeschlange Jörmungandr, die sich um die Erde windet, ihren Zugriff verstärkt, wird unsere Welt von Erdbeben und Stürmen heimgesucht. In der *Ragnarök* verursachen ihre Qualen eine weltweite Flut. Nach diesem schrecklichen Ereignis zieht Frija, die Königin des Himmels, in ihren untergetauchten Palast Fensalir (Meereshalle). Jörmungandr, die Midgardschlange, symbolisiert eine geologische Gewalt, insbesondere auf dem seismisch instabilen mittelatlantischen Rücken, der sich beinahe vom Polarkreis bis zur Antarktis durch die Mitte des Meeresbodens erstreckt. So könnte auch Fensalir als nordische Version des versunkenen Atlantis angesehen werden.

Nach Ansicht von H. R. Ellis Davidson, einem angesehenen Gelehrten und Kenner der alten nordischen Tradition, können diese nordischen Mythen bis ins späte siebzehnte Jahrhundert vor Christus zurückverfolgt werden, also eine Zeit, die der dritten atlantischen Flut von 1629 vor Christus entspricht. Es ist jedoch die zweite Katastrophe, die in der nordischen Literatur genauer dokumentiert ist. Die *Ura-Linda-Chronik* ist eine Zusammenstellung alter mündlicher Überlieferungen aus Friesland, die 1256 nach Christus von einem anonymen Autor erstmals niedergeschrieben und schließlich 1871 in Holland veröffentlicht wurden. Die Friesen sind ein germanisches Volk von unsicherer Herkunft. Über ihre früheste Geschichte ist nur bekannt, dass sie die zuvor dort ansässigen Kelten aus der heutigen niederländischen Provinz Friesland, dem deutschen Ost- und Nordfriesland sowie von den friesischen Inseln vertrieben haben. Ihre Sprache ist stark mit dem Englischen verwandt. Noch im mittleren elften Jahrhundert nach Christus segelten die Friesen mit Schiffen, die denen der Veneter glichen, sogenannten Koggen, von ihrer Heimat an der Weser bis nach Grönland.

Die *Ura-Linda-Chronik*, die praktisch seit ihrer Entdeckung als Schwindel gebrandmarkt wurde, ist inzwischen fast völlig in Vergessenheit geraten. Angeblich eine Fälschung, war sie in Wahrheit ein Familienerbstück, das über viele Generationen weitergegeben wurde und der Außenwelt unbekannt war, bis ein Nachkomme, in dessen Besitz sie gelangt war, beschloss, sie zu veröffentlichen. Damals waren die Wissenschaftler des späten neunzehnten Jahrhunderts gerade dabei, Legenden strikt von geschichtlichen Fakten zu trennen, um einen wissenschaftlichen Ansatz zum Verständnis der Vergangenheit zu entwickeln und eine glaubwürdigere Sicht auf frühere Ereignisse zu gewinnen. Für sie stellte die *Ura-Linda-Chronik* genau die Art von Fantasterei dar, die für sie die Tatsachen verdunkelte, vor allem, weil die Chronik ein Bild vorklassischer Zeiten bot, das im Widerspruch zu allem stand, was die damalige Wissenschaft von frühen Zivilisationen annahm.

Aber das Manuskript hatte auch Anhänger. William Barnes, eine zeitgenössische Autorität für angelsächsische Antiquitäten, erklärte im Londoner *MacMillan Magazine*, dass es äußerst viele überprüfbare historische Details enthalte, die nur ein akademischer Experte erkennen könne. Als Beweis dafür führte er einige überzeugende Parallelen aus der Schrift *Germania* des Tacitus an. In jüngerer Zeit zeigte der Forscher Warren Smith, dass es niemanden gab, der jemals von der Veröffentlichung der *Ura-Linda-Chronik* finanziell profitiert hätte. Auch konnte in den mehr als einhundertdreißig Jahren seit ihrer Veröffentlichung ihr angeblich moderner Autor nicht identifiziert werden. Ein Betrüger strebt normalerweise nach Geld oder nach Ruhm, doch nichts dergleichen wurde mit diesem Werk erzielt.

Die Erzählungen sind nicht besonders sensationell, sondern geradlinig und schlicht. Der Eröffnungsabschnitt, *He alge tid kem*, »Als die schlimmen Tage kamen«, beginnt mit einer Beschreibung der Göttin Freya. Sie war die schneeweiße Erdmutter des friesischen Volkes, geboren auf der heiligen Insel Atland. Wie Platons Atlantis wird Atland als große Insel im mittleren Atlantik dargestellt, als Zentrum eines mächtigen Königreiches, das von seiner herrlichen Hauptstadt aus beherrscht wird. Doch nach vielen Generationen des Friedens und Wohlergehens wurde die friesische Heimat vom Unglück überwältigt.

He alge tid kem berichtet, dass während eines Sommers vor langer Zeit ...

> »... die Erde zu beben begann, als ob sie sterben würde. Die Berge spieen Feuer und Flammen. Einige versanken im Schoß der Erde, während an anderen Stellen Berge aus den Ebenen auftauchten. Die Erde zitterte, der Grund der Insel Textla sank, der Himmel wurde dunkel, und es gab schwere Explosionen und Donnerhall. Aldland, das von den Seefahrern Atland genannt wurde, verschwand, und das wilde Wasser stieg so hoch über Hügel und Tal, dass alles im Meer versank. Viele Menschen wurden von der Erde verschluckt, und andere, die dem Feuertod entkommen waren, kamen im Wasser ums Leben.«

In der Folge ...

> »... kamen Gruppen von Findas Leuten [den Vorfahren der Friesen] und ließen sich in den leeren Gebieten nieder. Als Atland versank, gab es an den Ufern des Mittelmeeres viel Leid, weshalb viele von Findas Leuten, die Krekeländer und die Leute aus Lydas Land, zu uns kamen. Andererseits gingen viele unserer Leute in Lydas Land. So waren die Krekeländer der Obhut der Mutter entzogen.«

Während der Wirren der Wanderung erklärte Inka, einer der friesischen Anführer, der immer noch ein Kontingent von Überlebenden befehligte: »Ich habe genug von all den Leuten von Finda. Ich glaube, wir könnten vielleicht ein höher gelegenes Land über dem Wasser finden, also einen hochgelegenen Teil des alten Atland. Wenn es eine solche Insel im Ozean gibt, könnten mein Volk und ich in Frieden auf ihr leben.« Zu ihm gesellte sich ein Cousin, Teunis, ein weiterer Häuptling, und die beiden segelten in Begleitung ihrer Anhänger nach Kadik (Cádiz) in Spanien. Dort konnten sich die Cousins jedoch nicht einigen, in welche Richtung sie reisen sollten. So stellten sie sich schließlich unter ihre jeweilige Flagge und überließen es ihren Leuten, frei zu wählen. Einige, die bereit waren, sich Inkas vorgeschlagener transatlantischer Reise nach Westen anzuschließen, versammelten sich um seine blaue Standarte. Etwas mehr als die Hälfte der Überlebenden versammelte sich unter dem roten Banner von Teunis, der sich südlich und östlich von Kadik hinter der Meerenge am Mittelmeer niederlassen wollte. Die beiden Häuptlinge und ihre Anhänger trennten sich einvernehmlich. Inka segelte mit seinen Gefährten auf dem Atlantik in Richtung Sonnenuntergang, während Teunis und seine zweihundert Schiffe über das Mittelmeer fuhren.

Als Teunis und seine Anhänger in Westitalien landeten, stellten sie die Verehrung der Erdmutter wieder her und entzündeten ihr eine ewige Flamme im römischen Tempel der Vesta. Eine Prinzessin aus Atland, Min-erva, reiste noch weiter nach Osten, gründete schließlich Athen und wurde nach ihrem Tod als griechische Göttin Minerva verehrt.

Das Atlantis der *Ura-Linda-Chronik* weist Details auf, die denen in anderen Quellen gleichen. Zugleich wirft das Buch ein neues Licht auf das Schicksal seiner Überlebenden. Freya, die schneeweiße Erdmutter von Atland, erinnert an Leukippe, Poseidons Schwiegermutter in Platons Bericht. Die friesische Göttin wurde besonders im mittelalterlichen Skandinavien überall verehrt, manchmal auch als Mardal, von *Marr*, »Meer«. Unter ihren Gaben an die Menschheit war ein Mysterienkult namens Seidr. Dieser Kult praktizierte eine frühe Form des tantrischen Yoga und rief durch Sexualmagie veränderte Bewusstseinszustände hervor – eine Technik der Ekstase, die angewandt wurde, um spirituelle Erleuchtung und Vereinigung mit der göttlichen Kraft zu erreichen. Seidr bedeutet »Erhitzen« durch sinnliche Leidenschaft. Die sterbliche Vertreterin des Kultes war eine *Völva*: weniger eine Priesterin, die sich mit Ritualen befasst, als vielmehr eine Seherin, die von Natur aus mit psychischer Kraft begabt ist. Die *Völuspa* bezieht sich auf Fryas irdische *Völva*, die von der großen Sintflut erzählte.

Die *Ura-Linda-Chronik* behauptet, dass die Katastrophe von Atlantis im Sommer 2193 vor Christus geschah. Die Wahl eines derart genauen Datums erscheint ungewöhnlich, aber der Text besteht darauf, dass das angegebene Jahr das richtige ist. Tatsächlich fällt es mit einer weltweiten Katastrophe zusammen, von der die Wissenschaft inzwischen weiß, dass sie im späten dritten Jahrtausend vor Christus stattgefunden hat. Es war die zweite atlantische Katastrophe, die im griechischen Mythos als Flut des Ogyges und im *Buch der Landnahmen Irlands* als Grund für Partholons Ankunft in Irland beschrieben wurde.

Das *Buch der Landnahmen Irlands* erwähnt noch andere atlantische Neuankömmlinge – die Fir Gailion und die Fir Bolg – das Volk von Ilion und das »Ledervolk« (ein Verweis auf ihre Boote aus aufgespanntem Leder). In ganz ähnlicher Weise erzählt die *Ura-Linda-Chronik* von Findas Leuten. Die Beschreibung von Atlands Zerstörung unterscheidet sich jedoch von derjenigen Platons, denn Berge fallen und erheben sich, und auch andere Inseln sind betroffen: »Der Grund der Insel Textla sank.« Der friesische Bericht behauptet, dass einige Überlebende nach Großbritannien geflüchtet sind und die *Tex*, die Rechtsstruktur von Atland, mitgebracht haben, die während der nachfolgenden Generationen zum alten englischen Gewohnheitsrecht wurde. Eine der friesischen Inseln ist heute noch als Texel bekannt. Textla war wahrscheinlich eine Insel unweit von Atland, die eine ähnliche Vernichtung erlitt. Aldland, wie es ursprünglich genannt wurde, bedeutete vielleicht »Altland« beziehungsweise »Altes Land«. Die Hopi-Indianer des amerikanischen Südwestens bezeichnen das atlantisähnliche Heimatland ihrer Vorfahren immer noch als »Altes Rotes Land«.

Amerikanische Verbindungen zur *Ura-Linda-Chronik* sind auf faszinierende Weise in der Person von Inka, dem friesischen Häuptling, angedeutet, der seine Anhänger unter einem blauen Banner nach Westen über das Meer führte, ohne dass jemals wieder von ihnen gehört wurde. Der maßgebliche Anden-Mythos beschreibt eine große Flut, auf die die Ankunft eines bärtigen, blonden Mannes aus dem Osten folgte.

Kon-tiki Viracocha (»Weißer Mann des Meerschaums«) galt in ganz Peru und Bolivien als Begründer der präkolumbischen Zivilisation in Südamerika. Könnte der friesische Inka, der mit »Findas Leuten« vor der Sintflut floh, der Mann gewesen sein, der den Inka seinen Namen gab?

Inkas Cousin Teunis scheint ein ebenso einflussreicher Kulturträger gewesen zu sein. Er segelte ins Mittelmeer, ließ Überlebende entlang der Küste Libyens (in vorklassischer Zeit Synonym für ganz Nordafrika mit Ausnahme von Ägypten) zurück und gründete schließlich eine nach ihm benannte Stadt: Tunis. Teunis und Inka entwarfen ihre Migrationsstrategie in der spanischen Stadt Kadik. Diese Stadt war keine andere als Cádiz, die frühere atlantische Hauptstadt von Iberien, damals bekannt als Gades. Von dort aus segelten Teunis und seine Leute zu einer weiteren atlantischen Festung in Westitalien, die von Platon als das am weitesten entfernte Gebiet der atlantischen Besatzungsmacht in Kontinentaleuropa angegeben wurde.

Die Schilderungen der *Ura-Linda-Chronik* in Bezug auf die Lebensbedingungen in Friesland nach der Flut können eine Vorstellung vom Ausmaß der atlantischen Katastrophe geben. Das Land litt unter starker Übervölkerung, und die angewachsene Bevölkerung lebte über ein Jahrhundert lang in ständiger Uneinigkeit. Die landwirtschaftliche Basis des Landes war stark belastet, und viele Überlebende suchten nach alternativen Zufluchtsorten: »Die Leute von Finda kamen und ließen sich auf dem leeren Land nieder. Als Atland sank, gab es an den Ufern der mittleren See viel Leid.«

Nach einem Vulkanausbruch in dem beschriebenen Ausmaß folgte vermutlich mindestens ein schweres Seebeben, und dessen Auswirkungen entlang der Küstenregionen Westeuropas und Nordwestafrikas müssen verheerend gewesen sein. Zum Vergleich: Die dreißig Meter hohen und 500 Stundenkilometer schnellen Wellen beim Ausbruch des Krakatau im Jahr 1883 töteten rund 36.000 Menschen im Bereich der Meerenge von Sumatra.

Die *Ura-Linda-Chronik* steht mit ihrer Beschreibung einer atlantischen Katastrophe, die auch in anderen Erzählungen Nordeuropas vorkommt, nicht isoliert da. Ihr einzigartiger Status unter allen anderen Quellen für diese Katastrophe beruht darauf, dass es sich um die Familienüberlieferung einer Naturkatastrophe handelt, die einstmals die gesamte Menschheit betraf. Die Datierung der Katastrophe auf 2193 vor Christus entspricht genau der zweiten geologischen Episode, die die Insel Atlas verwüstete und ihre Flüchtlinge als Gründer neuer Zivilisationen in die ganze Welt hinaus sandte.

DREIZEHN

Amerikanische Ureinwohner erinnern sich an Atlantis

Auf dem Grund der Meere liegen alle stolzen Städte und weltlichen Schätze, die durch das Böse verdorben sind, und jene Menschen, die keine Zeit gefunden haben, dem Schöpfer vom Gipfel ihrer Hügel Loblieder zu singen.

AUS DEM *LIED VON DER FLUT* DER HOPI-INDIANER

Für ein Volk, das nach Ansicht konventioneller Anthropologen vor etwa zwölftausend Jahren über eine ehemalige Landbrücke von Sibirien aus nach Nordamerika einwanderte, bieten die verschiedenen indianischen Stämme eine verwirrende Typenvielfalt, die sich nicht ausschließlich durch die lokale Entwicklung erklären lässt.

Es ist richtig, dass bei vielen amerikanischen Ureinwohnern, etwa bei den Apachen oder Pima, ihre asiatische Herkunft immer noch erkennbar ist. Andere indianische Stämme, darunter die Mandan und Cherokee, weisen jedoch häufig Merkmale auf, die bei asiatischen Vorfahren ungewöhnlich sind, wie zum Beispiel blaugraue Augen, kastanienbraunes Haar und auch hellere Haut.

Woher stammen diese atypischen Merkmale, die lange vor der Ankunft der modernen Europäer präsent waren? Könnten sie die genetischen Überreste von Verbindungen zwischen indigenen Völkern und ausländischen Besuchern in präkolumbischer Zeit sein? Auch wenn die offizielle Wissenschaft solche Beziehungen bestreitet, ist die mündliche Überlieferung der Indianer reich an Berichten über Kontakte mit Fremden aus Ländern jenseits des Ozeans, und oft waren diese Fremden Überlebende einer großen Flut. Wenn wir die tiefgreifenden ethnischen, kulturellen und linguistischen Unterschiede zwischen den einhundertsiebzig Indianerstämmen Nordamerikas betrachten, ihre räumliche Trennung sowie die andauernden Feindseligkeiten zwischen ihnen, erscheint ihre gemeinsame Erinnerung an eine weltzerstörende Flut überaus bemerkenswert.

Dabei hat jeder Stamm seine eigene Version des Ereignisses und behauptet gewöhnlich, in direkter Linie von einem überlebenden Helden oder Gott abzustammen. Doch die fundamentale Ähnlichkeit und Konsistenz dieser Erzählungen lassen stark darauf schließen, dass sie mit dieser mündlichen Überlieferung die Erinnerung an eine tatsächliche Katastrophe bewahren, deren Zeugen ihre Stammesvorfahren geworden sind. Dass so viele Varianten über zahllose Generationen von Erzählern und Zuhörern hinweg Bestand hatten, impliziert das breite Ausmaß der Katastrophe und ihre anhaltende Bedeutung in der Tradition der amerikanischen Ureinwohner.

Nicht weniger bemerkenswert ist, dass viele indianische Flutgeschichten bei näherer Betrachtung auffallende Ähnlichkeiten mit Platons Beschreibung von Atlantis aufweisen. Die oft engen Parallelen zu Details in *Timaios* und *Kritias* belegen somit die Authentizität sowohl der indigenen Traditionen als auch der Dialoge. Dabei sind die indianischen Erzählungen besonders wertvoll, weil sie manchmal über die klassische platonische Version, die mit der Zerstörung von Atlantis im vierten Jahrhundert vor Christus endet, hinausgehen und berichten, was aus den Überlebenden wurde.

Ein Beispiel findet sich in der Kosmologie der Creek-Indianer. Diese glaubten, dass die Welt begann, als der erste Berg aus einem Meer namens Nunne Chaha emportauchte, nach dem auch der Berg benannt wurde. Hier wohnte der Meister des Atems, Esaugetuh Emissee. Er teilte seine Berginsel in abwechselnde Ringe aus Land und Wasser, die durch eine Reihe von Kanälen miteinander verbunden und von einer hohen Mauer umgeben waren. In der Mitte der Insel baute er ein großes Steinhaus, das von fruchtbaren Gärten umgeben war. Auf Nunne Chaha bildete Esaugetuh Emissee die ersten Menschen aus Lehm, gab ihnen die Sonne zum Anbeten und legte die vier Himmelsrichtungen mit ihren jeweiligen symbolischen Farben fest. Dort lebten seine Geschöpfe viele Jahre in Frieden, bis sie ihrer Tugend müde wurden und aus selbstsüchtigen Gründen gegeneinander kämpften. Der Meister des Atems bestrafte sie für ihre Undankbarkeit, indem er Nunne Chaha durch eine schreckliche Flut zerstörte. Einige Überlebende überquerten das Meer und wurden die ersten großen Häuptlinge der indianischen Völker.

Ähnliche Versionen der Sintflut sind auch bei den Seminolen, Choctaw, Cherokee, Chickasaw und Atakapa verbreitet – tatsächlich bei jedem Stamm, der in der Nähe des Golfs von Mexiko oder des Atlantischen Ozeans lebte. Ihre mündliche Überlieferung enthält alle Hauptmerkmale von Platons Bericht sowie einige zusätzliche Details. Ähnlich wie der Berg Atlas in Atlantis dem Atlantik seinen Namen verlieh, gab Nunne Chaha dem von ihm beherrschten Meer seinen Namen. Sowohl der griechische Poseidon als auch der indianische Esaugetuh Emissee unternahmen den ungewöhnlichen Schritt, das Land in konzentrische Ringe aus abwechselnd Land und Wasser zu unterteilen und diese mit Kanälen zu verbinden. Der Haupttempel mit seinen üppigen Gärten spiegelt sich im Steinhaus und in der Umgebung des Meisters des Atems wider. Anders als in Platons Atlantis, aber ähnlich wie in anderen Atlantis-Berichten aus Mexiko und Südamerika, stammten die ersten Menschen von Nunne Chaha ab und beteten die Sonne an. Sowohl nach der indianischen als auch nach der platonischen Überlieferung war es die moralische Verderbtheit dieser ersten Männer und Frauen, die die Katastrophe verursachte. Wovon Platon nichts wissen konnte, war die Ankunft einiger Überlebender in Nordamerika, wo sie noch immer als Vorfahren des Creek-Stammes verehrt werden. Ein Element in der indianischen Version, das weniger platonisch als atlantisch ist, ist der Name Nunne Chaha. Die alte ägyptische Kosmologie, wie sie in der heiligen »Sonnenstadt« Heliopolis dargestellt wurde, beschreibt einen Urhügel oder ein Inselhaus, das aus dem Meer aufstieg (siehe Abb. 13.1) und als Ort diente, an dem die Menschen zum ersten Mal auftraten. Dieser Inselgeburtsort war als Nun bekannt.

Die Irokesen erinnern sich an »ein Land im fernen Osten, an den Grenzen des großen Wassers, wo die Sonne aufgeht«. Dort versenkte »ein weißer Mann die Welt«, indem er zu tief in den Boden grub, wobei das ganze Volk ertrank, bis auf einen einzigen Überlebenden, der mit einigen Tieren in einem großen Boot floh. Nach langen Tagen, die er auf See umherirrte, sandte er eine Taube aus, die mit einem Weidenzweig im Schnabel aus Richtung der untergehenden Sonne zurückkehrte. Er segelte also nach Westen und landete schließlich unter den Irokesen, um ihr erster und größter Häuptling zu werden. Daher feierten die Irokesen jedes Jahr, sobald die Weiden blühten, ein Frühlingsfest, bei dem die Taube eine wichtige Rolle spielte.

Ähnliche Legenden und Zeremonien kannten auch die Sioux, Chickasaw, Pima, Okanogan und Mandan, und zwar lange vor dem Kontakt mit christlichen Missionaren in der Neuzeit, die sie ihnen überliefert haben könnten. Die Mandan gingen sogar noch einen Schritt weiter, um der Ankunft des Fluthelden zu gedenken. Bei ihrem Frühlingsritual trat ein einzelner Schauspieler mit weiß bemaltem Gesicht auf, der »von weit her« kam, und die Häuptlinge verneigten sich bei seiner Ankunft vor ihm. Dieser Numohk-muck-a-nah (»der Erste«) hielt vor dem Eingang jeder Hütte inne, um seine traurige Geschichte von der großen Sintflut zu rezitieren, die sein Heimatland vernichtet hatte, und davon, wie er als »einziger Mann« in einem »großen Kanu« entkam.

George Catlin, ein früher Chronist der amerikanischen Ureinwohner in Gemälden und Augenzeugenberichten, beobachtete diese Mandan-Zeremonie in den ersten Jahren des neunzehnten Jahrhunderts. Er beschreibt, dass ein fast drei Meter hoher hohler Holzzylinder im Zentrum des indianischen Dorfes aufgestellt wurde, in dem Tänzer und »Sprecher« die scharfkantigen Werkzeuge opferten, die für seine Herstellung verwendet worden waren, um eine weitere große Flut zu verhindern. Dieses Objekt symbolisierte das große Kanu, mit dem »der Erste« gerettet worden war. Laut Catlin glaubten die Mandan, »dass das Versäumen dieser jährlichen Zeremonie mit Opfergaben an das Wasser eine Wiederholung des Unglücks nach sich ziehen würde, von dem ihre Überlieferung sagt, dass es sie einmal ereilt und die gesamte Menschheit vernichtet hat, mit Ausnahme eines einzigen Mannes mit seinem Kanu, der von einem hohen Berg im Westen kam« (Catlin 1970, 143).

Der Name dieser Zeremonie, O-kee-pa oder Bisontanz, bezog sich, wie die Mandan Catlin erklärten, auf die mit Bisonhaut überzogenen Fässer aus Schildkrötenpanzern, in denen Wasser von der ursprünglichen Sintflut aufbewahrt

Abb. 13.1. Prähistorische Anlage in Ohio, bevor sie von Farmern eingeebnet wurde. Die Ähnlichkeit mit Platons Beschreibungen des versunkenen Atlantis ergänzt die zahlreichen Legenden der nordamerikanischen Indianer, die von einem versunkenen Reich erzählen, aus dem ihre Vorfahren kamen. (Datierung der Abbildung um Mitte des 19. Jahrhunderts.)

wurde. Catlin war verblüfft von den starken Parallelen zwischen dieser Geschichte und der biblischen Version der Sintflut. Ihre Zeremonie durfte nicht beginnen, bis die Weidenblätter voll entwickelt waren, denn wie der Häuptling ihm erklärte, »hatte der Weidenzweig, den der Vogel (die Taube) in das große Kanu brachte, ausgewachsene Blätter«. Die Mandan glaubten außerdem, dass die Sintflut die Erde vierzig Tage lang bedeckte, also genauso lange wie in der Genesis. Der zentrale Ritus des Bisontanzes war das Mee-ne-ro-ka-ha-sha, das »Absinken des Wassers, das formell abgeschlossen war, sobald die Tänzer den Holzzylinder in Form einer Arche zusammen mit den Opfergaben in einen nahegelegenen Fluss geworfen hatten.

Als Catlin seine Untersuchung der Sintflut-Geschichte bei den verschiedenen indianischen Stämmen fortsetzte, war er erstaunt, dass sie selbst bei Stämmen, die sich in Sprache und Kultur stark unterschieden, gleichermaßen verbreitet war:

> »Diese Tradition war nicht auf die Mandan beschränkt, denn unter den einhundertzwanzig verschiedenen Stämmen, die ich in Nord-, Süd- und Mittelamerika besucht habe, gab es keinen Stamm, der mir nicht von solch einem Unglück erzählt hätte, bei dem eine, drei oder acht Personen auf dem Gipfel eines Hochgebirges vor dem Wasser gerettet wurden. Manche Stämme, die am Fuße der Rocky Mountains, in den Ebenen Venezuelas oder in der Pampa del Sacramento in Südamerika leben, pilgern jährlich zu den Gipfeln, auf denen die Überlebenden der Sintflut in Kanus oder auf andere Weise gerettet worden sein sollen, und unter der Aufsicht ihrer Medizinmänner bringen sie dort dem Großen Geist ihre Gebete und Opfer dar, um die Wiederholung einer ähnlichen Katastrophe zu verhindern. Die indianischen Traditionen sind im Allgemeinen recht widersprüchlich. Umso überzeugender ist die einstimmige Überlieferung der Ureinwohner auf dem gesamten Kontinent, dass ein solches Ereignis stattgefunden hat!« (Catlin 1970, 141)

Die frühesten bekannten Ursprünge der Mandan liegen im Tal des Ohio River, wo sich der in meinem Buch *Der Untergang von Atlantis* beschriebene atlantische Great Serpent Mound befindet. Sie zeigten gelegentlich Merkmale ethnischer Mischung, die ihre Behauptung stützen, dass weiße Männer in uralter Vergangenheit nach der großen Sintflut auf ihre Vorfahren trafen. Catlin, der unter den Mandan lebte, beobachtete:

> »In Teint, Haarfarbe und Augenfarbe hatten sie im Allgemeinen eine Ähnlichkeit mit den übrigen indianischen Stämmen, aber es gab Ausnahmen, die vielleicht 1/5 bis

> 1/6 des Stammes ausmachten: Diese hatten leuchtend blaue Augen und ovale Gesichter ohne die markanten Winkel, die alle anderen amerikanischen Stämme so stark charakterisieren, Merkmale, die ohne Zweifel auf den Einfluss ausländischer Herkunft zurückzuführen sind.« (Catlin 1970, 139)

Beim Kronentanz der Apachen (siehe Abb. 13.2) treten die Darsteller aus der Richtung des »Verlorenen Landes im Meer des Sonnenaufgangs« in einen Kreidekreis auf dem Boden. In der Mitte des Kreises steht ein Sänger mit einem Dreizack, dem Wahrzeichen des Meeresgottes Poseidon, laut Platons Bericht Schöpfer von Atlantis. Wenn die Tänzer fertig sind, dreht der Sänger seinen Dreizack um, rammt ihn vor sich in den Boden und beginnt seinen Gesang: »Ich erinnere mich an das alte rote Land meiner Vorfahren und daran, wie es im Meer versank.« In *Kritias* schreibt Platon, dass die Insel Atlantis reich an rotem Tuffstein war, wie er bei Vulkaninseln verbreitet ist.

Das Verlorene Land im Meer des Sonnenaufgangs, auf das sich der Apachen-Sprecher bezog, war auch als Insel der Flamme bekannt. Er erklärte dann weiter, dass es dort einen großen Hafen mit einer Einfahrt aus schwerem Mauerwerk gab, in die Schiffe von Lotsen gelenkt werden mussten. Eines Tages erschien ein feuriger Drachen, der die Bewohner zur Flucht zwang, wenn sie ihr Leben retten wollten. Sie wanderten lange Zeit mit Samen und Ablegern im Gepäck umher, bevor sie sich schließlich im Land der Indianer niederließen.

Das *Ägyptische Totenbuch* spricht ebenfalls von einer Insel im fernen Westen, die von einer hohen eisernen Mauer umgeben ist. Tefnut, im ägyptischen Mythos die Personifikation der zerstörerischen Hitze und Schwester von Schu, dem ägyptischen Atlas, begab sich zur Insel der Flamme, wo ein schreckliches Gemetzel an den Menschen verübt wurde. Sowohl die Version der Apachen als auch die der Ägypter scheinen auf eine gemeinsame Quelle hinzudeuten: die Zerstörung von Atlantis, das mit dem aktiven Vulkan Atlas als Flammeninsel dargestellt wird.

Der Brauch der Cheyenne, dem Ozean Nahrung oder Tabak zu opfern, war dazu gedacht, den Drachen zu besänftigen, dessen gewaltige Feuer einst aus dem Wasser emporgeschossen waren. Die Kiowa-Apachen feierten an Seeufern das Gedenken an ein »versunkenes Dorf«, das während der Sintflut untergegangen war. Die amerikanischen Mythologinnen Alice Marriott und Carol Rachlin merken an, dass diese Erzählung der von der versunkenen Kathedrale (*Cathédrale engloutie*) in der Bretagne ähnelt, wobei es sehr unwahrscheinlich sei, dass die Geschichte auf europäische Folklore zurückgeht. Möglicherweise handelt es sich dabei auch um ein Fragment einer längeren und komplexeren Geschichte (Marriott und Rachlin 1968, 8).

Die eng verwandte Navajo-Version des Kronentanzes erzählt, dass die Götter nach der Sintflut »alle Teile der Welt besuchten« (Marriott und Rachlin 1968, 14). Die Aschochimi aus Kalifornien erzählen sich, dass eine massive Überschwemmung fast die gesamte Menschheit auslöschte, bevor sich ihr Stamm gründete. Die Indianer der Nordwestküste bei St. Michael verbreiten immer noch untereinander die Geschichte von »einer Überschwemmung, die in den ersten Tagen der Erde stattgefunden hat« (ebd., 1968, 9). Die Komantschen glaubten, dass vor ihnen ein weißes Volk existierte, dass aber alle in einer schrecklichen Flut umkamen. Nur einige wenige wurden während der Katastrophe in weiße Möwen verwandelt.

Jeder amerikanische Stamm hatte seinen eigenen Fluthelden, von dem seine Ahnen abstammten. Bei den Aschochimi war es Atapasks, während die Delaware ihn Powako

Abb. 13.2. Für den Kronentanz gekleideter Apache. Der Tanz sollte an das »rote und schwarze Land« erinnern, das in alter Vergangenheit infolge einer großen Flut im Meer versunken war. (Museum of the American Indian, New York.)

nannten. Viele sogenannte Totempfähle, die als dekorative Hauspfosten verwendet wurden, um den Reichtum und die Abstammung ihrer Besitzer widerzuspiegeln, sollen »zur Zeit der Flut« angefertigt worden sein, um an diese zu erinnern. Wurden neue errichtet, so wurde dies mit Kreistänzen gefeiert und ein »Sprecher« erzählte von der Stammesgeschichte seit frühester Zeit, niemals ohne Hinweis auf die Katastrophe, der seine Vorfahren über das Große Wasser entkommen waren.

Indianische Flutlegenden weisen oft Merkmale auf, die Platons Beschreibung von Atlantis bemerkenswert ähnlich sind, wie wir bereits anhand der bei den Creek erzählten Geschichte von Nunne Chaha festgestellt haben. Wie Poseidon hat auch der Manibozho der Algonquin »Land und Meer nach seinen Wünschen gebildet und geformt«. Das

»Walaam Olum« ist eine Sammlung algonquischer Stammesgeschichten, die von einer katastrophalen Flut erzählen, der nur wenige Menschen, die ersten Häuptlinge, entkamen. Die gleiche Geschichte verdeutlicht auch ein Tanz der Shawnee, der feierlich in den Wäldern von Oklahoma abgehalten wurde. Oklatabashih, auf Choctaw der »Überlebende der großen Flut«, gilt als Vorfahr des Stammes. Der Häuptling, der die Flüchtlinge in Sicherheit brachte, hieß Tiamuni. Der Name erinnert an Tiamut, eine babylonische Verkörperung des Ozeans, die sich von einer noch älteren sumerischen Version ableitet. Die Algonquin-Tradition erzählte vom Vater der Stämme, der »aus der Richtung der aufgehenden Sonne« aus dem Land der Abenaki, »unserer weißen Vorfahren im Osten«, gekommen war, nachdem er in einem Traum gewarnt worden war, dass die Götter sein Land im Meer versinken lassen würden. Eilig baute er »ein großes Schilffloß« (wie bei Thor Heyerdahls Ra-Expeditionen!), auf dem er mit seiner Familie und einer Reihe von Tieren davonsegelte. In jenen Tagen konnten die Tiere noch sprechen, aber da sie ungeduldig wurden, den Vater verspotteten und fast schon am Meutern waren, als endlich Land gesichtet wurde, beraubten die Götter sie dieser Fähigkeit. Gleichwohl gingen sie alle sicher an Land. Die Hopi-Version dieser Geschichte ist identisch.

Die Hopi-Geschichte von der Wasserfrau Tuwa-bontumsi erinnert an Platons Kleito, die Prinzessin, die auf einem Hügel in Atlantis wohnte, und die ägyptische Nun des Urhügels: »Vor sehr langer Zeit gab es auf der Welt nichts als Wasser. Aber wo Tuwa-bontumsi lebte, gab es ein kleines Stück Land. Sie wohnte auf einem Hügel namens Talaschomo, einem Hügel, der entstand, indem er aus dem Urmeer aufstieg.« Der Mythos der Patki-Indianer beschreibt ebenfalls eine Frau auf einer weit entfernten Insel im Meer. Palatkwapi war die Insel einer Zauberin, die für ihre Bosheit mit einer gewaltigen Überschwemmung bestraft wurde. Als Palatkwapi in den Wellen versank, ertranken die meisten Menschen in einem Tsunami, aber einige erreichten die nordamerikanischen Küsten und wurden die Vorfahren der Patki.

Nach der Tradition der Delaware wurde »zu jener Zeit [der Flut] die Insel Tula zum Vaterland der gesamten Menschheit«. Das Lied von Tula war bei den Sioux, Dakota, Pima und Papago bekannt. Tula war auch die Insel in der Richtung des Sonnenaufgangs, die von den Tolteken und Azteken Mexikos als Heimat der Gefiederten Schlange angesehen wurde, des weißhäutigen, gelbbärtigen Gründervaters der mesoamerikanischen Zivilisation. Wenn wir die enormen Entfernungen betrachten, die diese Stämme voneinander trennen, unterstreicht ihre gemeinsame Kenntnis des »Liedes von Tula« seine grundlegende Bedeutung für viele der indigenen Völker des Kontinents.

Einige Stämme an der Golfküste kannten den Adlermann, der den mesoamerikanischen Darstellungen der Gefiederten Schlange sehr ähnlich war. In regionalen Artefakten wurde er als bärtiger Mann dargestellt, der aus einer Muschelschale auftaucht. Als der nordische Seefahrer Thorfinn Karlsefni 1011 nach Christus in Labrador landete, erzählten ihm einige indianische Jungen, dass der Adlermann ihm gleiche – dass er groß, rothaarig, bärtig und hellhäutig sei und seine Heimat ebenfalls im Osten jenseits des Meeres läge. Sie glaubten, er wäre jener Adlermann aus dem Großen Wasser.

Der Mythos der Potawatami betont, wie Platons Bericht, die Unmoral der Bewohner einer großen Insel weit draußen im Großen Wasser des Ostens. Der Schöpfer Kitchemonedo machte ihre Heimat zu einem wahren Paradies, aber weil die Menschen schließlich »unzüchtig, undankbar und böse« wurden, ließ er das Land zusammen mit den meisten der Sünder versinken. Nur ein Mann und seine Frau entkamen der Flut in einem großen Kanu – eine Version, die sich in verschiedenen indianischen Mythen wiederholt.

Die Okanogan aus British Columbia hatten eine großartige Medizinfrau als Vorfahrin, Scomalt, die einst »über eine verlorene Insel« namens Samatumi-whooah herrschte, wörtlich »Insel des weißen Mannes«. Sie versank während eines gewaltigen Krieges, und alle Krieger ertranken, bis auf ein Ehepaar, das schließlich bei den Okanogan landete.

Nach der Tradition der Ureinwohner von Maryland gehörten die Weißen einer uralten Rasse an, die bei einer Überschwemmung der Welt umkam, wiedergeboren wurde und zurückkehrte, um ihr früheres Land zu beanspruchen. Henry Brinton, ein herausragender Mythologe des neunzehnten Jahrhunderts, wies darauf hin, dass »die Algonquin ihre im Osten lebenden Stämme Abenaki nennen, ›unsere weißen Vorfahren‹« (Hennes 1963, 177). Die Erzählung der Delaware von ihren Vorfahren berichtet, dass sie aus »dem ersten Land jenseits des großen Ozeans« stammten. Als ältester Zweig der Algonquin-Familie wiesen sie kaukasische Merkmale auf, die so ausgeprägt waren, dass einige der frühen amerikanischen Siedler glaubten, sie stammten von einem alttestamentlichen verlorenen Stamm Israels ab. Tatsächlich nannten sich die Delaware selbst Leno-Lenape, die »unvermischten Menschen«. Die Acoma behaupten ebenfalls, ihre Vorfahren seien Weiße gewesen, die erschienen waren, nachdem eine Sintflut ihr fernes Heimatland zerstört hatte. Die Sioux schildern, dass »die Indianerstämme früher eins waren und alle auf einer Insel im Osten lebten, beim Sonnenaufgang«. Als ihre Insel unter der Last der Unmoral des Volkes versank, zogen einige tugendhafte Überlebende in »riesigen Kanus« davon. Nach wochenlanger Seefahrt erreichten sie die Küste, an der die Sioux siedelten.

Der Hauptunterschied zwischen den verschiedenen Stammesversionen der Sintflut betrifft die Anzahl der Überlebenden, die im prähistorischen Amerika gelandet sind. Einige behaupten, nur wenige seien angekommen, während andere darauf bestehen, dass eine größere Migration in großen Kanus stattgefunden habe. Wieder andere wie die Mandan erklären, dass nur ein einzelner Mensch die gefährliche Reise unternahm. Die Widersprüche in Bezug auf dieses Thema machen diese Berichte jedoch nicht ungültig. Verschiedene Überlebende der Atlantis-Katastrophe kamen wahrscheinlich unabhängig voneinander an und landeten an verschiedenen Orten entlang der Ost- und Südostküste, einige in größeren oder kleineren Gruppen und manche als Einzelpersonen. Daher gehen die indianischen Flutlegenden vermutlich nicht auf eine gemeinsame Tradition zurück, sondern spiegeln individuelle Stammeserfahrungen ähnlicher, miteinander verwandter Ereignisse wider: die Ankunft von Überlebenden aus unterschiedlichen Regionen des zerstörten Atlantis.

Neben diesen zahlreichen, höchst eindrucksvollen indianischen Mythen findet sich auch eine physische Manifestation in Form einer wichtigen archäologischen Stätte im Nordosten von Louisiana, genannt Poverty Point. Hier befindet sich wahrhaftig Atlantis in Amerika, eine verkleinerte, doch gleichwohl imponierende Reproduktion der verschwundenen Hauptstadt, die in Platons Dialogen erwähnt wird (siehe Abb. 13.3). Drei Jahrtausende bevor Kolumbus in die Neue Welt aufbrach, existierte eine Stadt, wie Platon sie beschreibt, am Ostufer des Arkansas River. Eine Anordnung von Land- und Wasserringen, die sich abwechselten, wurde von Kanälen durchschnitten, die im Stadtzentrum zusammenflossen. An ihrem nördlichen Ende erhob sich ein großer zeremonieller Hügel mit einer Basis von etwa 200 mal 250 Meter und einer Höhe von 21 Meter über die umgebende Ebene. »Es war ein fast perfekter Kegel«, bemerkte James Ford, ein Archäologe, der die Stätte Mitte der 1950er Jahre zum ersten Mal betrat (Ford und Webb 1956, 35). In *Kritias* schreibt Platon, dass der Vulkan Atlas ebenfalls nördlich der Stadt lag. Um die vollkommene Simulation eines Vulkans in Poverty Point herzustellen, wurden auf dem Gipfel des Hügels Brände entzündet.

Platon gibt an, dass die Zahl Sechs, die für die Atlanter heilig war, in die einzigartige Konstruktion der Hauptstadt einbezogen wurde, und zwar in Form von sechs konzentrischen Ringen, die durch Kanäle miteinander verbunden waren. Poverty Point umfasst interessanterweise sechs konzentrische Hügel, die sich mit Erdböschungen und kreisförmigen Wasserläufen abwechseln, die von einem Netzwerk von Kanälen durchschnitten waren.

In Poverty Point haben sich Artefakte erhalten, die wichtige Hinweise auf die Herkunft ihrer ursprünglichen Bewohner bieten. Es gibt kleine, abgenutzte Figuren mit europäischen Gesichtszügen, die einen nicht-indianischen Ausführungsstil zeigen. Außerdem fanden sich Specksteine mit Profilzeichnungen von Langschiffen mit hohem Bug, der manchmal in Tierköpfen endet, und mit niedrigem, abfallendem Heck, wie sie auf Darstellungen von Schiffen aus der Bronzezeit zu sehen sind, die von atlantischen Besatzungen gegen Ägypten geführt wurden.

Nicht weniger atlantisch ist das riesige Ausmaß der faszinierenden Anlage von Poverty Point. In Ermangelung lokaler Steinvorkommen hat man dort die Baustoffe verwendet, die in der Umgebung gerade zur Hand waren. Die antike Metropole wurde aus einer halben Million Kubikmeter Erde erbaut; einer Masse, die fünfunddreißig Mal größer ist als die Kubikfläche der Großen Pyramide auf dem Gizeh-Plateau. Für die Vollendung der Stadt wurden zwanzig Millionen Korbladungen Erde und mehr als drei Millionen Arbeitsstunden benötigt. Poverty Point kann also nur von einer großen, hier ansässigen Bevölkerung gebaut worden sein. Ford erklärt dazu:

Abb. 13.3. Diese Luftaufnahme verdeutlicht die immense Ausdehnung von Poverty Point mit seinen abwechselnden Erdwällen und Wassergräben, die Atlantis nachempfunden sind. (Foto mit freundlicher Genehmigung des Poverty Point Archaeological Museum, Louisiana.)

> »Das Vorhandensein nur weniger chronologischer Informationen bei den Ausgrabungen in verschiedenen Teilen der Anlage legt nahe, dass wahrscheinlich alles zur gleichen Zeit gebaut und bewohnt wurde. Die Arbeiten waren offensichtlich gut organisiert. Die geometrische Gestaltung der Stadt ist eindeutig das Ergebnis zentraler Planung und Leitung.« (Ford und Webb 1956, 37)

Poverty Point ist daher eine Anomalie unter den ansonsten locker organisierten Gesellschaften der Prärie-Indianer. Wie Atlantis war Louisianas prähistorische Metropole der Mittelpunkt eines weit ausgedehnten Handelsnetzes, das hauptsächlich aus Wasserwegen bestand. Poverty Point war ein richtiggehendes städtisches Zentrum mit mindestens fünftausend Einwohnern (durch neuere Schätzungen könnte sich diese Zahl um den Faktor drei erhöhen), die Quarzkristalle aus dem dreihundertzwanzig Kilometer Luftlinie entfernten Hot Springs in Arkansas importierten und Kupfer vom eintausendsiebenhundert Kilometer entfernten Oberen See. Seltsamerweise importierten sie laut Fords Angaben auch »enorme Mengen« von Speckstein oder Steatit aus den mehr als zweitausendvierhundert Kilometer entfernten Appalachen (Ford und Webb 1956, 38). Sie nutzten außerdem Eisen (für Senklote beim Fischen und vielleicht auch beim Vermessen), roten Jaspis (einen kristallinen Quarz), Hämatit (ein rotes Eisenerz) und durchscheinenden Fluorit (ein weiterer Kristall). Der Wert, der dekorativen Importen beigemessen wurde, erinnert an Platons Bericht darüber, dass die Atlanter große Anstrengungen unternahmen, um ihre mächtigen Mauern und öffentlichen Gebäude mit wertvollen Materialien zu schmücken.

Sollten noch Zweifel bestehen, wer die Erbauer oder ursprünglichen Bewohner von Poverty Point waren, so möchte ich außerdem ergänzen, dass gemäß zuverlässiger Radiokarbondatierungen dieser Standort in Louisiana die älteste Stadt Nordamerikas war. Dank einer Fülle von Knochenfragmenten, die aus dem großen Zeremonialhügel geborgen werden konnten, wissen Archäologen, dass Poverty Point um 1600 vor Christus entstanden ist, also zeitgleich mit der dritten atlantischen Flut. Die damaligen indigenen Bewohner des gesamten Kontinents, die auch als Paläo-Indianer der archaischen Zeit bezeichnet werden, besaßen keine materielle Kultur, die auch nur im Geringsten dem System von Maßen und Gewichten, Bewässerungsanlagen, Astronomie, umfassender sozialer Organisation, Vermessung und Stadtplanung gleichkam, das in Poverty Point sichtbar wird. Zusammen mit der Tatsache, dass die Stadt ohne irgendwelche Vorstufen ganz plötzlich auftauchte, deutet dies darauf hin, dass sie durch die Leistung eines fremden Volkes entstand, das bereits über Erfahrungen im Städtebau und Fernhandel verfügte.

Das Gebiet war schon seit mindestens eintausendfünfhundert Jahren bewohnt gewesen, aber von einer weitaus weniger anspruchsvollen Kultur, die nichts mit den Baumeistern zu tun hatte, die um die Wende des siebzehnten Jahrhunderts vor Christus auftraten. Etwa vierhundert Jahre später erlebte Poverty Point einen plötzlichen Bevölkerungsanstieg, der mit wichtigen astronomischen Ausrichtungen im Stadtzentrum einherging. Die Stadt blühte noch etwa dreihundert Jahre lang und brach dann zusammen, als die Bewohner das Gebiet unerklärlicherweise verließen und verschwanden. Es wurde nie wieder bewohnt und erst in den 1950er Jahren bei Luftaufnahmen des Arkansas River zufällig entdeckt.

Dass Poverty Point bewusst nach dem Vorbild von Atlantis gestaltet wurde, ist offensichtlich. Die große Ähnlichkeit und der gemeinsame Zeitrahmen lassen wenig Raum für andere Interpretationen. Die dritte Migrationswelle aus Atlantis folgte auf die spätbronzezeitliche Katastrophe von 1628 vor Christus, und kurz darauf entstand Poverty Point im Nordosten Louisianas. Zu jenem Zeitpunkt nahm auch der Kupferabbau in der Region der Großen Seen Fahrt auf. Poverty Point, wo Kupferartefakte von den Großen Seen gefunden wurden, war höchstwahrscheinlich eine Bergbaustadt oder ein Ort der Veredelung der Mineralien, bevor sie in großen Mengen nach Atlantis verschifft wurden, dessen aufstrebender Reichtum als Hauptstadt der bronzezeitlichen Welt von seinen nordamerikanischen Quellen abhing. So war auch 1200 vor Christus ein Wendepunkt sowohl für Poverty Point, dessen Bevölkerung zu jenem Zeitpunkt einen plötzlichen Anstieg verzeichnete, als auch für Atlantis, das in jenem Jahr seine endgültige Zerstörung erlebte.

Es sieht so aus, als hätten die Atlanter Poverty Point für Bergarbeiter erreichtet, die nach ihren Grabungsarbeiten auf der Oberen Halbinsel in Michigan hier überwinterten. Kupfer wurde gesammelt und zu Barren geschmolzen, um diese über den Arkansas und den Mississippi in den Golf von Mexiko sowie nach Atlantis zu transportieren und an die Länder und Kulturen des Mittelmeers und des Nahen Ostens zu verkaufen. Als Atlantis durch die weltweiten geologischen Umwälzungen, die die Bronzezeit beendeten, ausgelöscht wurde, flohen einige der Überlebenden nach Übersee in die bekannte Bergbaustadt in Louisiana, wodurch die Einwohnerzahl stark anstieg.

Dies ist das Drama, das sich seit Generationen im indianischen Mythos und in Zeremonien erhalten hat.

VIERZEHN

Gefiederte Schlangen aus versunkenen Städten

Ozean, aus dem die Götter erwuchsen ...

HOMER: *ILIAS* (BUCH XIV)

Als die spanischen Konquistadoren im Jahr 1519 zum ersten Mal im Gebiet des heutigen Mexiko landeten, stießen sie dort auf das Reich der Azteken und eine Hauptstadt, die es an Größe und Pracht mit jeder europäischen Stadt aufnehmen konnte. Zu ihrer Überraschung erklärte ihnen der Herrscher dieses Volkes bei ihrer ersten Begegnung, dass sie erwartet worden wären. Dazu erzählte er Folgendes:

> »Vor langer Zeit haben uns die Schriften unserer Vorfahren mitgeteilt, dass weder ich noch die Bewohner dieses Landes von hier stammen, dass wir eigentlich Fremde sind, die aus anderen Gegenden hierhergekommen sind. Wir wissen auch, dass unser Volk von einem Herrscher von dort weggeführt wurde, dem alle unterstanden und der später in sein Heimatland zurückkehrte. Dort blieb er so lange, dass die Auswanderer bei seiner Rückkehr bereits die Frauen des Landes geheiratet, Kinder mit ihnen gezeugt und Städte gebaut

> hatten, in denen sie lebten, so dass sie auf keinen Fall in ihr Land zurückkehren oder ihn als Herrn anerkennen wollten. Daraufhin verließ er sie wieder. Doch wir haben immer geglaubt, dass irgendwann einer seiner Nachkommen kommen, dieses Land in Besitz nehmen und uns als rechtmäßige Untertanen betrachten würde. Im Hinblick auf das Land, aus dem ihr kommt, das dort liegt, wo die Sonne aufgeht, und die Botschaft von dem großen König und Herrscher, der euch hierhergeschickt hat, sind wir überzeugt, dass er unser natürlicher Herr ist.« (Forman 1968, 34-35)

Für die Besucher aus Spanien muss das alles sehr kompliziert gewesen sein, aber sie machten sich nicht lange Gedanken über die Mythen rund um ihre Ankunft.

Innerhalb von zwei Jahren, nachdem Hernán Cortés beim heutigen Veracruz vor Anker gegangen war, war Montezuma tot, sein Volk versklavt, sein Reich aufgelöst, und ihre Illusionen waren verschwunden. Die unglückseligen Indios hatten die bärtigen Spanier mit dem bärtigen Quetzalcoatl verwechselt, der versprochen hatte, eines Tages zurückzukehren. Die Zukunft war jetzt, doch Cortés war nicht die Gefiederte Schlange.

Diese Gestalt, die Gefiederte Schlange, stand im Zentrum der Geschichte der Azteken und war die Inspirationsquelle ihrer Religion, Kunst und Astronomie. Sie übte einen beherrschenden Einfluss auf alle mesoamerikanischen Kulturen aus, darunter auch einige, die zeitlich und räumlich weit von den Azteken entfernt waren.

Während zehntausenden von Jahren hatten die indigenen Bevölkerungsgruppen Mesoamerikas in verstreuten Dörfern gelebt, wo sie grobe Töpferwaren und ein paar einfache Werkzeuge herstellten und auf der Basis einer Subsistenzlandwirtschaft existierten, die nur einen Schritt von der Lebensweise ihrer Jäger-und-Sammler-Vorfahren entfernt war. Dann, etwa 1500 vor Christus, entstand plötzlich eine komplexe, dynamische Zivilisation an der Küste des Golfs von Mexiko. Archäologen bezeichnen dieses Volk als Olmeken, doch wie sie sich selbst nannten, ist unbekannt. Die gebildeten Träger dieser antiken Kultur bauten monumentale Zeremonienzentren und praktizierten die Künste der Medizin, Astronomie und Astrologie. Ihre Zivilisation breitete sich entlang der Golfküste und darüber hinaus aus, aber um 600 vor Christus setzte ein Rückgang ein, und ihnen folgten die bei Oaxaca gelegenen Kulturen der Zapoteken und der Mixteken, die die von den Olmeken geschaffenen Muster für die mesoamerikanische Zivilisation übernahmen. Parallel dazu wurden diese Muster von den Maya, insbesondere auf den Gebieten der Astronomie und Literatur, weiter erhalten und erweitert. Im zehnten Jahrhundert verkümmerten sie, während das Erbe Mesoamerikas von den Tolteken übernommen wurde. Die letzte Phase der präkolumbischen Welt Mexikos gehörte den Azteken, Fremden aus dem Norden, die eine Synthese früherer Formen in einem imperialistischen Reich anstrebten.

Jedes Volk bezog sich auf die Figur der Gefiederten Schlange als wichtigste Gestalt in seiner Religion und Geschichte. Für die Maya war er Kukulcán. Die Quiché kannten ihn als Votan. Die Tolteken, Mixteken und Azteken erinnerten sich an ihn als Quetzalcoatl. Seine Legende war sogar in manchen Teilen des vorspanischen Amerikas bekannt, die weder von den Maya noch von den Azteken jemals dominiert worden waren. In Brasilien gab es eine entsprechende Gestalt namens Tupi oder Same – und zwar bei Stämmen, die keinerlei Beziehung zueinander und zu denen Mexikos hatten. Bei den Indios in Kolumbien hieß diese Gestalt Bochica oder Zuhe. Tatsächlich begrüßten die kolumbianischen Ureinwohner die Spanier anfangs als »Zuhe«. Kondoy wurde sie bei den Zoques im Süden Guatemalas genannt, die venezolanischen Cunas kannten sie als Tsumam, und bei den Ureinwohnern Argentiniens und Paraguays war sie als Tamandare bekannt.

Es ist erstaunlich, dass die Legende innerhalb von sage und schreibe mindestens dreitausend Jahren nur geringfügigen lokalen Einflüssen und Veränderungen unter Völkern unterschiedlichster Kulturen unterworfen war, was darauf hindeutet, dass alle Gesellschaften, die diese Geschichte bewahrten, tatsächlich von einem Fremden von jenseits des Meeres im Osten besucht worden waren. Die Gefiederte Schlange soll mit einer Flotte von »Wasserhäusern« nach Veracruz gekommen sein. Denselben Begriff verwendete auch Yone, ein Prophet der Guanchen, um die Schiffe des kanarischen Gottes Eraoranhan zu beschreiben, die ebenfalls von jenseits des Meeres kamen.

Kukulcáns Zuhause war »das rote und schwarze Land jenseits des Wassers, wo die Sonne aufgeht«. Zusammen mit seinen Begleitern – Dichtern, Künstlern, Ärzten, Priestern, Astronomen, Architekten und Bildhauern – führte er die Errungenschaften der Zivilisation ein. Die Indios erinnerten sich an ihn als großen Mann mit langem blondem Haar und Bart sowie hellen Augen. Er wurde mit einem fließenden weißen Gewand mit roten Kreuzen dargestellt und hielt in der Hand entweder einen Blumenstrauß oder eine Sichel. Interessanterweise war die Sichel auch das Symbol des Kronos der Alten Welt, des mit dem Atlantik assoziierten Titanen. Die Gefiederte Schlange versuchte, die indianische Tradition der Menschenopfer abzuschaffen, doch führte das zu Problemen mit den einheimischen Priestern. Zu diesen gesellten sich einige seiner Begleiter, die sich gegen ihn gewandt hatten, und so segelte er davon, bevor sie ihm Gewalt antun konnten.

Die Abreise der Gefiederten Schlange wurde vom Rest des Volkes beklagt, aber als er an Bord seines »Schlangenfloßes«

(ein Schilfboot mit flexiblem Rumpf?) ging, versprach er, dass er selbst oder seine Nachkommen eines Tages zurückkehren würden, um das Land zu regieren. Die Menschen sollten es bis zu seiner Rückkehr bewahren. Damit fuhr er davon über das gleiche Meer, das ihn nach Mexiko gebracht hatte, in Richtung seines Inselreiches, des roten und schwarzen Landes von Tollan oder der Weißen Insel Aztlán.

Eine der wenigen aztekischen Handschriften, die der Vernichtung durch die Spanier entgingen, enhält eine Beschreibung der Gefiederten Schlange: »Überaus lang ist sein Bart. Gelb wie Stroh ist sein Bart.« Ein steinernes Porträt des Kulturhelden findet sich in Chichén Itzá, in dem einer Zikkurat ähnlichen Tempel des Kukulcán, der mit mehreren in Stein gehauenen Köpfen verziert ist, die spitze Bärte und nicht-indianische Gesichtszüge aufweisen. Wandmalereien in Cacxtla zeigen seine Geburt aus einer Muschelschale, Symbol des Meeres. Andernorts wurde er auch mit einem Schneckenhorn um den Hals abgebildet. Auch bekannt als »Windjuwel«, stand die Schneckentrompete für den Hurrikan, der seiner Ankunft vorausging. Dieses Pektoral ist nur eines von vielen Verbindungsgliedern, die auf die atlantische Identität der Gefiederten Schlange verweisen.

Zum Beispiel erklärte Teuhtile, der erste Abgesandte Montezumas, der den soeben angekommenen Spaniern gegenüberstand, Hernán Cortés, dass dessen Helm, der aus einem glänzenden, den Azteken unbekannten Metall gefertigt war, ihn an Quetzalcoatls Kopfbedeckung erinnere, wie sie in der mündlichen Überlieferung beschrieben wird. Tatsächlich sprach der Azteke Cortés und seine Männer mit »Calion« an, einem Ehrentitel, der auf einen der Fluthelden Mesoamerikas anspielt und letztlich, wie es scheint, auf die griechisch-atlantische Sintflutfigur Deukalion zurückgeht, den Sohn des Prometheus. Dessen Onkel war immerhin kein Geringerer als Atlas selbst.

Platon erzählt, dass die Könige von Atlantis Zwillinge waren. Quetzalcoatls Titel war ebenfalls »Edler Zwilling«, ein Hinweis auf seinen Bruder Xolotl.

Wie Atlas war die Gefiederte Schlange ein Astrologe, und beide wurden als anthropomorphe Figuren dargestellt, die den Himmel tragen (Brundage 1960, 105). Aber die Ähnlichkeiten hören hier nicht auf. Die sieben Töchter des Atlas, die Plejaden, wurden nach ihrem Tod zu Sternen. Quetzalcoatl trug einen Zeremonienstab mit sieben Juwelen, die die Plejaden versinnbildlichten, die im gesamten präkolumbischen Amerika besonders verehrt wurden.

Quetzalcoatl soll aus Michatlauhco oder den Fischtiefen, also dem Atlantik, gekommen sein. Die Begriffe Atlantik und Mich*atlauhco* ähneln sich so sehr, dass eine gemeinsame Herkunft zu vermuten ist. Quetzalcoatls Geburtsinsel wurde manchmal Tlapallan genannt und von Brundage als »tatsächlicher, geografischer Ort irgendwo im Osten« betrachtet (Brundage 1960, 105). In seiner Inkarnation (*ixiptla*) als Yohualli Ehecatl soll die Gefiederte Schlange die ersten Siedler aus dem Osten nach Mittelamerika geführt haben. Als er abreiste, segelte er entlang der Golfküste in Richtung Osten nach Campeche und schließlich nach Tlapallan, dessen Name ebenfalls an Atlantis erinnert.

In *Kritias* erzählt Platon von einer Säule im Zentrum von Atlantis, im Tempel des Poseidon, auf der eine Statue des Atlas, des Himmelsträgers, stand. Abwechselnd jedes fünfte und sechste Jahr versammelten sich die Könige des atlantischen Reiches um diese Säule und brachten im Rahmen ihres Königskultes ein blutiges Opfer dar. In Tenochtitlán, der aztekischen Hauptstadt, war eine freistehende Säule das Zentrum eines Kultes, der der Gefiederten Schlange mit blutigen Opfern huldigte. Die Ähnlichkeit wird noch deutlicher, wenn wir feststellen, dass Quetzalcoatl »in einem Tempel auf der legendären Insel Aztlán« als Atlahua verehrt wurde (Brundage 1960, 105). Aztlán ist zweifellos Atlantis, so wie Atlahua unverkennbar Atlas ist. Die Azteken selbst leiteten ihren Namen von Aztecatl oder »Mann vom wasserreichen Aztlán« ab. In ihrem Nahuatl-Dialekt nannten sich die Azteken Tenoches.

Aztlán bedeutet wörtlich »Schilffeld« und ist eine Metapher für Weisheit, da aus Schilf die Schreibinstrumente hergestellt wurden, die die Gebildeten und Gelehrten benutzten. Für die Ägypter war Sekhet-Aaru ein Reich im fernen Westen, aus dem ihre Vorfahren vor dessen Untergang ins Nildelta geflohen waren. Sekhet-Aaru bedeutet ebenfalls »Schilffeld« und bezeichnet denselben Ort der hohen Bildung. In der Tat zeigt die ägyptische Tempelkunst manchmal einen König, der dem Thaut (oder Thot) opfert, dem göttlichen Schutzpatron der Literatur, mit einer Schreiberpalette und einem Bündel von Schreibrohren aus Schilf. Thaut wurde gewöhnlich als Mann mit dem gefiederten Kopf eines Ibis porträtiert. Er soll mit den übrigen Göttern aus Sekhet-Aaru nach Ägypten gekommen sein. Ebenso erinnerten sich die Azteken an Quetzalcoatl als Gefiederte Schlange, die aus Aztlán kam, das in der Tempelkunst als vulkanische Insel im östlichen Ozean dargestellt wurde. Eine zufällige kulturelle Übereinstimmung dieser Art ist schwerlich vorstellbar, insbesondere, wenn wir feststellen, dass der kalendarische Name von Quetzalcoatl »Schilf Eins« war, was seine Position als Oberster unter den gebildeten Männern verdeutlicht.

Neben dem ibisköpfigen Thaut hatte Wadjet die größte physische Ähnlichkeit mit der Gefiederten Schlange. Als Beschützerin des unteren Nils gehörte sie zu den ältesten Gottheiten, die bereits in vordynastischer Zeit bekannt waren. Manchmal wurde Wadjet in Gestalt einer geflügelten Kobra gezeigt – also einer Gefiederten Schlange. Dieses Symbol fand sich auf der Krone jedes Pharaos, ein Emblem, das seine höchste spirituelle Kraft verkörperte. Die Indios sahen möglicherweise Wadjet prominent auf der Kopfbedeckung eines sie besuchenden Kulturträgers und benannten ihn dann nach seinem beeindruckenden Erkennungszeichen. Eine Variation des Namens von Wadjet, Ur-Uatchti, hat eine gewisse klangliche Ähnlichkeit mit Quetzalcoatl.

Eine andere prädynastische ägyptische Gottheit war Amen, der in der Tempelkunst ebenfalls als bärtiger Mann dargestellt wurde, der einen Kopfschmuck aus doppelten Federn trägt, wobei rote und grüne oder rote und blaue abwechseln – eine weitere Gestalt, die auf die Gefiederte Schlange hindeutet. Ahmen – mit der Bedeutung »Er, der weiß« – war ein Ehrentitel, den die Maya ihren Ärzten, Zauberern, Astronomen sowie anderen hoch angesehenen Vertretern ihrer intellektuellen Elite verliehen.

Quetzalcoatl wurde auch als derjenige verehrt, der das Wasser teilt. Als Erfinder des Dreizacks (das Zeichen Poseidons, des Meeresgottes und nach Platon des Schöpfers von Atlantis) trug er auch den Titel Amimitl, was »Harpune« bedeutet. Es erscheint bemerkenswert, dass vor mehr als fünftausend Jahren auf der anderen Seite der Welt die ersten Zivilisationsbringer des Nildeltas, die mit ihren Schiffen aus dem fernen Westen kamen, als Mesentiu – Harpuniere – in Erinnerung blieben.

Die sagenumwobene Landung der Gefiederten Schlange bei Veracruz wird durch ozeanographische Beweise bestätigt, die auf die Ursprünge der Olmeken-Zivilisation vor fünftausend Jahren hinweisen. Die kanarische Strömung verläuft von der Nordwestküste Afrikas und endet bei Veracruz, genauer gesagt, bei La Venta, der ersten und wichtigsten Wohnstätte der Olmeken.

Es war diese Strömung, die Thor Heyerdahl für seine Ra-Expeditionen nutzte, mit denen er bewies, dass klassischen und vorklassischen Seefahrern Reisen über den Atlantik durchaus möglich gewesen wären. Wenn sich prähistori-

Abb. 14.1. Diese Atlasfiguren im Tempel der Krieger im Zeremonienzentrum Chichén Itzá stellen jeweils Itzamna dar und tragen Steinplatten, die mit der Hieroglyphe für den Himmel verziert sind. Nachdem Itzamna und seine Frau Ixchel eine katastrophale Flut überlebt hatten, sollen sie den Maya die Zivilisation gebracht haben.

sche Seefahrer ins offene Meer gewagt hätten, wären sie schließlich genau an der Stelle gelandet, an der die Gefiederte Schlange eingetroffen sein soll – und tatsächlich dort, wo die mesoamerikanische Zivilisation entstand.

Laut dem Bericht des königlichen Historikers Pater Sahagun erklärten ihm Maya-Priester: »Sie [die Vorfahren der Maya] kamen über das Wasser und landeten bei Veracruz; die Weisen, die alle Schriften besaßen, die Bücher, die Bilder.« Der gleichen kanarischen Strömung folgend, kam auch Cortés vor Veracruz an. Die Maya bezeichneten Veracruz als »Panco – wo diejenigen ankamen, die das Wasser überquerten«.

Die Olmeken, wie sie in Steinreliefs in Monte Albán dargestellt sind, waren relativ große, gelegentlich bärtige Männer, die über die kleinen bartlosen Indios herrschten.

Obwohl sie mit der Gefiederten Schlange vertraut waren, sind über dieses frühe Volk zu wenig Informationen erhalten geblieben, so dass wir die Geschichte der Gefiederten Schlange nur mit den späteren, besser bekannten Maya beginnen lassen können. Diese kannten die Schlange als Kukulcán und als Meister des Atems, gaben ihm also denselben Titel, den auch die nordamerikanischen Creek-, Chortan- und Seminole-Indianer verwendeten, um ihren Gründervater Esaugetuh Emissee zu beschreiben.

Itzamna (siehe Abb. 14.1), ein noch früherer Flutheld, war oberster Gott der Maya, Herr des Himmels, Erfinder der »heiligen Schrift« (Maya-Hieroglyphen) und der Astronomie/Astrologie. Er war der Gründer von Mayapán und Chichén Itzá, wo sich jährlich zwölf Hohepriester trafen, deren Körper tiefblau gefärbt waren – die Ah-Kin oder Wahrsager (von *kinya,* »wahrsagen«). Sie erinnern an die atlantischen Könige, die von Platon als erste Priester und Auguren beschrieben wurden und die sich, in dunkelblaue Gewänder gehüllt, im Tempel des Poseidon versammelten.

Itzamna gab einem Maya-Volk seinen Namen, den Itzá, die als Ah-Auab oder »Fremde« bezeichnet wurden, deren Name jedoch wörtlich »weiße Männer« bedeutet. Andere Titel lauteten »Herren«, »Wahre Menschen« oder »Halach-Unicob« (Abstammungslinie des Landes), manchmal auch »die Großen Männer« oder »Priester-Herrscher«. Sie sind auf der siebenundzwanzigsten Stele in Yaxchilan, der elften Stele in Piedras Negras und im Tempel der Krieger in Chichén Itzá mit langen, schmalen Nasen und europäischen Gesichtszügen dargestellt. Die Halach-Unicob sollen aus Tutulxiu gekommen sein, dem »Land der Fülle« weit jenseits des Meeres, »wo die Sonne aufgeht«. Kukulcáns Vater war Citallatonali, dessen Name in der Capactli-Hieroglyphe erhalten geblieben ist, die einen Drachen darstellt, der den Ozean zerteilt und an den atlantisch-griechischen Ladon

Abb. 14.2. Das Innere einer Schale aus dem 5. Jahrhunderts vor Christus zeigt Pelasgos, den Anführer der pelasgischen Seevölker, wie er von einer Schlange an der griechischen Küste ausgespuckt wird. Auf ihn wartet Athena, die göttliche Personifikation der Zivilisation. (Nationalmuseum von Athen, Griechenland)

(eine mehrköpfige Schlange, die den Lebensbaum des Atlas bewacht) oder an die nordische Midgard-Schlange erinnert, die beide mit dem Atlantik verbunden sind.

In der mesoamerikanischen Kunst taucht die Gefiederte Schlange häufig zwischen den Kiefern eines riesigen Schlangenungeheuers auf – dasselbe Bild wurde auch von griechischen Vasenmalern bei der Darstellung des Pelasgos verwendet (siehe Abb. 14.2), des Anführers der vorhellenischen Pelasger oder Seevölker, die nach der großen Flut die Zivilisation auf den Peloponnes brachten. Der bekannte Volkskundler J. H. Baecker bemerkte dazu: »Die Schlangen-Rasse war die der ersten urzeitlichen Seefahrer. Die seeerprobten Schlangen-Rassen wurden zu Herrschern und Zivilisationsbringern« (Boswick 1924, 186).

Ein Steinrelief in Chichén Itzá zeigt die Gefiederte Schlange, die den Himmel trägt. Sie ist als bärtiger Mann mit einem nichtindianischen Profil dargestellt, was zu Beginn des zwanzigsten Jahrhunderts die führende Autorität auf dem Gebiet der Maya-Zivilisation, J. H. Spinden, veranlasste, ihn als Atlanter zu bezeichnen. Ähnliche Figuren stützen die Glyphe für Himmel in Porrero Nuevo. Die vier Bacab-Götter der Maya, die ebenfalls als Atlanten, also als Himmelsträger dargestellt wurden, sollen nach Chichén Itzá gekommen sein, kurz nachdem eine gewaltige Flut ihre Hauptstadt jenseits des Meeres zerstört hatte. Ihre Heimat wurde als rotes und schwarzes Land bezeichnet, was an Platons Beschreibung der natürlichen Formationen von roter und schwarzer Farbe (Tuff und Lava) auf der Insel Atlantis erinnert. Tatsächlich zeigt der Tempel der Gefiederten Schlange in Teotihuacán ein Relief des Quetzalcoatl, wie er buchstäblich an Land schwimmt.

Der größte Teil der Maya-Handschriften wurde von spanischen Mönchen verbrannt, aber es gab genug Überlebende, die die Geschichte einer Naturkatastrophe unmittelbar vor der Ankunft der Gefiederten Schlange in Mittelamerika mündlich weitergaben. Das Buch von Chilam Balam berichtet vom Leben im roten und schwarzen Land, das über viele Jahrhunderte hinweg vollkommen war. Doch eines Tages »fiel ein feuriger Regen mit Asche; Steine und Bäume stürzten zu Boden. Dann stieg das Wasser in einer schrecklichen Flut. Der Himmel stürzte ein, und das trockene Land versank im Meer« (siehe Abb. 14.3).

Das im Dresdner Codex beschriebene Ereignis »Haiyococab« war das »Wasser über der Erde«, aus dem die »Götter, die die Erde trugen, entkamen, als die Welt durch die Flut vernichtet wurde«. Der Chimalpopca-Codex spricht wie Platons Bericht über die Atlantis-Katastrophe von »einem einzigen Tag und einer Nacht«. Er erzählt vom

Abb. 14.3. Quetzalcoatl, die Gefiederte Schlange, die die Zivilisation nach Mittelamerika brachte, taucht aus dem Rachen einer Schlange auf, was seine Ankunft auf dem Seeweg versinnbildlicht. Der griechische Pelasgos und der mexikanische Quetzalcoatl sollen nach einer katastrophalen Flut an entgegengesetzten Enden der Welt angekommen sein. (Field Museum, Chicago)

Ende der Welt »an einem Tag der Flut. Sogar die Berge versanken im Wasser.« In der Legende von den vier Sonnen »regnete es Feuer, und sie wurden vom Wasser verschluckt«. Auf der Flucht vor der Katastrophe ließen sich die Überlebenden im Land der Maya nieder, wo mehrere Generationen des herrschenden Adels ihre Abstammung auf diese Siedler zurückführten. Die Zerstörung von Atlantis scheint sich in diesen fragmentarischen Berichten deutlich widerzuspiegeln, ebenso wie das wiederkehrende Thema einer atlasähnlichen Figur.

Überlieferungen von einer zum Untergang verurteilten Stadt wurden auch unter den Quiché bewahrt, einer Volksgruppe der Maya im Hochland von Guatemala, die daher etwas abseits des Hauptstrangs der Maya-Zivilisation lag, auch wenn ihre kulturellen Errungenschaften nicht weniger eindrucksvoll sind. Im Chakchiquel-Manuskript werden die Ursprünge der Quiché so beschrieben:

> »Die Weisen, Häuptlinge und Anführer von drei großen Völkern und anderen, die versammelt waren, genannt Umamae, ließen ihren Blick in alle Himmelsrichtungen schweifen, und da sie keine Hindernisse erkennen konnten, kamen sie von der anderen Seite des Ozeans, von einem Ort namens Tulan pa Civan (Sonnenaufgang der Tiefen). Diese Geschwader kamen von der anderen Seite des östlichen Meeres, aus Tulan, und sie besaßen eine Sprache und einheitliche Sitten.«

Das *Popol Vuh* oder »Buch des Rates«, das die Kosmogonie der Quiché sowie ihren Gründungsmythos enthält, beschreibt, was aus Tulan wurde:

> »Eine harzige Masse regnete vom Himmel. Das Gesicht der Erde wurde verdunkelt und ein schwerer Regen setzte ein; Regen bei Tag und Regen bei Nacht. Über ihren Köpfen hörten sie großen Lärm, wie von einem Feuer. Dann sah man Männer rennen, sich gegenseitig stoßen, voller Verzweiflung. Sie versuchten ihre Häuser zu erklimmen, doch die Häuser stürzten ein. Sie versuchten auf die Bäume zu klettern, doch die Bäume schüttelten sie ab. Sie versuchten die Grotten zu betreten, doch die Grotten schlossen sich vor ihnen. Wasser und Feuer trugen zur allgemeinen Zerstörung der letzten großen Katastrophe bei, die der vierten Schöpfung vorausging.«

Aufgrund dieser gewaltsamen Umwälzungen kamen die letzten Auswanderer nach Guatemala:

»Diejenigen, die den Sonnenaufgang betrachteten, hatten eine gemeinsame Sprache. Doch nachdem sie im neuen Tulan angekommen waren und bevor sie nach Westen gingen, hatte sich die Sprache der Stämme verändert. Alles, was sie beim Verlassen des [alten] Tulan gehört oder verstanden hatten, war für sie jetzt unverständlich geworden.«

Tulan war anscheinend ein Name, den die Quiché sowohl für Atlantis als auch für Mexiko verwendeten, ebenso wie britische Siedler im siebzehnten Jahrhundert ihren Teil Amerikas als »Neuengland« bezeichneten. Diese Analogie wird durch das Cakchiquel-Manuskript bestätigt, in dem vier verschiedene Tulans erwähnt werden: »Dort ging die Sonne unter, als wir von der anderen Seite des Meeres nach [Neu-] Tulan kamen, und dort wurden wir gezeugt von unseren Müttern und Vätern.«

Wie die ersten spanischen Chronisten berichteten, »haben die Bewohner von Yucatán von ihren Vorfahren gehört, dass dieses Land von Menschen besiedelt wurde, die aus dem Osten kamen und die Gott gerettet hat, indem er ihnen zwölf Wege durch das Meer offenbarte«. Ähnlich behaupteten die Tolteken, dass ihre Vorfahren von einer Stadt im Ozean, Tollan, kamen, nachdem die Bevölkerung dekadent geworden war und ihre roten und schwarzen Mauern »geschmolzen« waren. Xelhua, ein weißhäutiger Riese, führte die Überlebenden nach Cholula, wo er einen »Flutturm« baute, für den Fall, dass das Meer irgendwann wieder steigen und die Welt bedrohen würde. Das Thema Flut taucht auch in der Quiché-Maya-Version von Tollan auf: Tulum, von *tu* (rund) and *tul-nah* (zu voll, zum Überlaufen, Flut) (Nuttall 1900, 88-89), beschreibt einen kreisförmigen Ort, der überflutet wird.

Das aztekische Prosagedicht *Der Prophet* beschreibt Quetzalcoatls Volk und seine überseeische Heimat:

»Und sein Volk waren die Tolteken, die in allen Berufen erstaunlich geschickt waren, in allen Künsten und Verfahrensweisen. Sie waren hervorragende Kunsthandwerker. Und Quetzalcoatl war der Ausgangspunkt für all diese Künste und Handwerke. Er, der Meister, lehrte sie. Nichts, was dem Gaumen schmeichelte, nichts, was dem Körper gefiel, fehlte ihnen jemals in Tula. Meister unzähliger Reichtümer waren sie. Jedes Bedürfnis wurde ihnen erfüllt. In den Tagen des alten Tula erhob sich dort in Erhabenheit sein Tempel, ragte mit seinen gewaltigen Mauern auf und reichte bis zum Himmel.«

Mazatl, das zweite Tageszeichen im aztekischen Kalender, stellte den mixtekischen Hirschgott und die Göttin dar, die einen großen Berg mit dem Namen »Ort, wo der Himmel stand« mitten im Atlantik errichteten. Ihre Nachkommen waren Paare von Zwillingssöhnen, die glänzernde Paläste und Schreine erbauten, bis sie größtenteils von einer gewaltigen Flut getötet wurden, die den Berg auf den Grund des Meeres versenkte. Nur ein Paar königlicher Zwillinge überlebte die Katastrophe, indem sie zu den Ufern Mittelamerikas segelten, wo sie das erste Reich errichteten. Seltsamerweise hat diese mixtekische Erinnerung an Atlantis eine Entsprechung in der Alten Welt, genauer gesagt, in Nordafrika. Jakob Ben Chaim, ein Rabbiner im marokkanischen Fes während des sechzehnten Jahrhunderts, zitiert ein Fragment der Sibylle von Erythraea über ein Volk von Abkömmlingen, die »ihre ursprüngliche Heimstatt in Atlantis hatten und zur Hälfte Mensch und zur anderen Hälfte Hirsch waren« (Borges 1980, 81). Hirsche gelten manchmal wegen ihres nachwachsenden Geweihs als Symbole der Regeneration. Sie verkörpern daher sehr passend die Wiedergeburt der atlantischen Zivilisation auf beiden Seiten des Ozeans.

Bochica, die Hauptgottheit der kolumbianischen Muisca, trug auf einem Berggipfel weit draußen im Meer den Himmel auf seinen Schultern. Wann immer er sein Gewicht verlagerte, bebte die Erde, was nicht nur an Atlas erinnert, sondern auch an den Schöpfer von Atlantis, Poseidon, der ebenfalls Erdbeben verursachte. Die Chibcha in Kolumbien hatten eine andere Version der Geschichte: Chibchacun, ein Sturmgott, den Bochica bestrafte, indem er ihn den Himmel tragen ließ, verursachte eine Flut, die die Welt ertränkte. Auf Chibchacun, eine dem Atlas vergleichbare Figur, führten die Chibcha – wie die Atlanter – ihre Abstammung zurück.

Der portugiesische königliche Geschichtsschreiber Francisco López de Gómara (1511-1566) berichtet von einer ozeanischen Hauptstadt, die einst »Besucher« zu den brasilianischen Ureinwohnern schickte:

> »Manoa liegt auf einer Insel in einem großen Salzsee. Seine Mauern und sein Dach sind aus Gold und spiegeln sich in dem See. Alles Geschirr des Palastes besteht aus reinem Gold und Silber, und selbst die unbedeutendsten Dinge sind aus Silber und Kupfer. In der Mitte der Insel befindet sich ein Tempel, der der Sonne geweiht ist. Um ihn herum stehen Statuen aus Gold, die Riesen darstellen. Es gibt auch Bäume aus Gold und Silber auf der Insel sowie die Statue eines Prinzen, die vollständig mit Goldstaub bedeckt ist.«

Die Ähnlichkeit Manoas mit Platons prächtigem Atlantis, dessen Titanen und der ozeanischen Lage (»auf einer Insel in einem großen Salzsee«) ist offensichtlich.

Die Ge sprechenden Indios Brasiliens veranstalten immer noch eine »Sonnenpfahl«-Zeremonie, die die Geschichte von Mai-Ra, dem König des »Landes ohne Übel«, erzählt. Die Einwohner erfüllten jedoch nicht seine hohen Ansprüche, und so setzte er die Insel in Brand und versenkte sie dann unter Wasser. Mit ein paar tugendhaften Überlebenden reiste

Mai-Ra an die brasilianische Küste, wo sich die Indianer noch an ihn als den Wanderer oder den Schöpfer erinnern. Bis zu seiner Zerstörung durch christliche Missionare wurde ein großer natürlicher Felsen in Form eines bärtigen menschlichen Hauptes mit einem konischen Helm von den Eingeborenen als »der große Atlas« verehrt.

Das in den Anden beheimatete Volk der Antis glaubte, dass die Erde durch einen explodierenden Vulkan zerstört wurde, der ins Meer stürzte und eine weltweite Sintflut auslöste. Die wenigen Überlebenden besiedelten den Planeten anschließend neu, indem sie, ähnlich wie die griechischen Figuren Deukalion und Pyrrha, Steine über ihre Schultern warfen. Sobald die Steine den Boden berührten, sprangen Männer und Frauen an ihrer Stelle auf.

Die aztekische Legende von Tlaloc erzählt davon, wie der Gott des Wassers einen großen Berg aus dem Urmeer emporhob. Das Quaitleloa-Fest gedachte der Zerstörung der Welt durch die Flut: »Die Menschen hatten sich dem Laster ausgeliefert, weshalb sie [die Welt] zerstört wurde.« Tlalocs Frau Chalchihuitlicue wurde als eine Strömung dargestellt, die einen Mann, eine Frau und eine Schatztruhe fortträgt, was *Otocoa* darstellen soll, den »Verlust von Eigentum«. Als ob die atlantische Identität von Tlaloc betont werden sollte, fand das Quaitleloa-Fest beim Berg Tlalocan beziehungsweise dem »Ort von Tlaloc« statt und war offenbar eine ritualisierte Nacherzählung der endgültigen Zerstörung von Atlantis. Duran, ein spanischer Priester, der nur sechzig Jahre nach der Eroberung Mexikos bei den Azteken lebte, beschrieb die Zeremonie, die jedes Frühjahr begangen wurde: Auf dem Gipfel befand sich der Tempel des Gottes, in dem seine Statue von einem Kreis kleinerer Gottheiten umgeben war. Zahlreiche Teilnehmer, darunter der Große Sprecher oder Herrscher mit seinen Adligen, aber auch Bauern und Handwerker, ob hoch oder niedrig geboren, kamen in aufwendig geschmückten Booten über den heiligen See am Fuße des Berges. Feierliche Lieder wurden zu Ehren einer jungen Frau angestimmt, die wegen ihrer Schönheit ausgewählt und als Prinzessin eingekleidet worden war. Sie trug eine königsblaue Robe, die, wie Duran berichtet, »das große Wasser« oder den Atlantik darstellte. Nachdem sie in den Tempel gebracht worden war, weihte man sie dem Tlaloc; sodann führte man sie wieder ans Ufer zurück, wo sich die Menge versammelte und eine düstere Melodie anstimmte. Die Frau wurde zu einem geschmückten Boot begleitet, das von Hohepriestern gerudert wurde. Sie fuhren sie zu einer Stelle in der Mitte des heiligen Sees namens Pantitlan, wo sie warteten, bis sich ein mächtiger Wirbel bildete. Sobald dieser seinen Höhepunkt erreicht hatte, wurde die »Tochter des Tlaloc«, geschmückt mit Edelsteinen, Goldketten, vergoldeten Armbändern und anderen Schätzen, in den Wirbel geworfen. »Es hieß, dass Pantitlan sie verschlingt, so dass sie nie wieder gesehen wird«, schrieb Duran. Der Wasserwirbel löste sich schließlich auf, und »alle kehrten schweigend in die Stadt zurück«.

Dies ist eine auffällige Parallele zur Alten Welt, wo nach einer vordynastischen ägyptischen Tradition eine farbenfroh gekleidete Jungfrau als Braut in den Fluss geworfen wurde, um eine reichliche Überflutung sicherzustellen.

Die Identifikation des weiblichen Opfers mit Atlantis zeigt sich in ihrer blauen Robe (gleich derjenigen, die das atlantische Königshaus in Platons Beschreibung trägt), in ihrem völligen und überdies auch symbolischen Verschwinden in den Tiefen, in dem atlasähnlichen Berg, den sie vor ihrem Tod besucht, und in dem Namen des Monats, in dem die Zeremonie stattfindet: Atlcaualo. Bedeutsam ist außerdem der aztekische Name der Tochter von Tlaloc, die von der ertrunkenen Jungfrau verkörpert wird: Atlatonan (Frazer 1922, 181). Die Parallele zwischen der Tochter des Atlas und

Atlantis sowie Atlatonan, der Tochter von Tlaloc, dem aztekischen Atlas, ist offensichtlich.

Im Codex Telleriano-Remensis wird Chalchihuitlicue bezeichnet als »die Frau, die sich vor der Sintflut gerettet hat«. In einer zapotekischen Stätte bei Oaxaca wurde ein bärtiger europäischer Kopf durch eine begleitende Hieroglyphe als »Nummer Eins« oder »Erster der Ersten« identifiziert. Die Stadt Utatlan lag in Guatemala, ebenso wie Atitlan, umgeben von Feuerbergen. Die toltekische Stadt Tolan wurde nach ihrer angestammten Heimat benannt. Atla war eine präkolumbische Küstenstadt, und die Angehörigen der Parian-Stämme in Venezuela berichteten den spanischen Eroberern, dass ihre Stadt Atlan von »weißen Indianern« aus einem »überfluteten Land« gegründet worden sei.

All diese Ortsnamen an der Ostküste Mittelamerikas zeigen deutlich die historischen Auswirkungen des verschollenen Atlantis auf das präkolumbische Amerika. Die Überlebenden wurden zu Gründervätern neuer Kulturen in diesem Teil der Welt. Die Gefiederte Schlange ist die berühmteste Figur Mittelamerikas. Doch ihre Identität war ein Rätsel für konventionelle Archäologen und eine Quelle für fast unbegrenzte Spekulationen bei Vertretern der Kulturdiffusionstheorie, die sie in die Roben fast jeden Landes von Israel bis Irland kleideten. Eine genauere Betrachtung ihrer Geschichte, deren grundlegende Übereinstimmung bei allen Stämmen und Kulturen Mesoamerikas bemerkenswert ist, enthüllt jedoch alle wichtigen Details des roten und schwarzen Landes, aus dem sie stammte: Die Gefiederte Schlange war und ist atlantisch.

FÜNFZEHN

Die erste Einwanderungswelle aus Atlantis

Nachdem Osiris die Barbarei aus Ägypten verbannt hatte, pflanzte er dort den Lotus der Weisheit und machte sich auf seine lange Reise, um den Rest der Welt zu zivilisieren.

MANETO, ÄGYPTISCHER PRIESTER-HISTORIKER,
4. JAHRHUNDERT VOR CHRISTUS

Die Maya berichten von zwei Einwanderungswellen, die in Mittelamerika ankamen. Eine große und eine kleinere Immigrationswelle, die zeitlich durch viele Generationen voneinander getrennt waren, bildeten die entscheidenden Ereignisse in ihrer Geschichte. Beide Ereignisse fielen mit kolossalen Veränderungen in der Außenwelt zusammen und gingen mit denselben großen geologischen Umwälzungen einher, die die massenhaften Auswanderungen aus Atlantis überhaupt erst ausgelöst hatten.

Nach dem Maya-Kalender begann am 12. August 3113 vor Christus (4 Ahau 8 Cumku) ein neues Weltzeitalter.

Dieser Zeitpunkt entspricht bemerkenswert gut der archäologischen Datierung von Mexikos ersten Kulturträgern, den Olmeken. Ursprünglich glaubten die Fachleute, sie seien um 1200 vor Christus aufgetaucht, bis Beweise für einen dreihundert Jahre früheren Zeitraum ans Licht kamen. In jüngerer Zeit wurde sogar ein Datum im späten vierten Jahrtausend vor Christus bestätigt. In den frühen 1980er Jahren hatte der Astronaut Gordon Cooper, in Begleitung eines Fotografen der Zeitschrift *National Geographic*, kohlenstoffhaltige Tonscherben der Olmeken auf einer vorgelagerten Insel im Golf von Mexiko geborgen. Eine Analyse des Materials an der A&M University in Texas ergab, dass es fünftausend Jahre alt war. Diese Entdeckung veranlasste Dr. Pablo Bush Romero, den Leiter der Archäologischen Abteilung der Universität von Mexico City, diese Insel persönlich zu erforschen. Er und seine Kollegen bestätigten das Datum, das seither im Jalapa-Museum für olmekische Kultur (im Bundesstaat Veracruz) offiziell so angegeben wird. Interessanterweise entsprechen die beiden zuvor für den Beginn der mesoamerikanischen Zivilisation angenommenen Zeithorizonte (1500 und 1200 vor Christus) der zweiten Serie geologischer Umwälzungen sowie der endgültigen Zerstörung von Atlantis. Beide Kataklysmen lösten unterschiedliche Wanderungsbewegungen aus, die die beiden späteren kulturellen Ebenen der olmekischen Zivilisation hervorbrachten.

Das Datum von 3113 vor Christus für den Beginn der olmekischen Zivilisation ist bemerkenswert, denn dies ist auch das Jahr, in dem die dynastische Kultur in Ägypten begann. Diese beiden prägenden Ereignisse, die durch eine halbe Welt getrennt, aber zeitlich miteinander verbunden waren, ergaben sich nicht aus purem Zufall. Ihre bemerkenswerten Gemeinsamkeiten verdeutlicht ein Vergleich der Artefakte. Die berühmte Narmer-Palette von Hierakonpolis, benannt nach dem ersten Pharao der ersten Dynastie, sowie eine Illustration des aztekischen Monarchen Montezuma I. im mexikanischen Codex Mendoza zeigen identische Darstellungen von Männern, die mit einer Hand in die Haare eines besiegten Feindes greifen, während sie mit der anderen eine Kriegskeule schwingen. In beiden Abbildungen greift eine männliche Figur, die in Gestalt eines Vogels erscheint und anscheinend eine königliche Symbolfigur darstellt, einen weiteren Feind an. Diese außergewöhnliche Parallele kann unmöglich zufällig sein. Die spezifischen, stark individualisierten Details beider Bilder, die nirgendwo sonst in der Alten Welt auftauchen, spiegeln eine gemeinsame Inspirationsquelle wider.

Die identischen Gründungsdaten für die Zivilisationen in Mexiko und im Niltal sowie die ähnliche Darstellung der ersten Monarchen beider Kulturen legt eine grundlegende Beziehung zwischen Mesoamerika und dem pharaonischen Ägypten nahe. Es gibt aber keine ägyptischen Traditionen, die direkte Kontakte nach Mexiko nahelegen, und erst recht keine Hinweise auf Verbindungen der Azteken oder Maya mit Ägypten. Sowohl in Mesoamerika als auch im Alten Ägypten gibt es jedoch bemerkenswert ähnliche Berichte über mächtige Kulturträger, die gekommen waren, um die Zivilisation in den jeweiligen Ländern jenseits des Atlantiks zu etablieren. Zu den Ägyptern kamen ihre Gründungsväter aus dem Westen; zu den Maya kamen sie aus dem Osten. Beide Kulturen erzählten im Wesentlichen dieselbe Geschichte, weil sie Empfänger eines gemeinsamen atlantischen Erbes waren.

Bei den entsprechenden Merkmalen im dynastischen Ägypten handelt es sich im Wesentlichen um dieselben Details, die auch in Mesoamerika eingeführt wurden. Beide Hochkulturen traten voll entfaltet in die Geschichte ein, ohne den langfristigen, mühsamen Entwicklungsprozess, der in anderen komplex organisierten Gesellschaften zu beobachten ist. Hätten die Ägypter ihre Kultur nach Mesoamerika verpflanzt, so wären die beiden Zivilisationen praktisch identisch gewesen, wobei die eine kaum mehr als eine koloniale Erweiterung der anderen dargestellt hätte. Dass sowohl die Maya als auch die Ägypter Hieroglyphen verwendeten, obwohl sie durch die Weiten des Ozeans voneinander getrennt waren, deutet darauf hin, dass beide Völker diese von derselben Quelle erhalten hatten. Dass sich die beiden Schriftsprachen nicht direkt in die jeweils andere übersetzen lassen, ist darauf zurückzuführen, dass sich die beiden Systeme über viele Jahrhunderte hinweg getrennt entwickelt haben.

Die Unterschiede zwischen der ägyptischen und den mesoamerikanischen Zivilisationen ergaben sich aus den unterschiedlichen Interaktionen der eingewanderten atlantischen Kulturträger mit der jeweiligen Umgebung, die sie in den beiden Ländern vorfanden. Es gibt jedoch genug Ähnlichkeiten, die darauf hindeuten, dass sie aus demselben atlantischen Samen hervorgingen. Mit anderen Worten, Mittelamerika und das dynastische Ägypten waren lokale Variationen des atlantischen Themas, das beiden gemeinsam war. Das mythische und historische Erbe dieser beiden Kulturen verweist auf die gemeinsamen atlantischen Ursprünge.

Tatsächlich erreichten zivilisatorische Einflüsse Mexiko zur gleichen Zeit wie das Nildelta. Der Beginn des neuen Weltzeitalters am 12. August 3113 vor Christus muss der Tag gewesen sein, an dem atlantische Flüchtlinge in Mexiko gelandet sind. Mit ihren Schilfbooten flohen sie vor den geologischen Verwerfungen, die ihre ozeanische Heimat verwüstet, aber noch nicht völlig zerstört hatten. Die Narmer-Palette beziehungsweise die Bilder des Codex Mendoza und das gemeinsame Gründungsdatum im späten vierten Jahrtausend vor Christus sind nicht die einzigen Gemeinsamkeiten zwischen den beiden Kulturen. Grundlegende

Abb. 15.1. Die Kukulcán-Pyramide von Chichén Itzá, die einer sumerischen Zikkurat ähnelt, war der Gefiederten Schlange geweiht, dem Gründervater der Maya, der aus seiner versunkenen Hauptstadt über das Meer an die Küste Yucatáns gekommen war.

Verbindungen zwischen Mexiko und Ägypten, die auf Atlantis zurückzuführen sind, werden durch zahlreiche interkulturelle Parallelen illustriert.

Beispielsweise weisen mesoamerikanische Pyramiden außerordentlich starke Ähnlichkeiten mit sumerischen Zikkuraten und insbesondere mit frühägyptischen Stufenpyramiden auf. Die berühmteste Stufenpyramide der Neuen Welt ist die Pyramide des Kukulcán, der Gefiederten Schlange, in Chichén Itzá auf der Halbinsel Yucatán (siehe Abb. 15.1). Angesichts der Merkmale, die die Große Pyramide mit dem maßgeblichen atlantischen Bauwerk Mittelamerikas verbinden, unter anderem atlasähnlichen Figuren, die den obersten Teil der Pyramide in allen vier Himmelsrichtungen tragen, ist es schon sehr schwierig, die offensichtliche kulturelle Verbindung zu ignorieren.

Abb. 15.2. Eine Modell-Rekonstruktion der Zikkurat von Ur in Sumer, gebaut in Anlehnung an den heiligen Berg, der mit Utnapischtim, einem Überlebenden der Flutkatastrophe, verbunden ist.

Die Architekten der sumerischen, ägyptischen und Maya-Sakralbauten bevorzugten eine Ausführung mit blauen Fliesen und Mosaiken. Die Zikkurat von Ur (siehe Abb. 15.2), dem Himmelsgott An gewidmet, war ursprünglich mit glänzenden blauen Kacheln verkleidet. Die Azteken bezeichneten den Himmel als »Pyramide aus blauem Stein«.

Pharao Djoser aus der dritten Dynastie errichtete seine Stufenpyramide (siehe Abb. 15.3) in Sakkara um 2650 vor Christus, etwa dreitausend Jahre vor dem Bau der Maya-Pyramide in Palenque, doch gleichen sich beide in zahlreichen Details. Abgesehen von ihrer offensichtlichen Ähnlichkeit als Stufenpyramiden enthalten beide unterirdische Kammern mit absteigenden Korridoren. Die Pyramide von Palenque enthielt den Körper eines Maya-Herrschers namens Pakal. Die Bestattungspraktiken und religiösen Überzeugungen wa-

Abb. 15.3. Die Stufenpyramide des Djoser hat große Ähnlichkeit mit der sumerischen Zikkurat sowie der Pyramide von Chichén Itzá. Die dynastischen Ägypter behaupteten, die Techniken zur Errichtung eines solchen Kolossalbaus seien mit Kulturträgern aus einem Reich gekommen, das im westlichen Ozean versank.

ren denen in der Alten Welt bemerkenswert ähnlich. Der bekannte Forscher R. A. Jairazbhoy wies nach, dass die acht Stufen, die die Seele des Königs auf ihrem Weg durch die Unterwelt durchlaufen sollte, im mesoamerikanischen und ägyptischen Glaubenssystem praktisch identisch waren. In der ägyptischen Tradition wurde die dritte Stufe von einem Krokodil, *Sebek*, überwacht (siehe Abb. 15.4), während *Cipak* für das heilige Alligatorboot der Azteken steht (siehe Abb. 15.5). Die menschliche Seele wurde im ägyptischen und im mesoamerikanischen Denken gleichartig gesehen. Die Tempelkunst im Niltal porträtierte Ba (die Seele) als einen Vogel mit menschlichem Kopf, der durch ein Loch aus einem Grab auffliegt. Ein Relief eines Maya-Tempels in Izapa zeigt auf ähnliche Weise einen menschenköpfigen Vogel, der aus einer Grabhöhle fliegt.

Abb. 15.4. Der krokodilköpfige Gott Sebek, der mit der Macht des Nils in Verbindung gebracht wird, mit Prinz Amenophis III. (Luxor Museum, Ägypten)

Die Wandmalereien in Palenque erinnern auffallend an die ägyptische Technik. Die Maya-Figuren sind wie ihre ägyptischen Gegenstücke in Reihen angeordnet, wobei die Füße und Köpfe der meisten Adligen als Flachrelief dargestellt sind. Bei der prächtigen Beisetzung, die sich kaum von der eines Pharaos unterschied, waren Pakals Sarkophag und seine Ohrringe mit Hieroglyphen verziert, und er trug eine Perlenkette mit Edelsteinen, die in Form von Blumen und Früchten geschnitten waren und beinahe auch als eine Arbeit vom Nil bestehen könnten. Aber die Parallelen sind damit noch lange nicht erschöpft. Gleich den Pharaonen trug Pakal eine Totenmaske. Das untere Ende seines Sarkophags war wie bei Pharao Djoser so gestaltet, dass das gesamte Gehäuse aufrecht auf einem Sockel stehen konnte. Pakal trug einen falschen Kinnbart, ebenso wie alle Pharaonen, sogar Königin Hatschepsut.

Abb. 15.5. Die menschliche Figur mit einem Alligator ist Cipak, die aztekische Personifikation eines heiligen Bootes und ein mythologisches Überbleibsel von Vorgängervölkern der Maya. Der ägyptische Sebek und der aztekische Cipak entstammen hinsichtlich Namen, Aussehen und Funktion einer gemeinsamen Quelle. (Wandmalerei in Bonampak, Chiapas, Mexiko)

Der amerikanische Landvermesser Hugh Harleston jr. entdeckte 1974, dass die Maße des »Tempels der Inschriften« in Palenque nicht zu den Standardeinheiten der Maya von 1.059 Metern passten. Stattdessen stimmte die Anlage des Baus perfekt mit den ägyptischen »königlichen Ellen« überein (Corliss 2001, 162). Der Tempel enthielt einen sieben Meter hohen Raum mit einer Grundfläche von vier mal neun Metern. »Dieses Gewölbe war mit riesigen Steinbalken überdacht, die ein wenig an die Königskammer in der Großen Pyramide erinnern«, so Corliss (2001, 161).

Alberto Ruz Lhuillier, der mexikanische Archäologe, der Pakals Ruhestätte entdeckte, bemerkte ebenfalls, dass »die prächtige Kammer an die ägyptischen Pyramiden erinnert. Offensichtlich gab es Ähnlichkeiten in der architektonischen Funktion der Pyramide und der spirituellen Grundhaltung der Priesterkönige« (Corliss 2001, 162).

Corliss fährt folgendermaßen fort:

> »Der architektonische Stil und die grafischen Artefakte im Tempel der Inschriften ähneln denen einiger ägyptischen Pyramiden so sehr, dass eine antike kulturelle Diffusion anzunehmen ist. Es gibt die gleichen Steine, die versperrten Gänge und ähnliche Verzierungen des Gewölbes. Es gibt sogar einen Lüftungsschacht analog zu denen in der Großen Pyramide. Noch seltsamer ist eine lange, gewundene Tonröhre, die aus dem Sarkophag und die Treppe hinauf zu einer senkrechten Steinplatte führte, die den Durchgang versperrte. War diese Röhre als Ausgang für die Seele des begrabenen Königs gedacht? Wenn, dann wäre dies einem Konzept aus dem Alten Ägypten ganz ähnlich!« (Corliss 2001, 162)

Um Pakals kunstvoll geschnitzten Steinsarkophag herum waren Jadestatuen von Kinich-Ahau (Herr des Sonnenauges) platziert, vergleichbar den ägyptischen *Uschebtis* (Antworter): kleine Statuen aus Fayence, die bei königlichen Bestattungen verwendet wurden. Bezeichnenderweise war der ägyptische Horus auch als Herr des Sonnenauges bekannt und wurde als göttliche Verkörperung des Königtums verehrt. Jade war der wichtigste Zeremonialstein in Mesoamerika, weil seine Farbe das Wasser des Atlantiks symbolisierte, über den die Gefiederte Schlange und ihr Gefolge nach Mittelamerika kamen. In der aztekischen Version der Sintflut war seine Begleiterin die Prinzessin Chalchuitl, die direkt mit Jade identifiziert wurde. Pakals Jadestatuetten waren in der Tat als *Chalchuitls* bekannt.

Chalchiuhtlicue war eine aztekische Göttin, die die Opfer der großen Sintflut in Fische verwandelte. Die gleiche Transformation taucht auch in den Sintflutmythen der Babylonier und der nordamerikanischen Lakota-Sioux auf.

Chalchiuhtlicue wurde in einer jährlichen Zeremonie geehrt, bei der die Priester Schilf sammelten, trockneten und dann in ihren Schrein legten. Das Schilf symbolisierte sowohl Weisheit (als Schreibgerät) als auch den Ort des Schilfes, Aztlán, die überseeische Heimat. Die Tempelkunst stellt Chalchiuhtlicue dar, wie sie auf einem Thron sitzt und um sie herum Männer und Frauen in riesigen Strudeln ertrinken. Ihr Beiname, »Unsere Frau vom Jadekleid«, bezieht sich auf die Insel Atlantis inmitten des Meeres. Jade war eine farbige Metapher für den blaugrünen Atlantik. Ihr Mythos ist eine Erinnerung an die atlantische Katastrophe.

Die Vasallen der Gefiederten Schlange waren die Tlanquacemilhitime, benannt nach dem Berg, auf dem er zu ihnen gesprochen hatte. Um seinen Titel, Herz des Meeres, zu ehren, arbeiteten sie mit Jadesteinen, die *Chalchiuiten* genannt wurden. Jahrtausende zuvor waren schon die Olmeken geschickte Jadehandwerker gewesen. Jade war das »Herz« des Lebensbaums der Maya, des Imix-Baumes, und ein Symbol der Sintflut, so wie Lapislazuli die »Frucht« des Lebensbaumes war, nach dem der sumerische Held Gilgamesch nach seiner Begegnung mit Utnapischtim, dem Überlebenden der Flut, gesucht hat. Der atlantische Gründungsvater der Maya, Itzamna, der Herr des Himmels, besaß den Imix-Baum; in der Tempelkunst wurde er dargestellt als Baum, der aus einer Vase mit überfließendem Wasser wuchs. In der ägyptischen Symbolik stellte eine mit Wasser gefüllte Vase das Urmeer dar, aus dem die ersten Götter und Menschen in das Nildelta kamen.

Eine andere altägyptische Zeremonialpraxis, die auch in Mesoamerika bekannt war, ist das rituelle Verschießen von Pfeilen in die vier Himmelsrichtungen. Es wurde von jedem Pharao bei seiner königlichen Initiation sowie bei seiner Vergöttlichung nach dreißig Jahren Regierungszeit praktiziert. Interessanterweise scheint dieses Ritual auch in einem aztekischen Nahuatl-Gedicht aufzutauchen, das von einem sterblichen Bogenschützen handelt, der auf dieselbe Weise Göttlichkeit erlangt.

Parallelen zwischen Ägypten und Mittelamerika zeigen sich aber nicht nur in vergleichbaren zeremoniellen Praktiken oder ähnlicher monumentaler Architektur, sondern auch bei bescheideneren Artefakten. Das Jalapa-Museum in Mexiko zeigt eine kleine Olmekenfigur in Hockstellung, aus deren Mund zwei verdrehte Seile herausragen. Die Bedeutung dieser Statuette ist nicht bekannt, aber das *Buch der Tore* des Pharao Ramses IV. beschreibt ein doppelt verdrilltes Seil, das aus Akhens Mund ragt. Akhen war der Wächter der Unterwelt, die der höchste Sonnengott (Ra oder Re) in seiner Sonnenbarke durchquerte. Eine weitere Olmekenfigur stellt ein sitzendes Baby mit dem Daumen im Mund dar, das »schöne Kind«, das den Sonnenaufgang symbolisiert. Die ägyptische Tempelkunst porträtierte den aufgehenden Sonnengott auf ähnliche Weise als »Herupkhart, den Säugling Horus, das kleine Kind mit dem Finger im Mund« (*Ägyptisches Totenbuch*, Kapitel 171).

»Rauchender Spiegel« war der Beiname von Tezcatlipoca, einem toltekisch-aztekischen Gott, dessen *Nagual* oder Tiermaske der Jaguar war. Sein mit Punkten übersätes Fell symbolisierte den Sternenhimmel. Er ist auch als Hurakan bekannt (wovon unser Wort Hurrikan abstammt) und herrschte über die Jaguar-Sonne oder Ocelotonatiuh, die erste von vier Welten (beziehungsweise Zeitalter oder Epochen), die vor der gegenwärtigen zerstört worden waren. In seinem Spiegel sah Tezcatlipoca alles – Vergangenheit, Gegenwart und Zukunft. Die atlantischen Merkmale dieser

Gottheit sind seine Herrschaft über eine Weltkatastrophe sowie seine Identifikation mit den Himmelskörpern, was seinen astrologischen Charakter verdeutlicht, den auch sein prophetischer Spiegel unterstreicht.

Das Gegenstück zu Tezcatlipoca ist im Ägyptischen Museum von Turin zu sehen, wo eine Statue des Astrologen Anen steht, der eine Gepardenhaut trägt, deren Flecken in fünfzackige Sterne umgeformt sind. Das Fell ist an einer goldenen Maske befestigt, die einen Gepardenkopf darstellt. Bei Lindsay findet sich die Zeichnung einer Priesterin, die in eine Löwenhaut mit Sternen gehüllt ist, während sie Dionysos um ein Zeichen bittet (Lindsay 1969, 129).

Eine weitere Parallele findet sich auf einer großen Zeremonialscheibe von etwa zwei Metern Durchmesser aus der aztekischen Hauptstadt Tenochtitlán. Sie zeigt die Reliefskulptur von Coyolxauqui, einer Mondgöttin, passenderweise aus hellem Stein gefertigt. Ihre abgetrennten Arme und Beine sind im rechten Winkel zu ihrem geraden Oberkörper entlang des Scheibenrands angeordnet und formen ihren zerstückelten Körper zu einem nach rechts gerichteten Hakenkreuz. Vom Fernen Osten über Indien, den Kaukasus, die Ägäis und den europäischen Kontinent bis hin zu den britischen Inseln betrachtete die prähistorische indoeuropäische Tradition den Mond als eine Göttin, die durch die Sauwastika, die Umkehrung der solaren Swastika, symbolisiert wird. Dies zeigt sich zum Beispiel in den winzigen Sauwastikas auf dem Gewand von Artemis, der griechischen Mondgöttin. Ihr Zwillingsbruder, der Sonnengott Apollo, trug dagegen die Swastika. Dass Coyolxauqui in der Neuen Welt das Gegenstück zu Artemis war, wird durch ihre Verbindung mit der Sauwastika deutlich, demselben Emblem, das auch die europäischen Mondgöttinnen kennzeichnete.

Diese materiellen Vergleiche zwischen Mesoamerika und der Alten Welt werden durch Übereinstimmungen in den

Ritualen auf beiden Seiten des Atlantischen Ozeans unterstrichen. So ist die Trankopferzeremonie von Pharao Ramses III., bei der sich zwei Wasserströme überkreuzen, auch in einem Maya-Codex enthalten. In seinem Siegestempel in Medinet Habu wird Ramses gezeigt, wie er in Vorbereitung auf ein Gebet Weihrauchkügelchen auslegt. Die gleiche Szene wiederholt sich im Codex Selden, sogar bis hin zu dem löffelförmigen Räuchergefäß. Er betrauerte den Tod seines Sohnes, der sich »den ausgezeichneten Seelen von Manu« angeschlossen hatte. Dies war eine Bezeichnung für den Urhügel von Atum, der als Insel im westlichen Ozean lag und auf dem einst Götter und Menschen in Harmonie gelebt hatten. In Kapitel 15 des *Ägyptischen Totenbuches* heißt es über die Sonne: »Du versinkst hinter dem Horizont von Manu.« Wie Budge schrieb, ist »Manu ein Synonym für Westen« (Budge 1907, 135). In ähnlicher Weise bezeichneten die Maya ihr Heimatland manchmal als Mani, doch lag es jenseits des Meers des Sonnenaufgangs im Osten.

Eine weitere auffällige Parallele im Zusammenhang mit Weihrauch findet sich auf einer olmekischen Steintafel im Nationalmuseum für Anthropologie in Mexiko-Stadt. Es zeigt einen Mann, der einer großen Schlange huldigt, mit einem Beutel Copal, einem duftenden Baumharz. Auf einem sumerischen Rollsiegel (von ca. 2350 vor Christus), das im Orientalischen Institut der Universität Chicago aufbewahrt wird, zelebriert eine männliche Figur mit einem Weihrauchbehälter, dessen Form mit der des olmekischen Beutels identisch ist, einen Kult vor einem Schlangenkönig.

Itzamna, der erste Kulturbringer der Maya, der die Küste von Yucatán betrat, war ein Gottmensch, der die erste Einwanderungswelle anführte und anschließend die Hauptstadt Mayapán gründete. Sein Name bedeutet »Leguanhaus«, und der Leguan war eines der Symbole, die mit der Gefiederten Schlange verbunden sind. Itzamna entspricht dem ägyptischen Pharao, ein Titel, der wörtlich »Großes Haus« bedeutet. Wie die Pharaonen trug Itzamna einen falschen Kinnbart. Ein weiteres dazu passendes Detail ist das Maya-Wort für Priester, *Ahkin*, das dem ägyptischen *Ankh* zu entsprechen scheint, dem Henkelkreuz, einem Symbol der Unsterblichkeit. Tatsächlich findet sich bei Gunnar Thompson eine präkolumbische Vase, die 1895 gefunden wurde und prominent mit einem Ankh verziert ist. Sie befindet sich derzeit im Besitz des Anthropologischen Museums in Mexiko-Stadt (Thompson 1994, 82).

Die Lebenskraft, die durch das Ankh symbolisiert wird, soll sich zum ersten Mal manifestiert haben, als ein Vogel aus dem Urmeer aufstieg. Sein Ruf brachte das Leben auf der Erde hervor, personifiziert im ägyptischen Gott Geb, der auch den Namen Kenkenwer (»der Große Gackerer«) trug. Ein großes olmekisches Wasserbecken, das einer Ente ähnelt, zeigt eine Meereslandschaft, aus der ein Vogel mit offenem Schnabel auffliegt, so als würde er rufen. Dieses sehr frühe mesoamerikanische Artefakt sollte eindeutig die gleiche Schöpfungsgeschichte vermitteln, die auch im ägyptischen Glauben verankert ist.

Eine besonders aufschlussreiche Analogie findet sich zwischen Nahuatl, der Sprache der Azteken, und Guanche, das von den Ureinwohnern der Kanarischen Inseln gesprochen wurde, die auf der anderen Seite des Atlantiks direkt gegenüber von Mexiko liegen. Bei beiden Völkern war das Wort für Wasser *atl*, die ersten drei Buchstaben von Atlantis. Es scheint, dass die verlorene Zivilisation dieses wegweisende Wort beiden Kulturen hinterlassen hat. Beide sind außerdem reich an Architektur, historischen Berichten, Ritualen und mythischen Bildern, die die atlantische Erfahrung beschreiben.

Wie der Adel in Ägypten und auf den Kanarischen Inseln praktizierten auch die Azteken die Verlängerung des Schädels, ebenso wie die Maya-Elite, die in spanischen Chroniken mit den Worten zitiert wird, dieser Brauch sei »unseren Vorfahren von den Göttern gegeben worden«. Wie in den Codices Borgia und Borbonicus gezeigt wird, verehrten die Maya auch eine dem Anubis ähnliche Hundefigur, die – wie die heiligen Hunde der Guanchen – menschliche Seelen in die Unterwelt begleitete.

Aber vielleicht ist die Göttin Maat die Gottheit, die am meisten Ähnlichkeiten zwischen den Kulturen der Alten und der Neuen Welt offenbart. Sie war als Inbegriff der universalen Ordnung von zentraler Bedeutung für die ägyptische Spiritualität. In der Tat war ihr Name gleichbedeutend mit dem Prinzip wohlgeordneter, zielgerichteter Existenz und kosmischer Harmonie. Als höchste moralische Instanz hatte sie Macht über alle Götter, sogar über Ra selbst. Sie war die Personifikation der physischen und metaphysischen Gesetze, die die gesamte Schöpfung beherrschen. Nachdem die zweiundvierzig Richter der Toten das »negative Schuldbekenntnis« vernommen hatten, eine Abkehr vom Bösen, die vom Geist des Verstorbenen vorgetragen wurde, wurde sein Herz gegen ihre Feder gewogen. Die Feder war ihr Wahrzeichen. Sie stand für Gerechtigkeit, Wahrheit, Harmonie und Balance zwischen den gegensätzlichen Kräften der kosmischen Kreativität und Stabilität. Sie verkörperte Ausgeglichenheit, den heiligen Ruhepunkt in der Mitte. Auf einem Wandgemälde aus dem Grab von Huy zeigt der Vizekönig von Napata (Nubien) seinem Pharao, dem jungen Tutanchamun, das gefiederte Zepter der Maat. Variationen ihres Namens sind Maet, Maht und Maya.

Die Maya benannten sich nach der Stadt Mayapán. Haben die Stadt und ihre Bewohner ihren Namen von der atlantischen Göttin abgeleitet? Sie kannten in der Tat das gleiche Prinzip wie Maat und bezeichneten es als Chu-el. Dieses Wort stand für die verborgene Seite der Naturphänomene, von denen die Maya glaubten, dass sie von einer universellen Intelligenz zu einem harmonischen Handeln organisiert werden. Beweis für ihre Existenz waren das beobachtbare Gleichgewicht in der Natur, mit dem regelmäßigen Wechsel der Jahreszeiten und den entsprechenden Beziehungen von Pflanzen, Tieren und Klima, sowie die vorhersagbare Bewegung der Himmelskörper über ihnen. Alles, was die Maya sahen, zeigte das synchronisierte Zusammenwirken von Funktion und Bewegung zwischen allen lebenden und nicht lebenden Dingen. Der Zweck der Zivilisation bestand darin, die Menschheit mit Chu-el (Maat) in Einklang zu bringen.

Atlantisch-ägyptische Themen finden sich auch in der mittelamerikanischen Architektur. In Tula, einer mexikanischen Stadt, die nach dem toltekischen roten und schwarzen Land benannt ist, finden sich viele Steinfiguren mit europäischen Gesichtszügen in stützenden oder tragenden Positionen, meist in Form von Karyatiden. An den Seiten der Pyramide von Tenayuca befinden sich zwei große Schlangen, die während der Sommersonnenwende genau der untergehenden Sonne gegenüberstehen. Sie erinnern an die ägyptische Apep, eine monströse Schlange, die den Sonnengott Ra jede Nacht während seiner Reise durch die Unterwelt und die Dunkelheit des Todes bis zum Beginn des neuen Tages angreift. Die Tenayuca-Pyramide und Apep verweisen also auf dasselbe solare Konzept. Analog zur Großen Pyramide in Ägypten mit ihrer architektonischen Darstellung der Tage im Sonnenjahr verfügt eine der Pyramiden in El Tajín über 365 Nischen. Die Pyramide des Kukulcán in Chichén Itzá hat 365 Stufen, die der Anzahl der Tage des Kalenderjahrs entsprechen.

Der Tempel des Tlaloc (des aztekischen Atlas) in der Ruinenstätte Calixtlahuaca wurde aus rotem und schwarzem Vulkangestein erbaut, den gleichen Materialien, aus denen

Platons Atlanter ihre öffentlichen Gebäude errichteten. Der Tempel erinnert auch an die toltekische Beschreibung von Atlantis, das aufgrund des reichlich vorhandenen vulkanischen Gesteins als »rotes und schwarzes Land« bezeichnet wurde. Wie die ägyptischen Pyramiden folgen auch Olmeken-, Maya- und Aztekenpyramiden astronomischen Ausrichtungen, die sich an den vier Himmelsrichtungen orientieren. Sowohl in der ägyptischen als auch in der mesoamerikanischen Zivilisation wurden Wandmalereien in einem 19-Quadrate-Rastersystem angelegt – eine Entsprechung, die Gegner der kulturellen Diffusionstheorie nicht erklären können.

Mulhall verglich die Stufenpyramide im mexikanischen Cholula mit der ägyptischen Stufenpyramide von Sakkara und schloss daraus: »Diese mysteriösen Monumente des Ostens und des Westens sind in ihrer Orientierung, ihrer Bauweise und sogar in ihren inneren Galerien und Kammern Zeugen einer gemeinsamen Quelle, nach der die Erbauer ihren Grundriss zeichneten« (Mulhall 1911, 96). Und genau wie die frühesten Gräber des Niltals wiesen auch die aztekischen Pyramiden einen kleinen zeremoniellen Hügel auf, normalerweise aus konisch geformtem Lehm, der von einer Steinform bedeckt war und den Urhügel symbolisierte, der während des ersten Zeitalters aus dem Wasser der Schöpfung hervortrat.

Die mesoamerikanische Tempelstadt von Tzintzuntzan umfasst fünf kreisförmige Pyramiden mit jeweils zehn Schichten, die durch sechs Gräben voneinander getrennt sind, was auf die versunkene Hauptstadt Atlantis hinweist. Platon berichtet, dass die heiligen Ziffern 5 und 6 in die atlantische Astronomie, Architektur und Stadtplanung einflossen. Der Palast von Tetitla hatte sechsundfünfzig Räume, und die Hauptpyramide von Tula mit ihren kolossalen atlantischen Statuen besteht aus fünf vollständigen Ebenen, ebenso wie das Große Vestibül. Die Pyramide von El Tajín verfügt über sechs Altäre entlang der zeremoniellen Treppe und sechs sich verjüngende Plattformen. Auch wenn die heiligen Zahlen oder ihre Vielfachen nicht in jeder mesoamerikanischen Struktur verkörpert sind, reicht ihr häufiges Auftreten in vielen, wenn nicht den meisten Tempeln und Pyramiden aus, um atlantische Bezüge anzunehmen.

Von den Hohepriestern der Maya wurde die Zahl 5 als Cajalom, »Vater des Lebens«, geehrt. Diese Bedeutung hatte sie auch in der pythagoräischen Zahlenmystik. Menninger schreibt dazu: »Die alten Mexikaner hatten ein Zahlensystem, das auf der Zwanzig beruhte, zusammen mit – und dies war das erstaunlichste Merkmal – einer Folge von Einheiten, die auf der Fünf basierten« (Menninger 1949, 62). Der aztekische Kalenderstein im Nationalmuseum für Anthropologie in Mexiko-Stadt zeigt einen Kreis von Pentagrammen, die in einem Zehnerbogen angeordnet sind. Quetzalcoatl erschien während der fünften Sonne oder fünften Epoche; sein Alter Ego, Tezcatlipoca, feierte sein Fest im fünften Monat der Sonne. Der junge Mann, der als Darsteller Quetzalcoatls ausgewählt wurde, übernahm am fünften Tag vor dem Fest der Gefiederten Schlange die göttliche Kraft Quetzalcoatls. Offensichtlich hatte die Zahl 5 sowohl für die präkolumbischen Kulturen Mesoamerikas als auch für die alten Atlanter eine besondere spirituelle Bedeutung.

Die Maya erinnerten sich an zwei große Einwanderungswellen, bei denen nach einer weltweiten Katastrophe Menschen von einem Ort jenseits des Meeres der aufgehenden Sonne ankamen. Die Neuankömmlinge verwandelten Mittelamerika von einer rückständigen Wildnis in eine blühende Zivilisation, die sich im Verlauf der nachfolgenden Jahrhunderte zyklisch ausdehnte, zurückzog und neu belebte. Die Identität dieser Kulturträger zeigt sich unverkennbar in der Kunst, den Mythen, den Geschichten und der Architektur jeder mesoamerikanischen Kultur von den Olmeken bis zu den Azteken. Im präkolumbischen Amerika war das geologisch instabile Reich, aus dem diese Ankömmlinge stammten, unter vielen Namen bekannt: Aztlán, das rote und schwarze Land, Mani, Valum, Alt-Tula, Tollan, Tlapallan. Doch all diese Namen bezogen sich auf eine ozeanische Hauptstadt, an die man sich hierzulande unter dem Namen Atlantis erinnert.

SECHZEHN

Die zweite Welle von Überlebenden

Tollans Türme sind verbrannt. Quetzalcoatl und seine Familie sind nach dem Untergang seiner Heimat hier angekommen.

AUS DEM TOLTEKISCHEN
LIED VON DER GEFIEDERTEN SCHLANGE

Zu all den faszinierenden Ähnlichkeiten zwischen Mittelamerika und dem Alten Ägypten kommt ein gemeinsamer Gedenktag, der an die endgültige Zerstörung von Atlantis erinnert zu haben scheint. Die Auswirkungen dieses Ereignisses mitten im Ozean ließen zehntausende Überlebende in Richtung des Tals von Mexiko im Westen und des Niltals im Osten strömen. Die Menschen in beiden Teilen der Welt legten in Schrift und in Stein gemeißelt nieder, was geschehen war. Jedes Jahr am 2. November schmückten die Azteken die Gräber geliebter Menschen mit Blumen. In römischer Zeit wurde an demselben Tag, bekannt als Ausares Hilaria, dasselbe Ritual abgehalten. Die Kultanhänger des Osiris feierten an diesem Tag die Auferstehung ihres Heros, der den Tod überwunden hatte. Forschungen zu vergleichenden Traditionen auf der ganzen Welt deuten darauf hin, dass die beiden Feiertage dem Zeitpunkt entsprechen, zu dem Atlantis seine letzte Katastrophe erlitt, nämlich in den ersten Novembertagen des Jahres 1198 vor Christus (Joseph 2002, 156).

Aber das überzeugendste Artefakt der Maya in Bezug auf Atlanter in Mesoamerika schmückte einst ein Gebäude im Dschungel von Guatemala. Das reliefartige Bild zeigt einen förmlich gekleideten Mann (offenbar eine königliche Persönlichkeit), der in einem Boot von einer Insel mit einem ausbrechenden Vulkan wegrudert. Im Hintergrund, zwischen dem Mann und einem ins Meer stürzenden steinernen Tempel, sieht man eine männliche Figur mit geschlossenen Augen und einer erhobenen Hand, die zu ertrinken scheint, und sein langes, helles Haar treibt auf dem Wasser. Selbst Skeptiker sind kaum in der Lage, diese Szene als etwas anderes zu interpretieren als Flucht und Tod von Menschen bei der Zerstörung von Atlantis.

Das Steinrelief war ursprünglich Teil eines sehr langen Frieses, der sich in einem breiten Band bis zu hundert Meter weit über die obere Außenseite der sogenannten zentralen Akropolis erstreckte. Dieses Bauwerk befindet sich im Zentrum der größten Zeremonienstadt der Maya, der Dschungelmetropole Tikal in Guatemala. Der Fries selbst besteht aus einer Reihe reliefartiger Bilder, die offensichtlich Höhepunkte in der Geschichte der Maya von ihren Anfängen bis zur Aufgabe von Tikal im späten zehnten Jahrhundert nach Christus darstellten. Die erste Tafel im Osten (passend genug) zeigte die Atlantis-Szene.

Tikal wurde erstmals von dem Fotografen Teobert Maler im frühen zwanzigsten Jahrhundert professionell erforscht und dokumentiert. Als konventioneller Gelehrter, der kein Interesse an Geschichten über versunkene Zivilisationen hatte, war er von der Entdeckung des Frieses so beeindruckt, dass er seine akademische Skepsis aufgab und schließlich davon überzeugt war, dass das Paneel tatsächlich die letzten Augenblicke von Atlantis darstellte. Seine herausragende Position in Tikal konnte nur bedeuten, dass Mitglieder der Maya-Aristokratie Überlebende der Katastrophe waren. Von nun an betrachtete Maler die Maya-Zivilisation und tatsächlich die gesamte mesoamerikanische Zivilisation als ein Produkt der Interaktion zwischen Ureinwohnern und atlantischen Kulturträgern.

Nachdem Maler genaue und detaillierte Zeichnungen und Fotos des Frieses angefertigt hatte, ließ er ihn von der Akropolis entfernen und nach Österreich verschicken. Bei einer Ausstellung im Völkerkunde-Museum sorgte der Fries für großes Aufsehen und zählte bis 1945 zu den größten Schätzen dort. In jenem schicksalhaften Jahr verschwand das Tikal-Steinrelief, als sowjetische Truppen Wien einnahmen. Wenigstens werden Malers Kopien, darunter jene der atlantischen Szene, an der University of Pennsylvania aufbewahrt.

Der Tikal-Fries stellte nicht nur eine Migrationsbewegung dar, wie sie in früheren Maya-Überlieferungen von der ersten Einwanderungswelle beschrieben wurde, sondern die endgültige Zerstörung von Atlantis im Jahr 1198 vor Christus, welche zur Ankunft einer zweiten und kleineren Welle von Neuankömmlingen führte. Das Kommen dieser Überlebenden im frühen zwölften Jahrhundert vor Christus wird durch die mexikanische Frühgeschichte bestätigt. So plötzlich und stark waren damals der Bevölkerungsanstieg und die Entwicklung, dass Wissenschaftler ursprünglich glaubten, die mittelamerikanische Zivilisation habe tatsächlich erst in dieser Zeit begonnen. Aktuelle archäologische Beweise bestätigen den entscheidenden Einfluss, den Fremde auf Mesoamerika hatten, nachdem sie um 1200 vor Christus einer Naturkatastrophe im Atlantik entronnen waren.

Die in dieser zweiten Welle Angekommenen wurden in der gesamten mesoamerikanischen Kunst und Literatur als ein Volk beschrieben, das sich physisch von der einheimischen Bevölkerung unterschied. Wandmalereien in Cacaxtla in Mexiko zeigen den Anführer, die Gefiederte Schlange, mit Gesichtszügen, die nicht indianisch wirken. Er taucht aus einer Muschelschale auf, die seine ozeanische Herkunft symbolisiert. Ein olmekisches Steinrelief in La Venta zeigt den Kopf eines Mannes mit fließendem Bart und typisch europäischem Antlitz. Bärtige Gesichter sind auch auf einer Urne in Copán, in Chichén Itzá am Tempel des Kukulcán, in Tepatlaxco (Veracruz), auf zahlreichen Gegenständen am wichtigen olmekischen Ort Monte Albán und überall auf der Tempelmauer von Tula zu sehen. Es gibt viele weitere Beispiele in anderen religiösen Zentren in Mexiko und sowie in ganz Mittelamerika.

Die einheimischen Indios der Region waren und sind dunkelhäutige, bartlose, kleine Menschen mit Epikanthus-Falte (der sogenannten Mongolenfalte) am Auge und den ausgeprägten Wangenknochen ihrer mongolischen Vorfahren, die vor dreißigtausend Jahren über die Beringstraße aus Asien eingewandert waren. Im Gegensatz dazu zeigen die meisten Skelette von Individuen der herrschenden Klasse, dass sie deutlich größer waren als die Masse der arbeitenden Bauern. Gaspar Antonio Chimosa, ein Mexiko-Reisender aus dem sechzehnten Jahrhundert, berichtet in seinem Werk *Historische Erinnerungen*, dass »die Eingeborenen sagen, diejenigen, die die genannten Gebäude [in Itzmal] errichtet hatten, seien Männer von größerer Statur gewesen als die heutigen«. Als Hernán Cortés Montezuma II. von Angesicht zu Angesicht begegnete, fielen ihm der Bart des aztekischen Herrschers, sein relativ heller Teint und seine große Statur auf, durch die er sich von der physischen Erscheinung seiner Untertanen unterschied.

Der spanische Händler Andres de Avendane y Loyola, der zu Beginn des siebzehnten Jahrhunderts in Mittelamerika unterwegs war, beschrieb die wenigen überlebenden Itzá – ein indigenes Volk der Maya, das von den europäischen Eroberern weder ausgerottet noch assimiliert worden war – als »gutaussehend, ähnlich hellhäutig wie Mestizen und von überaus ansprechender Statur und Erscheinung«. Eine ähnliche Beschreibung lieferte Juan de Villagntierre, der Mitte des sechzehnten Jahrhunderts persönlich an der Unterwerfung Mexikos beteiligt war. Noch heute weisen einzelne indianische Gruppen im Südosten von Yucatán und im Norden von Belize (ehemals Britisch-Honduras), wohin sich viele der aristokratischen Schichten der Maya sowie die Itzá nach der Eroberung Mexikos geflüchtet hatten, eine relativ helle Hautfarbe auf. Dies ist bemerkenswert, denn es fehlen Beweise für die Vermischung mit modernen Europäern. Solche ethnischen Anomalien müssen daher ein genetischer Überrest sein, der auf die frühere herrschende Schicht zurückgeht. Die Maya-Stadt Mutul wurde von Zac Mutul gegründet, dessen Name wörtlich »weißer Mann« bedeutet. Ein Fresko aus Chichén Itzás Tempel der Krieger zeigt Adlige mit hellhäutigen Gesichtern, während die unterlegenen Gefangenen dunkelbraun dargestellt sind. Eine Vase aus Quirigua im St. Louis Art Museum zeigt die Büste eines Mannes mit rotem Bart, blauen Augen, hellem Teint und Stiernacken. Diese Beispiele sind keineswegs einzigartig. Es gibt hunderte, von den olmekischen Anfängen bis zu den Azteken. Ernest Hooten aus Harvard, der eine eingehende Untersuchung der Skelettreste von den Kanarischen Inseln veröffentlichte, wies auf den in der Maya-Elite immer wieder vorkommenden »armenoiden Rassentyp« hin (Hooten 1904, 304). Seine Untersuchung wird vom Anthropologen M. Wells Jakeman unterstützt, der die geraden Kiefer und schmalen Nasen der Itzá als typisch armenoid-kaukasisch beschrieb. Ihre zurückweichende Stirn, die vollen, gebogenen Lippen und festen Wangen vertieften diesen Eindruck, schrieb er in seinem wichtigen Buch *Der Ursprung und die Geschichte der Maya* (1957).

Die physische Erscheinung der Maya wird durch ihre Sprache unterstrichen, die als einzige unter den mehr als siebenhundert Sprachen Mittelamerikas Ähnlichkeiten mit indoeuropäischen Sprachen aufweist. So kennt sie zum Beispiel einsilbige und homophone Wörter (Wörter, die gleich ausgesprochen werden, aber unterschiedliche Bedeutung haben). Darüber hinaus ist die Maya-Sprache agglutinierend, da Präfixe und Suffixe für die Deklination verwendet wurden, im Gegensatz zu fusionalen Sprachen, bei denen die Änderungen innerhalb des Wortes vorhanden sind. Selbst Erzskeptiker gegenüber der Atlantis-Theorie, wie der bekannte Autor L. Sprague de Camp, geben zu, dass die Sprache der Maya den alten Sprachen des Nahen Ostens ähnelt.

Diese sprachlichen Parallelen stützen die indoeuropäische Identität der Maya-Elite und legen nahe, dass die atlantische Sprache eng mit der armenischen, etruskischen und trojanischen Sprache verwandt gewesen sein muss. Tatsächlich gehörte Etrurien nach Platon zum atlantischen Reich, und Troja war ein kommerziell wichtiger Verbündeter von Atlantis. Im Laufe der Zeit rissen die Ähnlichkeiten der Mayasprache mit ihren indoeuropäischen Wurzeln ab, so dass verwandte Wörter selten vorkommen, aber die wenigen, die noch gefunden werden können, sind aufschlussreich. Das Maya-Wort für »Baumeister« oder »erfahrener Handwerker« ist beispielsweise *menyah*, und *menyan* ist ein trojanischer Begriff, der »Baumeister« oder »Stadtvermesser« bedeutet (Nuttall 1900, 532–533).

Die Parallelen zwischen Mesoamerika und der versunkenen Zivilisation von Atlantis gehen jedoch weit über sprachliche Ähnlichkeiten hinaus. Dass Tierkreise sowohl

Abb. 16.1. Im Zentrum von Tenochtitlán, der aztekischen Hauptstadt, stand der Tempel des Ehecatl, der die heiligen Zahlen und Farben sowie die konzentrischen Formen von Atlantis verkörperte. (Modell, Nationalmuseum für Anthropologie und Archäologie, Mexiko-Stadt)

in Mittelamerika als auch im vorklassischen Europa entwickelt wurden, ist bemerkenswert genug, aber dass diese beiden Tierkreise so ähnlich sind, dass sie dieselben astrologischen Zeichen aufweisen, macht einen bloßen Zufall unwahrscheinlich.

Eine Manifestation der Gefiederten Schlange war Ehecatl, der in der aztekischen Kunst als gebeugte Gestalt dargestellt wurde, die den Himmel stützt, genau wie Atlas, der atlantische Begründer der Astrologie. Forman schreibt über Ehecatl: »Er war eine astrologische Gottheit« (Forman 1968, 46), so dass seine Identifikation mit Atlas in Form und Funktion klar ist. Ehecatl, der atlasähnliche ägyptische Schu sowie der sumerische Enlil trugen jeweils den Titel »Gott des Windes«.

Die Tempel des Ehecatl stellten die offensichtlichsten atlantischen Bauwerke in Mittelamerika dar, was naheliegend ist, wenn er mit Atlas identifisch ist. Alle sind kreisförmig und bestehen aus fünf oder sechs Schichten konzentrischer Plattformen, die eine Stufenpyramide ergeben. Die in diesen Tempeln enthaltenen Ziffern waren dieselben heiligen Zahlen, die laut Platon die Atlanter in ihrer Architektur und Stadtplanung besonders berücksichtigt hatten.

Die Monumente des Ehecatl spiegeln wie nichts sonst auf der Welt (mit Ausnahme einiger megalithischen Ruinen Großbritanniens und der Kanarischen Inseln) den genauen Baustil und die Anlage von Atlantis wider.

Die am besten erhaltenen Beispiele finden sich in Tula (Pyramide El Corral), Calixtlahuaca, Cempoala und Cuicuilco sowie in einer unterirdischen konzentrischen Pyramide, die beim Bau der U-Bahn von Mexiko City ausgegraben wurde und bis heute öffentlich zugänglich ist. Dieser Templo Mayor, der zahlreiche atlantische Merkmale aufwies (siehe Abb. 16.1), wurde von den Spaniern zerstört, um Platz für eine katholische Kathedrale in der alten aztekischen Hauptstadt zu machen. Aber spanische Chronisten haben ihn ausführlich beschrieben, bevor die neue Religion Tenochtitlán schließlich in die mexikanische Hauptstadt verwandelte. Die Ähnlichkeiten reichten jedoch über die Wiederholung der heiligen Ziffern hinaus. Die fünfzehn Meter hohe Pyramide war rot, weiß und schwarz gestrichen; diese bei Platon angegebenen Gebäudefarben wurden von den Architekten von Atlantis bevorzugt. Darüber hinaus befand sich der kreisförmige Bau genau in der Mitte des Tempelkomplexes von Tenochtitlán, dem eigentlichen Zentrum. Diese großartige Stadt selbst war bewusst dem atlantischen Original nachempfunden (siehe Abb. 16.2). Als Insel inmitten eines künstlichen Sees angelegt, ähnelte ihr Umriss einem Skorpion, dem Tierkreiszeichen, das At-

Abb. 16.2. Modell der Stadt Tenochtitlán, vom 14. bis Anfang des 16. Jahrhunderts die Hauptstadt der Azteken. Sie war der Heimatinsel von Quetzalcoatl nachempfunden, dem Gründervater der mesoamerikanischen Kulturen, und von einem großen See umgeben.

las zugeordnet ist (Gleadow 1961, 99). Auch die Azteken identifizierten die entsprechende Konstellation als Skorpion (Forman 1968, 201). McNice bemerkte dazu: »Es ist überraschend, dass ein Skorpion, der normalerweise in heißen, trockenen Ländern anzutreffen ist, als Wasserzeichen zu finden ist« (McNice 1955, 95).

Doch dasjenige mesoamerikanische Bauwerk, das Platons Beschreibung der atlantischen Sakralarchitektur am stärksten entspricht, befindet sich in Cuicuilco am südlichen Stadtrand von Mexiko-Stadt. Die kreisförmige Anlage besteht aus fünf Ringen oder Ebenen und ist von einem Graben umgeben, der einst mit Wasser gefüllt war. Campbell erklärt, dass Cuicuilco, die vielleicht älteste Pyramide Mexikos, tatsächlich einer Vulkaninsel nachempfunden war, die sich in der Mitte eines heiligen Sees befand (Campbell 1961, 104). Die atlantische Symbolik ist hier offensichtlich.

Auch wenn die Bauarbeiten in Cuicuilco noch bis 400 vor Christus andauerten, stammen ihre Ursprünge (in Form einer Lehmziegelkonstruktion darunter) aus der mittleren präklassischen Zeit – also aus derselben Epoche (um 1200 vor Christus), in der Atlantis zerstört wurde. Das selbstverständliche atlantische Architekturdesign, die Einbeziehung von Platons heiligen Ziffern, die Bauzeit und die Identifikation mit Ehecatl, dem aztekischen Atlas, definieren Cuicuilco eindeutig als ein Erzeugnis der atlantischen Bauherren in Mittelamerika nach der Auslöschung ihres fernen Heimatlandes. Ironischerweise wurde Cuicuilco selbst im dritten Jahrhundert vor Christus von einem ähnlichen Schicksal heimgesucht, als ein naher Vulkanausbruch von größerem Ausmaß die Pyramide unter achtzig Metern Lava begrub.

Kaum weniger bedeutsam war die Praxis der aztekischen Stadtplaner, ihre wichtigsten Zeremonienzentren inmitten künstlicher Seen zu errichten, so wie auch ihre Hauptstadt Tenochtitlán. In seiner *Historia verdadera de la conquista* (»Wahre Geschichte der Eroberung«) beschrieb Bernal Diaz, ein Augenzeuge der spanischen Eroberung, »Städte und Dörfer auf der Wasseroberfläche. Überall ragten große Türme, Tempel und Pyramiden aus dem Wasser«.

Mexikos Hauptpyramiden standen sozusagen auf dem urzeitlichen Abgrund des Wassers, aus dem die Götter und die ersten Menschen emporgetaucht waren. Als Cortés die Pyramide von Cholula angriff, brachen die aztekischen Priester Teile an den Seiten heraus, weil sie überzeugt waren, dass sich aus den Öffnungen eine verheerende Flut über die Spanier ergießen und sie ertränken würde.

Herodot berichtet in seinen *Historien*, dass die Große Pyramide von Khufu (Cheops) auf dem Gizeh-Plateau über einem unterirdischen See mit einem künstlichen Hügel in der Mitte erbaut wurde, der an die Insel Atum erinnern sollte, Heimat der Götter und Menschen vor der Sintflut. Jeder ägyptische Tempel hatte seinen eigenen heiligen See, in der Regel in Hufeisenform, in dem die Priester im Morgengrauen badeten, bevor sie ihre rituellen Aktivitäten begannen. Auch die aztekischen Priester des Tlaloc nahmen in dem Palast in Tetitla zeremonielle Waschungen vor. Die Zikkurat von Ur soll den Abzu, den urzeitlichen unterirdischen Süßwasserozean, verschlossen haben.

Als ob diese Beispiele nicht offensichtlich genug wären, werden ihre atlantischen Implikationen in Lukians Werk *De Syria Dea* noch deutlicher. Er beschreibt dort einen Schrein für die syrische Entsprechung der Juno, der Königin des Himmels, die nach ihrem Ehemann Jupiter an zweiter Stelle steht. Lukian sagt, dass ihr Heiligtum in Hierapolis von keinem Geringeren als von Deukalion erbaut wurde, dem Sintflut-Helden, Kulturträger und nach griechischer Tradition einem Überlebenden von Atlantis. Der Schrein wurde über einer Schlucht errichtet, in der die Wasser der Großen Flut abgeflossen sein sollen. Hierapolis, die heilige Stadt – das heutige Manbidsch – liegt etwa achtzig Kilometer nordöstlich von Aleppo in Syrien und war bereits zu Beginn des vierten Jahrtausends vor Christus ein religiöses Zentrum, als die ersten Atlanter in das östliche Mittelmeer vordrangen.

Die Juno, die Lukian erwähnt, wurde zu seiner Zeit als Atargatis verehrt, was die atlantischen Ursprünge widerspiegelt, insbesondere in ihrem früheren Namen Atar. Laut Imel »verzichteten ihre Anbeter aus Respekt vor ihr auf den Verzehr von Fisch«, weil sie über das Meer gekommen war. In ihrem Schrein wurde Atargatis als Meerjungfrau dargestellt, die die Tochter einer ertrunkenen Frau war – vielleicht ein Hinweis auf das versunkene Atlantis.

Thor Heyerdahl schrieb in seinem Buch *Expedition Ra*, dass Merkmale der hethitischen Zivilisation in den Kulturen der Olmeken und der Maya besonders manifest seien. Als wichtigen Vergleichspunkt nannte er die ausgeprägten ovalen Vertiefungen für die Augen bei lebensgroßen Statuen aus diesen beiden Teilen der Welt. Die Hethiter wie auch die Olmeken gestalteten vorzugsweise Steinreliefs und stellten häufig wichtige Persönlichkeiten in engem Gespräch von Angesicht zu Angesicht dar, was ansonsten weder in der Alten noch in der Neuen Welt zu finden ist. Eine hethitische Stele im Aleppo-Museum unterscheidet sich in Ausführung und Thema kaum von einer olmekischen Stele im Museumspark La Venta in Villahermosa. Beide stellen einen bärtigen Mann mit armenischem Gesichtsschnitt dar (lange, schmale Nase und schmaler Schädel), der gegen eine Schlange kämpft. Allein schon die Tatsache, dass beide Kulturen Stelen gebrauchten, was bei den meisten alten Völkern nicht üblich war, deutet auf eine Verbindung hin.

Anatolisch-mesoamerikanische Parallelen finden sich auch in weniger großartigen, aber nicht weniger aufschlussreichen Artefakten. Panflöten waren für die Zivilisationen in Kleinasien so typisch, dass sie als wichtiges Argument für die anatolischen Ursprünge der Etrusker galten, die sie ebenfalls als ihr nationales Instrument ansahen. Solche Flöten waren aber auch fester Bestandteil des religiösen Lebens der Maya. Die Maya-Version ist mit ihrem anatolischen Gegenstück identisch, bis hin zu den verschiedenen Tonhöhen und Klangfarben. Ein Gegenstand, der in ähnlicher Weise mit Kleinasien und den Etruskern in Verbindung gebracht wurde, waren die Schuhe mit hochgebogenen Spitzen, die die Olmeken trugen. Die Sandalen einer Chac-Mo'ol-Figur in Chichén Itzá entsprechen den Sandalen der Guanchen auf den Kanarischen Inseln. Olmekische Tierspielzeuge auf Rädern aus Tres Zapotes (bemerkenswert für ein Volk, bei dem herkömmliche Gelehrte darauf bestehen, dass sie das Rad nicht kannten) unterscheiden sich kaum von hethitischen Beispielen.

All das soll aber nicht heißen, dass die Hethiter – ein Binnenvolk, das Kleinasien und einen Großteil des Nahen Ostens beherrschte, als das Atlantische Reich im fernen Westen entstand – jemals in das präkolumbische Amerika gereist sind. Vielmehr waren sie ebenfalls ein kaukasisches Volk, ähnlich wie die Atlanter, die tatsächlich zum gegenüberliegenden Kontinent segelten und Teile davon kolonisierten. Die Merkmale in Mesoamerika, die hethitisch oder anatolisch erscheinen, entsprechen den atlantischen Themen, die alle bronzezeitlichen Zivilisationen beeinflussten, insbesondere jene, die mit Atlantis verbündet oder verwandt waren. Der hethitische kosmologische Mythos von Ullikummi, einer anatolischen Version des Atlas, und Trojas angenommene direkte Abstammung von Elektra, einer Atlanterin, bezeugen die atlantischen Ursprünge der führenden Mächte Kleinasiens in vorklassischer Zeit. Auch beschreibt das *Popol Vuh* der Maya einen Riesen, Zipacnu, der den Göttern trotzt, indem er wie ein Berg aus der Mitte des Meeres in Richtung Himmel emporwächst. Die hethitische Version unterscheidet sich nur im Namen des Riesen, und beide Überlieferungen lokalisieren ihn im Atlantik.

Die überraschendste Parallele dieser Art ist aber eine Nacherzählung des Trojanischen Krieges bei den Maya. Die Ureinwohner von Yucatán erzählten ihren spanischen Eroberern, dass ein Prinz aus Chichén Itzá die Braut des Königs von Izmal gestohlen habe. Hunac Ceel, der Herrscher von Mayapán und Verbündeter von Izmal, nahm Rache an dem Entführer und seinem Volk, die ihrem Prinzen und seinem Entführungsopfer Zuflucht gewährt hatten, indem er Chichén Itzá angriff und schließlich nach zehnjähriger Belagerung niederbrannte. Dabei gab es zahlreiche Helden und große Verluste auf beiden Seiten. Überlebende Itzá segelten von der zerstörten Stadt zu einer Insel, ihrer neuen Heimat, die sie Tayasal nannten. Sie befand sich inmitten eines großen »Sees«, den sie nach sich selbst benannten.

Die aztekische Version der Geschichte kommt dem trojanischen Original noch näher: Ein junger Prinz, Yappan, wird von drei Göttinnen in Versuchung geführt. Er wählt Xochiquetzal, die Frühlingsgöttin der Liebe und Schönheit, und wird infolge seiner Wahl getötet (Brundage 1960, 162). Diese enge Parallele zur Geschichte von Paris kann nur bedeuten, dass die Erzählung vor der Ankunft der spanischen Christen aus der Alten Welt importiert worden war, da diese alle vorchristlichen europäischen Mythen für nicht weniger verdammenswert hielten als die der Neuen Welt.

Die Geschichte von Troja wurde auch bei den Tolteken wiederholt, die den Herrn von Chichén Itzá als Topiltzin bezeichneten – ebenfalls ein Name für die atlantische Gefiederte Schlange. Nachdem er einen großen Krieg verloren hatte und nach Tollan, einem Inselstaat im östlichen Meer, geflohen war, segelte er mit einigen Veteranen zur Küste der Tolteken (siehe Abb. 16.3). Dieselbe Version ist im *Chilam-Balam*-Buch von Chumayel erhalten. Die mesoamerikanischen Städte Chichén Itzá, Mayapán und Izmal stehen dabei für Ilios und die Städte des mykenischen Griechenlands.

Ist die Geschichte mit den Atlantern nach Mittelamerika gelangt? Vergil lässt den trojanischen Prinzen Ilioneus sagen:

> »Wie furchtbar der Sturm war, der aus dem unbarmherzigen Mykene über Idas Ebenen tobte, und wie das Schicksal die Kontinente Europa und Asien dazu brachte, voll heftiger Erschütterung aufeinanderzuprallen, haben alle Menschen gehört, sogar die weit entfernt von uns am Ende der Welt wohnen, wo der Fluss des Okeanos zurückfließt, und auch diejenigen, die in der Zone leben, die sich unter einer erbarmungslosen Sonne erstreckt.« (Aeneis, Band VII, 221-227)

Es gibt noch weitere Parallelen zwischen mesoamerikanischen Erzählungen und dem trojanischen Mythos, wie die olmekische Legende von Chibchan Cogi, dem zwölfjährigen

Abb. 16.3. Diese künstlerische Rekonstruktion eines beschädigten toltekischen Gefäßes erinnert in bemerkenswerter Weise an die Seeschlachten auf den ägyptischen Bildwerken von Medinet Habu. In beiden Fällen kämpfen Krieger, die eindeutig Helme mit Kammbüschen tragen, im Wasser gegeneinander. Die toltekische Geschichte von Tollan ist eine mesoamerikanische Version des atlantisch-trojanischen Krieges. (Foto mit freundlicher Genehmigung des Nationalen Museums für Anthropologie und Archäologie, Mexiko-Stadt)

Prinzen, der wegen seiner Schönheit vom Schamanen-König Yanacana entführt wurde, verkleidet als »geflügelter Jaguar«. Diese Geschichte gibt es auch von Ganymed, einem Prinzen von Troja. Zeus in der Gestalt eines Adlers entführte ihn und flog anschließend mit seiner Beute zum Olymp, wo Ganymed dem Gott als Mundschenk und Lustknabe diente.

Das trojanische Epos hatte offenbar einen starken Einfluss auf alle mesoamerikanischen Völker, da es Teil der atlantischen Gründungsgeschichte war. Ihre Vorfahren waren mit der Gefiederten Schlange nicht nur vor einer Naturkatastrophe nach Mexiko geflohen, sondern auch vor der militärischen Katastrophe, die ihr vorausging. Trojas atlantische Verbündete zogen sich nach dem Fall von Ilios in ihre ozeanische Heimat zurück, bevor diese zerstört wurde. Die toltekische Version von Topiltzin und das Buch der Maya von *Chilam Chumayel* verbinden den trojanischen Krieg tatsächlich mit der Flucht der besiegten Veteranen nach Atlantis (Tollan und Tayasal), nach dessen Untergang sie an die Küste Yucatáns gelangten.

Diese endgültige Zerstörung, die die letzte Ankunft atlantischer Flüchtlinge in Mittelamerika zur Folge hatte, wurde in den heiligen Aufzeichnungen der alten Mexikaner bewahrt. Die *Anales de Cuauhtitlan* beschreiben die Katastrophe, die ihre Ahnen befallen hatte, auf deutliche Weise: »Und dies war das Jahr des *Ce-calli* [Großen Wassers], und am ersten Tag war alles verloren. Der Berg selbst war im Wasser versunken.« Dieser Bericht erinnert an Platons *Timaios*, in dem es heißt, dass Atlantis »an einem Tag und in einer Nacht« vernichtet wurde. Obwohl die *Anales de Cuauhtitlan* der spanischen Eroberung vorausgingen, weisen sie einige faszinierende Ähnlichkeiten mit Flut-Überlieferungen in anderen Teilen der Alten Welt auf.

Der Name des toltekischen Fluthelden ist Nata, eine offenkundige Abwandlung des biblischen Noah. Er und seine Frau Nena erfuhren von Tezcatlipoca von der bevorstehenden Katastrophe, so wie der sumerische Ziusudra vom Meeresgott Enki und der babylonische Xiusthros von Kronos, dem Herrscher über den Atlantik, gewarnt wurden.

Im hinduistischen Text *Matsya Purana* sagt Gott Vishnu in der Gestalt eines Fisches das Kommen einer katastrophalen Flut voraus und prophezeit dem Manu: »Die Erde wird zu Asche werden, und selbst die Luft wird vor Hitze glühen.« Oppenheimer bemerkt, dass »die Details auf eine große Katastrophe hindeuten, wie sie einem Meteoriteneinschlag folgen könnte« (Oppenheimer 1999, 241).

Das Thema der Katastrophenmigration wiederholt sich, wie bereits erwähnt, im *Popol Vuh* der Maya. Es erzählt von einer Ahnenrasse, die nach dem Hun Yecil (dem aztekischen Hun-Esil oder »Ertrinken der Bäume«), einem Erdbeben sowie einer katastrophalen Überschwemmung auf dem Seeweg eintraf und zum Gedenken an ihre Flucht einen Tempel am Huehuhuetan-Fluss baute. Wegen seiner unterirdischen Kammern als »Haus der Finsternis« bekannt, wurde der Tempel als Aufbewahrungsort für schriftliche Aufzeichnungen aus der untergegangenen Heimat genutzt.

Im Jahr 1691 wurde in der Nähe der Stadt Saconusco solch ein unterirdischer Tempel gefunden. Seine wertvolle Bibliothek wurde auf Befehl von Kirchenbeamten als das unverständliche Werk Satans verbrannt.

Das *Popol Vuh* berichtet weiter, dass die Götter, eifersüchtig auf die wachsende Macht der Menschen über die Natur, deren Weisheit trübten, worauf die Maya-Herrscher »die Schlüssel der Zivilisation« in das große Reich jenseits des Sonnenaufgangsmeeres zurückbringen mussten. Aus der Vermischung von Aristokraten und einfachen Bauern entstand allmählich eine Mittelklasse. Einige Bauern wurden auch direkt in die herrschende Klasse aufgenommen, weil sie außergewöhnliche individuelle Fähigkeiten zeigten, wie zum Beispiel durch die Gefangennahme von vier oder mehr Gegnern. Mit der Zeit begann diese »Aufwärtsmobilität« die herrschende Oberschicht zu überfluten. Die Unterschicht war süchtig nach Menschenopfern, eine Praxis, auf die sich die Oberschicht mit zunehmender Häufigkeit stützte, um die Massen zu terrorisieren und in Unterwerfung zu halten. Trotzdem war das alte Blut der Gefiederten Schlange, wie aus den Beschreibungen von Montezuma hervorgeht, nicht vollständig ausgestorben. Der Herrscher war sich der Unterschiede zwischen seinem eigenen Volk und den Spaniern bewusst und wählte gezielt ein großgewachsenes, hellhäutiges und leicht bärtiges Mitglied seines königlichen Gefolges als seinen persönlichen Gesandten an Cortés aus.

Die Kontroverse um das Verschwinden früherer mesoamerikanischer Zivilisationen, insbesondere der Olmeken und der Maya im Tiefland, hält an. Es scheint jedoch wahrscheinlich, dass sich die Kluft zwischen dem abgehobenen Adel und den niedrigen, arbeitenden Klassen durch die Mischung mit ehrgeizigen Bürgern verengte.

Die Aristokraten hatten als ihr Erbe die Künste und Wissenschaften bewahrt, die ihnen von ihren atlantischen Vorfahren überliefert worden waren. Doch dieses Erbe verringerte sich mit der Zeit, und die Elite schrumpfte auf eine so geringe Größe zusammen, dass sie ihre Autorität über die Masse einheimischer Völker nicht mehr effektiv ausüben konnte. Diese verließen schließlich die schlecht verwalteten Tempelstädte und verschmolzen wieder mit dem alten Lebensstil des Dschungels, den sie vor dem Kommen der verschiedenen Fluthelden seit zehntausenden von Jahren gekannt hatten. Übersetzungen der Maya-Stelen berichten, dass ihre Zivilisation schließlich im ständigen Krieg zwischen rivalisierenden Städten zusammenbrach. Die Überreste der Aristokratie versuchten, die Hochkultur anderswo in Mittelamerika wiederzubeleben, aber sie konnten nie wieder an die klassischen Errungenschaften anknüpfen.

Als Cortés die Ostküste von Montezumas Reich betrat, befand sich die mesoamerikanische Zivilisation wieder im Zyklus des Niedergangs. Bereits vor dem Ende des sechzehnten Jahrhunderts waren die Generationen von Überlebenden der Elite, die Nachkommen der größeren und kleineren Migrationswellen aus Atlantis, so gut wie ausgestorben.

SIEBZEHN

Atlantische Söhne der Sonne

Machu Picchu, etwa sechzig Meilen von Cusco entfernt, markierte möglicherweise den Berg, auf dem die Kinder der Sonne erschaffen worden sein sollen, oder den Berg, auf dem sie dem Wasser der Flut entkommen sind.

Pierre Grimal: *Larousse Mythologie der Welt*

Als die spanischen Seefahrer sich zum ersten Mal dem Ufer des südlichen Peru näherten, sahen sie vom Meer aus etwas, das sie zunächst für ein kolossales weißes Kruzifix hielten, das auf dem sonst kahlen, abfallenden Ufer angelegt war. Es schien deutlich auf das unentdeckte Innere hinzudeuten. Für die christlichen Eroberer war sein Erscheinen ein Zeichen des Himmels, das die Gerechtigkeit und den unvermeidlichen Triumph ihrer Mission in der Neuen Welt bestätigte. Stattdessen stellte sich heraus, dass das »Kruzifix« eine der mysteriösen Geoglyphen war, wie sie viel später auch bei Nazca gefunden wurden. Die Spanier bezeichneten die etwa sechzig Meter breite Formation schließlich als »Candelabro« (Kerzenleuchter).

Der Kandelaber der Anden war nur das erste von vielen Wundern, denen die Europäer des sechzehnten Jahrhunderts in dem Reich begegneten, das die Eingeborenen als Tahuantinsuyu bezeichneten. Es war ein riesiges, mit straffer Disziplin organisiertes Imperium, das sich von der Andengrenze in Ecuador bis zum Rio Maule in Chile erstreckte, was ungefähr der Entfernung von New York nach Panama entspricht. Allein die Küstenstraße verlief über eine Strecke von viertausend Kilometern.

Das ausgedehnte Straßennetz bestand nicht aus einer bloßen Reihe von Urwaldpfaden, sondern aus einem gepflasterten Verkehrsnetz von mehr als fünfzehntausend Kilometern, das Dschungel und Sümpfe, Wüsten und Berge durchquerte. Wegstationen mit Geschäften, schattenspendenden Bäumen und Bewässerungsmöglichkeiten waren entlang jeder Route verteilt. Die Straßen selbst waren tadellos instandgehalten und wurden regelmäßig von Reinigungsmannschaften gesäubert. Diese Straßen waren so breit, dass die spanische Kavallerie dort mit acht Pferden nebeneinander reiten konnte. Größtenteils wurden sie von Casquis benutzt, Läufern, die Nachrichten aus allen Ecken des Reiches brachten. Wenn sich ein Casqui einer Wegstation näherte, blies er in seine Muschelschale, um seinen Nachfolger zu alarmieren. Dann, ohne seinen Lauf zu unterbrechen, rief er seine Neuigkeiten aus. Bevor er die Station erreicht hatte, war der nächste Läufer schon mit den Informationen unterwegs. Auf diese Weise konnten in fünf Tagen dreieinhalbtausend Kilometer zurückgelegt werden. Da ständig hunderte von Casquis unterwegs waren, war der Kaiser selbst über die unbedeutendsten Details im täglichen Leben seines Reiches informiert.

Die Leistungen seiner Baumeister waren nicht weniger spektakulär. Eine Hängebrücke über den Rio Apurímac, die Mitte des fünfzehnten Jahrhunderts errichtet worden war,

war bis zur Wende des zwanzigsten Jahrhunderts benutzbar. Sie war so groß und fachmännisch gebaut, dass Francisco Pizarros gesamte Kavallerie sicher darüber hinweg reiten konnte. Die Bewässerungsanlagen in der Andenregion waren mit denen der besten römischen Wasserversorgungsleitungen vergleichbar. Das Ascope-Aquädukt leitet nach rund eintausendzweihundert Jahren ununterbrochener Nutzung immer noch Wasser aus einer Höhe von eintausend Metern über eine Distanz von mehr als einer Meile bis zum Niveau des Meeresspiegels. Das riesige Reservoir von Chan-Chan, das vor 900 nach Christus erbaut wurde, fasste mehr als sieben Millionen Kubikmeter Wasser. Die Mauern der Inka-Festung Saksaywaman am Rande der Inka-Hauptstadt Cusco sind mehr als sechs Meter hoch und bestehen aus hunderten perfekt positionierten Blöcken, von denen einige mehr als zweihundert Tonnen wiegen.

Im Jahr 1932 wurde aus der Luft zufällig eine Steinmauer entdeckt, die in der Nähe von Puente unweit der peruanischen Küste begann und am nördlichen Ufer des Rio Santo entlang in Richtung Lima führte. Forscher der American Geographical Society schätzten, dass die Wälle in ihrem ursprünglichen Zustand an der Basis eine Dicke von vier Metern aufwiesen und sich auf eine durchschnittliche Höhe von 3,5 Metern erhoben. Nur vierundsechzig Kilometer der Mauer waren noch erkennbar, aber einst reichte sie zweifellos bis zur Pazifikküste, und ihr gegenüberliegendes Ende war von der dichten Dschungeldecke überwachsen. Möglicherweise wurde sie im späten vierzehnten Jahrhundert von den Chimu als Bollwerk gegen die Angriffe der Inka erbaut, aber das tatsächliche Alter der Mauer und ihre Herkunft sind unbekannt. Wer hätte solch eine monumentale Leistung vollbringen können?

Der renommierte Entdecker und Autor David Hatcher Childress meinte dazu:

> »Die bolivianischen Archäologen bestehen darauf, dass die Vorfahren der dortigen Aymara-Indianer sowohl Tiahuanaco als auch Puma Punku errichteten. Doch es scheint, als wäre ihre Kultur seither weit zurückgefallen, da sie heute auf dem hohen, kargen Plateau kaum noch überleben können. Weder sie noch die Regierung des verarmten Bolivien sind in der Lage, die Ingenieurleistungen von Tiahuanaco oder Puma Punku zu wiederholen.« (Childress 1986, 138)

Die Spanier waren jedoch weitaus stärker von den Gold- und Silberschätzen des Inka-Herrschers beeindruckt. Die Edelmetalle des gesamten Reiches gehörten ausschließlich der herrschenden Klasse, und die Produkte aller Minen wurden an die Paläste und Tempel weitergeleitet. Rund einhundertvierzig Millionen Lehmziegel wurden für den Bau der zweitausend Jahre alten Pyramide Huaca del Sol bei Trujillo im Norden Perus verwendet. Die Spanier vermuteten, dass diese »Sonnenpyramide« Schätze enthielt, und spülten mithilfe eines improvisierten Kanals vom nahegelegenen Fluss aus buchstäblich Tonnen von Gold- und Silberartefakten aus dem zweihundertzwanzig Meter langen und einhundertvierzig Meter breiten Bauwerk. Ursprünglich waren die Wände und die Decke des Innentempels vollständig mit Gold ausgekleidet und enthielten zwölf lebensgroße Statuen aus massivem Gold. Die in der Nähe gelegene Huaca de la Luna oder »Mondpyramide« war fast identisch dekoriert und mit Silber gefüllt. In Cusco, der Hauptstadt der Inka, schimmerte die Anlage der Coricancha (quechua: Qorikancha = goldenes Gehege) vor Hunderten von lebensechten, in Gold ausgeführten Vögeln, Schmetterlingen, Lamas und Blumen. Die Coricancha selbst enthielt eine fast drei Meter große Goldscheibe, die den Sonnengott darstellte, sowie zahlreiche Statuen aus massivem Gold.

Die Eroberer waren besessen von Plünderung und interessierten sich nicht für die Ursprünge, die Technologie oder die Politik der Anden-Zivilisation. Ihre Priester dagegen interessierten sich besonders für die Religion der Indianer und machten sich sofort daran, sie durch das Christentum zu ersetzen. Wie die Azteken wurden auch die Inka vollkommen unterworfen, und ihre Kultur wurde innerhalb eines Jahrhunderts nach der unheilvollen Ankunft der Europäer praktisch ausgelöscht.

Die mesoamerikanische und die andine Zivilisation haben sich unabhängig voneinander entwickelt und scheinen wenig Kontakt zueinander gehabt zu haben. Einige Forscher kamen sogar zu dem Schluss, dass sie sich der Existenz der jeweils anderen Kultur nicht bewusst waren, obwohl die aztekischen Imperialisten zur selben Zeit in Mexiko herrschten wie die Inka-Herrscher von Ecuador bis Chile.

An diesem Punkt ähnlicher, aber getrennter Entwicklung beginnen sich die fremden Ursprünge in Südamerika zu entfalten. Für Gesellschaften, die sich angeblich in gegenseitiger Unkenntnis entwickelten, weisen die Daten für die Zivilisationen in Mittelamerika und den Anden doch recht bemerkenswerte Parallelen auf.

Beide traten plötzlich um 3000 vor Christus an den Küsten in Erscheinung und erlebten jeweils zur gleichen Zeit zwei aufeinander folgende kulturelle Wellen – um 1600 und um 1200 vor Christus. Herkömmliche Archäologen hatten stets angenommen, dass das früheste denkbare Stadium einer organisierten Gesellschaft in Südamerika ein vorkeramisches Zeitalter gewesen sei, das in der Mitte des dritten Jahrtausends vor Christus begann. Diese Chronologie musste jedoch im Frühjahr 2001 verworfen werden, als der Einsatz verbesserter Datierungstechniken an den Überresten der peruanischen Stadtsiedlung Caral belegte, dass diese bereits um 2600 vor Christus existierte.

Caral befand sich etwa zweihundert Kilometer nördlich von Lima und zweiundzwanzig Kilometer vom Pazifischen Ozean entfernt im Tal des Rio Supe und war ein städtisches Zentrum, das von sechs Pyramiden umgeben war, von denen die größte achtzehn Meter hoch, einhundertsechzig Meter lang, einhundertfünfzig Meter breit und aus Bruchsteinen erbaut war. In der Stadt gab es außerdem einen versunkenen Platz sowie Wohngebäude unterschiedlicher Ausstattung. Forscher vermuten, dass dreißigtausend oder mehr Personen dort lebten. Caral ist jedoch kein Einzelfall. Weitere siebzehn Pyramidenkomplexe aus derselben oder einer früheren Zeit liegen in unmittelbarer Nähe. Die Existenz dieser komplexen Metropole mit ihrer monumentalen Architektur und großen Bevölkerungszahl bedeutet, dass die andinen Anfänge fast sicher bis 3000 vor Christus (vier Jahrhunderte vor dem Bau von Caral) zurückgehen.

Tatsächlich wussten die Archäologen bereits vor der Datierung von Carals Ursprung auf das frühe dritte Jahrtausend vor Christus, dass eine zikkuratähnliche Struktur mit geometrischem Vorplatz, die Huaca de los Sacrificios von Áspero, etwa aus der Zeit 2800 vor Christus datierte. Der Ort ist zweifellos noch älter, da die Radiokarbonproben aus der letzten Phase seiner Nutzung stammten. Wie Moseley bemerkt, »waren die Basisdaten sicherlich früher, und der Bau dieses Huaca begann und endete wahrscheinlich früher als an anderen Hügeln« (Mosely 1994, 116). Trotz seines Alters ist die Huaca de los Sacrificios kein primitives Bauwerk, sondern weist Wände auf, die aus massiven Basaltblöcken anstelle von runden Felsblöcken bestehen und mit einer eleganten Treppe verbunden sind.

Die meisten südamerikanischen Archäologen nehmen daher inzwischen an, dass die früheste Zivilisation des Kontinents an der Nordküste Perus um die Wende des vierten Jahrtausends vor Christus begann. Die herausragenden

Merkmale dieser Periode waren massive Tempelplattformen aus Stein und Adobe-Ziegeln mit ummauerten Vorplätzen, die den zur gleichen Zeit in Mesopotamien gebauten sumerischen Zikkuraten stark ähnelten. Wo und wann immer diese Anden-Zivilisation beobachtet wurde, ging sie scheinbar plötzlich aus der Kultur der Indios hervor, die seit zehntausenden von Jahren auf Basis einer Subsistenzwirtschaft gelebt hatten. Pyramidenbau, Medizin, Mumifizierung, Bewässerung, organisierte Landwirtschaft, Stadtplanung, Arbeitsorganisation, soziale Schichtung, zentralisierte Verwaltung und das Wachstum von Städten und Zeremonialzentren waren von Anfang an präsent. Wie in Mexiko zeigte die Zivilisation keine Anzeichen einer früheren Entwicklung, sondern erschien auch in den Anden gleich voll entwickelt.

Die populäre Auffassung setzt das Peru vor der spanischen Eroberung meist mit dem Inka-Reich gleich. Die Inka waren jedoch nur die letzte Manifestation der Anden-Zivilisation. Sie traten in der späten Zwischenzeit um 1300 vor Christus in Erscheinung, nachdem sie die jüngste von mindestens fünf Hauptkulturen, die ihnen vorausgingen, unterworfen hatten. Zeugnisse dieser frühen Kulturen finden sich in den Kultstätten von Sechin an der Pazifikküste sowie Chavín de Huántar im Hochland. Später entwickelte sich südlich von Lima die Kultur der Nazca, während das Volk der Moche im Norden die sagenhafte Huaca del Sol errichtete. Um 700 nach Christus war auch diese Kultur auf dem Rückzug, und ihr Platz wurde schließlich von den Chimú eingenommen, deren Hauptstadt Chan-Chan in ihrer Blütezeit bis zu sechzigtausend Einwohner beherbergte. Diese wurde wiederum von den ehrgeizigen Inka in der zweiten Hälfte des fünfzehnten Jahrhunderts erobert und in ihr Reich absorbiert.

Jede dieser Kulturen prägte auf ihre Weise die Zivilisation der Anden, ähnlich wie bei den mesoamerikanischen Kulturen. Sie waren jedoch alle miteinander verwandt und in Wahrheit eher Variationen eines gemeinsamen Themas als grundlegend unterschiedliche und getrennte Gesellschaften. Die anfangs eingeführten Merkmale, wie sie sich in Caral abzeichnen, wurden bis zur spanischen Eroberung in verschiedenen Formen weiterentwickelt. Genau wie in der mexikanischen Vorgeschichte gab es auch in den Anden vier große kulturelle Aufschwünge, die durch die plötzliche Einwanderung einer großen Zahl ausländischer Kulturträger hervorgerufen wurden. Der erste, um die Wende des vierten Jahrtausends vor Christus, als die südamerikanische Zivilisation an der Nordküste Perus begann, fiel mit dem Gründungsjahr der Maya von 3113 vor Christus zusammen, der Geburt des dynastischen Ägyptens und den frühesten seismischen Erschütterungen auf der Insel Atlantis, die viele Bewohner veranlassten, einen Wohnsitz in anderen Teilen der Welt zu suchen.

Ein Flutbericht aus der Tiahuanaco-Zeit berichtet von dem Meeresgott Thonapa, der das Volk von Yamquisapa, einem Inselreich, ertrinken ließ, um es für seinen egozentrischen Luxus und die Verehrung der Statue einer Frau auf einem Hügel namens Cachapucara zu bestrafen. Thonapa zerstörte die Statue und den Hügel des Götzendienstes, indem er beide zusammen mit den meisten ihrer Anhänger im Ozean versinken ließ. Diese Fassung ist besonders überzeugend, da sie offenbar auf Kleitos Schrein (Cachapucara?) auf dem zentralen Hügel von Atlantis verweist, wie von Platon beschrieben. Dieser berichtet, dass der Ort, an dem sie dem Meeresgott Poseidon beiwohnte, um die halbgöttliche Linie der atlantischen Könige zu zeugen, anschließend als heiliger Bezirk verehrt wurde. Die Emigrationswelle der von Thonapa auserwählten Überlebenden entspricht der Katastrophe von 2200 vor Christus.

Eine dritte Welle atlantischer Migration um 1600 vor Christus spiegelte sich sowohl in dem wider, was konven-

Abb. 17.1. Der monumentale Eingang von Tiahuanaco. Der spanische Chronist Cieza de Leon zeichnete eine lokale indianische Legende auf, die besagte: »Tiahuanaco wurde nach der Flut von unbekannten Riesen in einer einzigen Nacht erbaut.«

tionelle Forscher als den plötzlichen Beginn der olmekischen Zivilisation ansehen, als auch in der plötzlichen Einführung von Keramik im Titicaca-Becken, was darauf hindeutet, dass Neuankömmlinge in jener Zeit möglicherweise die Zeremonienstadt Tiahuanaco gebaut habe könnten (siehe Abb. 17.1). Dreihundert Jahre später bewirkte die Flucht der Überlebenden nach der endgültigen Zerstörung von Atlantis ein plötzliches Anschwellen der Olmekenkultur, während sich in Südamerika ein wichtiger Teil der peruanischen Vorgeschichte in Form der Kulturen von Sechin und Chavin ausbildete.

Diese drei fundamentalen Ebenen in den archäologischen Funden zeigen sich auch in der indigenen Andentradition. Die Ureinwohner hießen hier Ayar-uyssu, und sie reichten so weit zurück, dass es hieß, sie seien zu Beginn der Schöpfung aus dem Boden gesprossen.

Ungezählte Generationen später kamen ganz andere Menschen über das Meer an die Nordküste Perus. Dies waren die Ayar-manco-topa, Gruppen von außerordentlich weisen Männern und Frauen, die die frühesten Städte bauten, die ersten Pyramiden und andere monumentale Bauten errichteten, angewandte Mathematik verstanden, Krankheiten mit Medikamenten heilten und alle kulturellen Merkmale einführten, für die die Anden-Zivilisation bekannt ist. In der Chimú-Version wurden sie von König Naymlap angeführt, der mit seinen Anhängern in »einer Flotte großer Kanus« landete.

Lange nachdem sich die Ayar-manco-topa etabliert hatten, erschienen plötzlich die Ayar-chaki, Wanderer und Flüchtlinge, denen Erdbeben und Überschwemmungen einen weiteren Aufenthalt in ihrer fernen Heimat unmöglich gemacht hatten. Ihre Anführer waren Manco Cápac und seine Frau Mama Ocllo. Sie begründeten die Blütezeit, während der vor etwa dreieinhalbtausend Jahren große Baumeister Tiahuanaco erbauten. In der Tat ergaben Radiokarbontests im zeremoniellen Zentrum ein frühes Entstehungsdatum von etwa 1600 vor Christus (Childress 1986, 139).

Der Jesuit Blas Valera, Sohn eines Konquistadors und einer Indianerin, der als verlässliche Autorität für die Geschichte der Inka gilt, verfasste ein im Jesuitenkolleg in La Paz verwahrtes Manuskript, das einige Details von Manco Cápacs Geschichte enthält. Er und seine Schwester-Braut verließen ihren Geburtsort, die Insel der Sonne, nachdem das Reich in einer als Pur-Un-Runa (»die Ära der Wilden«) bekannten Zeit im Niedergang begriffen war. Ihre vom Frevel beherrschte Heimat wurde durch eine Flut zerstört, die als Strafe von den Göttern gesandt wurde, aber Manco Cápac und seine große, tugendhafte Familie verschonte.

Die letzte Welle fremder Einwanderung stellten die Ayar-aucca dar, die als Flüchtlinge einer noch schrecklicheren Naturkatastrophe entkamen – der plötzlichen Vernichtung ihres einst mächtigen Reiches in Feuer und Flut. Passenderweise als Kriegsvolk bekannt, waren sie mit ziemlicher Sicherheit Veteranen der verlorenen atlantischen Kriege im östlichen Mittelmeerraum und Überlebende der endgültigen Zerstörung von Atlantis im Jahr 1198 vor Christus. Ihre atlantische Identität wird von den Inka selbst bestätigt: Sie beschrieben die Ayar-aucca als vier Riesen, die den Himmel trugen, aber schließlich wegen des Undanks der Menschheit ihrer Mühen überdrüssig wurden, den Himmel ins Meer stürzen ließen und dadurch eine weltweite Sintflut auslösten, die den größten Teil der Menschheit vernichtete. Einer der Ayar-aucca kam in Cusco an, wo er sich in einen Huaca oder heiligen Stein verwandelte, nachdem er sich mit einer einheimischen Frau verbunden und den ersten Inka von königlichem Blut gezeugt hatte. Von nun an war Cusco, bekannt als der Nabel der Welt, die Hauptstadt des Inka-Reiches.

Blas Valeras Version bezeichnet diese Flut-Überlebenden als Micmac oder Kolonisten. Später wurde die Geschichte auf den Titicacasee und die kleine Insel namens Isla del Sol übertragen, die nach Manco Cápacs ozeanischer Heimat benannt war. Bei der Zusammenstellung einer Liste aller Inka- und Prä-Inka-Könige kam Valera zu einem bestimmten Jahr für den Beginn ihrer königlichen Dynastien: 1220 vor Christus. Dieses Datum, das vor fast fünf Jahrhunderten anhand der Genealogie der Könige vor der Eroberung durch die Spanier festgelegt wurde, fällt fast perfekt mit der endgültigen Zerstörung von Atlantis im Jahr 1198 vor Christus zusammen.

Die Geschichte der Ayar-aucca ist offensichtlich die peruanische Darstellung der Atlantis-Katastrophe, die in den Gründungsmythos der Inka eingeflossen ist. Aber nicht nur die

Inka wussten von den Ayar-aucca. Die Indios in Bolivien, die Arawak und die Macusi in Guyana sowie die brasilianischen Tamanaken glaubten, dass die meisten Ayar-aucca während einer feurigen Katastrophe umkamen, auf die eine vernichtende Sintflut folgte. Die Tupi und die Guaraní erzählten, dass Monan, der Schöpfergott, sich über die Sünden der Männer und Frauen erzürnte und die Stadt der glänzenden Dächer mit einer schrecklichen Flamme vom Himmel zerstörte. Irin Mage, ein Zauberer, löschte den Brand mit einer Flut und ertränkte dabei versehentlich den größten Teil der Menschheit. Ein sprachliches Indiz, das hier den kulturfremden Charakter der Stadt der glänzenden Dächer aufzeigt, ist *mage*, ein archaisches westeuropäisches Wort, das »Magier« oder »Zauberer« bedeutet. Nur Tamandaré, der Flutheld der Tupi, wurde vorher gewarnt, überlebte und segelte nach Südamerika. Eine Stadt und ein Strand erinnern heute mit ihrem Namen noch an den atlantischen Überlebenden.

Der Schöpfungsmythos von Boliviens Munduku erzählt, der Schöpfer und Sonnengott, Ra-imi, habe die Erde geschaffen, indem er sie in der Form eines flachen Steins auf den Kopf einer geringeren Gottheit gelegt habe, die jedoch die Last nicht für immer tragen konnte und die Welt schließlich ins Meer fallen ließ. Ra-imi erinnert an den ägyptischen Ra, der ebenfalls seinen eigenen Flutmythos hatte, aber die namenlose Gottheit, die die Welt aufrechterhielt und für ihr Versinken im Ozean verantwortlich war, ist eindeutig ein Hinweis auf Atlas, den Erhalter.

Die Hauptgottheit der Inka war Inti, ein Himmels- und Sonnengott, der in der sakralen Kunst durch das Gesicht eines Mannes in einer Sonnenscheibe dargestellt wurde. Eine solche Gottheit war auch der ägyptische Horus, dessen Name von dem Stamm *hor* (Gesicht) abgeleitet ist, das statt des Wortes *Himmel (hort)* benutzt wurde. Tatsächlich ist die Hieroglyphe für *Himmel* das Gesicht eines Mannes. Wie in

Kapitel 4 beschrieben, waren die Shemsu-Hor, die Anhänger des Horus, Teil einer frühen atlantischen Migrationswelle, die die Zivilisation im späten vierten Jahrtausend vor Christus ins Nildelta brachte. Horus war wie Inti die Personifikation des Königtums, und sowohl der Pharao als auch der Inka wurden als lebendige Inkarnationen des Sonnengottes angesehen. In seinem Kultzentrum Hierakonpolis am Oberen Nil hatte Horus die Form einer Sonnenscheibe mit Flügeln. Als solche erschien er über der Tür jedes Tempeleingangs, um vor dem Bösen zu schützen. Eine geflügelte Sonne erscheint auch über der Tür des Inka-Tempels in Ocosingo.

Bei den Indios am Orinoco ist die Sintflut bekannt als Catena-Ma-Noa (»Wasser von Noa«) und nennt damit ausdrücklich den Namen des Fluthelden der Genesis. Noas Hauptstadt war »die Vergoldete«, und die Indios behaupteten von ihr, sie sei »verschollen«. Die vom Gold besessenen Spanier verstanden dies so, dass die Stadt irgendwo im Dschungel verborgen lag, und begannen ihre fruchtlose Suche nach El Dorado, während die Volkstradition doch berichtete, dass »die Vergoldete« von der Sintflut verschlungen worden war.

Im Jahr 1629 schrieb Fernando Montesinos, der als Sekretär des Vizekönigs ausgiebig in Peru Handel trieb, in seinen *Memorias Antiguas Historiales del Peru*, dass einheimische Hohepriester ihm von ihren Vorfahren erzählt hätten, die von einem Urenkel Noahs oder zumindest einer Inka-Version der biblischen Sintflutfigur nach Südamerika geführt worden seien.

Die Ureinwohner der an der Pazifikküste gelegenen Region Lima erzählten den ersten Spaniern von einer »Rasse von Riesen«, die unzählige Generationen zuvor »in großen Kanus« angekommen waren. Nachdem sie die lokalen Vorräte an Fisch und Wild aufgebraucht hatten, segelten die Riesen entlang der Pazifikküste gen Norden nach Chan

Chan. Dort errichteten sie die großen Lehmziegelmauern dieses riesigen städtischen Komplexes.

Die kriegerischen Ayar-aucca wurden von dem friedlichen At-ach-u-chu angeführt. Dieser erste Gründervater der Anden-Zivilisation wurde von der Vorgeschichte bis zur spanischen Eroberung des sechzehnten Jahrhunderts verehrt. Er wurde konsequent als der große Kulturträger aus einem fernen Land im Osten beschrieben, der am Ufer des Titicacasees ankam, nachdem er eine katastrophale Flut – Unu Pachakuti (»Durch Wasser zerstörte Welt«) – überlebt hatte.

Wie die Geschichte von Manco Cápac vor ihm wurde auch diese Erzählung später landeinwärts bis in die Region der bolivianischen Anden verbreitet. Die peruanischen Ureinwohner nannten ihn den Lehrer aller Dinge; einen Mann, der in Südamerika die Kunstfertigkeiten der Zivilisation wie Landwirtschaft, Religion, Astronomie, Maße und Gewichte sowie die soziale Organisation und die Regierungsgewalt einführte. Während Tiahuanaco bereits vor seiner Ankunft erbaut worden war, soll er die nahegelegene Akapana-Pyramide errichtet haben. Eine verwandte Aymara-Version berichtet davon, dass »Tiahuanaco nach der Sintflut in einer einzigen Nacht von unbekannten Riesen gebaut wurde« (Reader's Digest 1986, 39).

At-ach-u-chu soll nach ein paar Jahren weitergezogen und im Westen verschwunden sein, aber die nachfolgenden Generationen derer, die er zurückließ, erwarteten stets seine Rückkehr. Alle Merkmale dieser äußerst wichtigen Figur der Andentradition, beginnend mit dem *At* am Anfang seines Namens, definieren ihn eindeutig als den Anführer der Überlebenden der endgültigen Zerstörung von Atlantis, die mit der Schaffung einer hybriden Zivilisation in Peru und Bolivien, einer Mischung von lokalen Kulturen mit atlantischer Technologie, einen Neuanfang wagten. Parallelen zwischen Mittelamerikas Gefiederter Schlange und Südamerikas »Lehrer aller Dinge« sind offensichtlich. At-ach-u-chu kleidete sich sogar ähnlich wie Quetzalcoatl. »Die Analogie ist umso bemerkenswerter«, schrieb Prescott, »als es keine Spur irgendeiner Kommunikation oder eines gegenseitigen Wissens der beiden Nationen voneinander gibt« (Prescott 1948, 232).

Das Auftauchen von Kulturträgern nach einer großen Naturkatastrophe im Atlantik ist ein weitverbreitetes Thema in ganz Amerika, vom Meeresmann der Menominee-Indianer auf der Oberen Halbinsel von Michigan bis zu Zeu-kha im patagonischen Feuerland. Diese von jenseits des Meeres kommenden Gründungshelden repräsentieren offenbar die Einflüsse, die von der massenhaften Ankunft von Atlantis-Flüchtlingen in vier großen Einwanderungswellen über einen Zeitraum von fast zweitausend Jahren auf die Ureinwohner ausgingen. Es ist daher nicht verwunderlich, dass eine volkstümliche Erinnerung an diese Ankömmlinge in den mündlichen Überlieferungen aller Ureinwohner, deren Vorfahren die Atlanter kannten und mit ihnen Kontakt hatten, erhalten geblieben ist.

Diese Traditionen beschreiben At-ach-u-chu übereinstimmend als groß, bärtig, rothaarig, hellhäutig und als den ältesten von fünf Brüdern, die zusammen als Viracochas (»Weiße Männer«) bekannt sind. Bevor seine Statue von christlichen Eiferern zerstört wurde, sollen die »Haare, der Teint, die Gesichtszüge, die Kleidung und die Sandalen« die Eroberer an den Apostel Bartholomäus erinnert haben, wie er auf heiligen Bildern jener Zeit abgebildet war.

Heute erinnert man sich an At-ach-u-chu besser unter seinem Titel Kon-Tiki Viracocha oder »Weißer Mann des Meerschaums« – mit anderen Worten, er war ein Fremder, der mit dem Schiff ankam, wobei »Meerschaum« wohl eine poetische Beschreibung der Bugwelle ist. Moche-Keramik aus der Zeit vor den Inka zeigt eine Figur, die vermutlich Viracocha darstellt, mit Sandalen aus Schaum, der die Sonne (das heißt die Sonnenanbetung) von Osten über das Meer bringt. Andere Beispiele aus der Moche-Kultur, die eine ähnliche Szene abbilden, zeigen vier bärtige Männer mit rechteckigen Helmen, die sich an Flößen festhalten. Abb. 17.2 zeigt eine weitere bärtige Figur.

Cieze de Leon, ein spanischer Historiker, der die Inka aus erster Hand studierte, berichtete: »Wenn die lokalen Indios gefragt wurden, wer das alte Bauwerk [Tiahuanaco] errichtet habe, antworteten sie, dass es von Fremden geschaffen wurde, bärtig und weiß wie wir, die in diese Region kamen und sich dort viele Zeitalter vor der Herrschaft der Inka niederließen.« Später kam der Anführer der lokalen Aymara-Indios »zur größeren der beiden Inseln im Titicacasee und fand dort eine Rasse von bärtigen Weißen, gegen die er kämpfte, bis er sie getötet hatte«. Daher verlegte Manco Cápac seinen Thron nach Cusco, die neue Hauptstadt.

Die Tradition der Aymara beschrieb drei Einwanderungswellen – die Ayar-manco-topa, -chaki und -aucca –, die aus weißhäutigen, blonden Menschen bestanden. Die Inka selbst wählten die schönsten Mädchen der herrschenden Klasse aus, damit sie als »weiße Jungfrauen« an den Altären des Sonnengottes Inti dienten. Eine Vorstellung von der Distanz zwischen den Inka-Herrschern und ihren Untertanen kann man der Erklärung des Inka-Herrschers Tupac Yupanqui entnehmen, dass Wissenschaft »nicht für das Volk gedacht ist, sondern für diejenigen von adeligem Blut«. Titu Cusi Yupanqui, der vorletzte Inka-Herrscher in Vilcabamba, erzählte Diego Rodriguez de Figueroa, dass seine Vorfahren nicht zu »den wilden Indios« zählten.

Wie in der gesamten mesoamerikanischen Zivilisation bestand auch die andine Gesellschaft aus zwei voneinander unabhängigen Gruppen. Die Indios machten die breite arbeitende Masse aus, während eine zahlenmäßig kleine,

Abb. 17.2. Eine von zahlreichen Terrakottafiguren der Moche-Kultur, die bärtige Fremde darstellen, welche mit der Ankunft von Fluthelden in Peru assoziiert werden.

hellhäutige Elite mit europäischen Merkmalen die priesterliche und herrschende Schicht bildete. Mit dem allmählichen Niedergang dieser Elite bildete sich eine gemischte Gruppe aus, die eine Zwischen- oder Nebenaristokratie formte; bei der Ankunft der Spanier bestand auch das königliche Haus aus Mitgliedern dieser Gruppe. Tatsächlich sprachen die Guaraní von den Inka als den »weißen Königen«. Die Herrscher behaupteten, von hellhäutigen Kulturträgern abzustammen, und tatsächlich existierte eine gewisse physische Kluft zwischen dem indianischen Proletariat und der Inka-Aristokratie. Ein Porträt in Limas Copacabana-Kloster zeigt Huayna Cápac, den großen Inka-Herrscher, der die Eroberungen seiner Vorfahren im frühen sechzehnten Jahrhundert festigte, als einen Mann mit durch und durch europäischen Gesichtszügen. Ein Profil in Antonio de Herreras Chronik der spanischen Eroberung, *Historia* (in Madrids Biblioteca Nacional), zeigt seinen Sohn Huáscar, ebenfalls mit einem nichtindianischen Gesicht. Ein zeitgenössisches Gemälde von Atahualpa, einem anderen Sohn von Huayna Cápac, und letztem Inka-Herrscher, zeigt jemanden von gemischter Abstammung, was darauf hindeutet, dass er und Huáscar nur Halbbrüder waren. Ihr Vater hatte zweifellos viele Frauen, und die Brüder hatten eindeutig nicht dieselbe Mutter. Ihre unterschiedliche Abstammung war möglicherweise die Wurzel der tödlichen Feindschaft, die zwischen den Brüdern nach dem Tod ihres Vaters Huayna Cápac ausbrach. Bis dahin hatten beide gemeinsam regiert. Ein im frühen achtzehnten Jahrhundert in Auftrag gegebenes Gemälde von Cornilla Inca, dem letzten überlebenden Mitglied der königlichen Linie, zeigt einen großen Mann mit ebenmäßigen Zügen, hellen Augen, glattem rotbraunem Haar und langer, schmaler Nase. Die von dem Ordensgeistlichen Fray Martin de Murina zu Beginn des siebzehnten Jahrhunderts skizzierten Abbildungen vor Ort zeigen deutlich die physischen Unterschiede, die die andinen Klassen trennten. Der Kontrast zwischen der hellhäutigen Aristokratie und den dunkelhäutigen Massen in Bezug auf Statur und Physiognomie ist so ausgeprägt, dass die Zeichnungen von de Murina den Eindruck eines völlig fremden Volkes erwecken, das eine größere einheimische Bevölkerung überlagert.

Die europäischen Merkmale, die in diesen Darstellungen der Inka sichtbar sind, werden durch die wenigen erhaltenen physischen Überreste bestätigt. Mumien der königlichen Familien aus der Zeit vor der Eroberung zeugen noch immer von feinen, welligen, rötlichen Haaren. Mumien von der Halbinsel Paracas aus dem vierten Jahrhundert vor Christus haben eine rotbraune Haarfarbe, sind viel größer als die Indigenen und haben schmalere Schädel. Trujillos unterirdisches Museum zeigt einen ungeborenen Chimu-Fötus mit feinen blonden Haaren. Die mit Abstand eindrucksvollsten Beispiele sind im Mumienraum des Herrera-Museums in Lima ausgestellt. In den vakuumversiegelten Glaskästen sind die Mumien des Inka-Königshauses bemerkenswert gut erhalten. Von den etwa zwölf Exemplaren haben vier hellbraune Haare und drei sind blond mit rötlichem Einschlag. Haarfarbe und -textur verändern sich nicht nach dem Tod, und der in den Anden übliche Mumifizierungsprozess wirkte sich nicht auf die Haare der Verstorbenen aus.

Pedro Pizarro (1515-1587), der Sohn des Mannes, der das Inka-Reich eroberte, schrieb:

> »Die herrschende Klasse des Reiches Peru war hellhäutig und hatte blondes Haar von der Farbe reifen Weizens. Die meisten der großen Herren und Damen sahen weiß aus wie Spanier. In diesem Land traf ich eine Frau mit ihrem Kind, die beide so hellhäutig waren, dass sie sich kaum von hellen weißen Menschen unterschieden. Ihre Landsleute nannten sie ›Kinder der Götter‹.«

Thor Heyerdahl wunderte sich unweigerlich über den Kontrast zwischen einem Volk, das einst erstaunliche Pyramiden und Tempel errichtet hatte, und der modernen indigenen Bevölkerung Perus, deren Kultur und Lebensweise nicht derselben Tradition zu entstammen scheinen. Tatsächlich betrachten sich die peruanischen Indios nicht als Nachfahren der Inka, die gemäß ihrer eigenen Tradition lange nach den Vorfahren der Ureinwohner in Peru angekommen waren. Diejenigen, die die Blütezeit der Anden-Zivilisation hervorbrachten, sind nach wie vor rätselhafte Puzzle-Teile im Gesamtbild Südamerikas vor der Eroberung durch die Spanier. »Woher diese bemerkenswerte Rasse kam«, schrieb William Prescott, »und was ihre frühe Geschichte war, gehört zu jenen Mysterien, die uns in den Annalen der Neuen Welt so häufig begegnen und die die Altertumskunde bisher nicht erklären konnte« (Prescott 1948, 158).

Wenn ein Inka-Prinz als neuer Herrscher inthronisiert wurde, krönte man ihn mit einer blonden Perücke und sagte ihm, er solle dem Wohl der Menschheit dienen, ebenso wie seine großen Vorfahren (Prescott 1948, 312). Wie bei den ägyptischen Pharaonen wurde ihm dann ein falscher Kinnbart, der Sonkhasapa, überreicht – ein Wort, das bei den bartlosen Indianern heute noch gebräuchlich ist. Der Sonkhasapa ist keineswegs der einzige Gegenstand dieser Art mit einem offensichtlichen Gegenstück in der Zivilisation des Niltals. Das Inka-Reich selbst – das Tawantinsuyu – scheint eine Variante von »Tawy« zu sein, einem Namen, unter dem Ägypten seinem eigenen Volk allgemein bekannt war. »Tawy« bedeutet Kreuzung, was angesichts der Straßen bauenden Inkas besonders angebracht ist. Der Name taucht in einem atlantischen Kontext bis in die Region der Großen Seen Nordamerikas bei den Huronen auf. Tawiscara war ihr Flutheld, der nach der Katastrophe, vor der die Vorfahren der Huronen geflohen waren, »die Ströme in glatte Meere und Seen führte«. Eine anderere sprachliche Entsprechung findet sich im alten peruanischen Yaro, einem paradiesischen Land der Toten, das sich durch seine weiten und reichen Felder auszeichnet. In der ägyptischen Grabkunst wurden die Verstorbenen oft als Pflüger auf den üppigen Feldern des Jenseits dargestellt, das als Iaro bekannt ist.

Maru war das versunkene Land, aus dem Manco Cápac und seine Anhänger, die Ayar-manco-topa, nach Peru kamen. Sekhet-Aaru war eine überschwemmte Insel im fernen Westen, von der aus die ersten Menschen und Götter ins Nildelta flohen. Der Name Maru/Yaro/Aaru/Iaro ist eine weltweite Bezeichnung für Atlantis und bedeutet »Schilffeld« oder »Ort der großen Weisheit«, weil Schilf zu

Schreibgeräten verarbeitet wurde, die das Lernen symbolisierten. Variationen tauchen bis nach Indien auf, wo es die Manu, die inkaähnlichen Söhne der Sonne und Überlebenden der Großen Sintflut, waren, die die frühe Zivilisation auf den Subkontinent brachten. In der Tat hat der Name des Anden-Kulturhelds At-ach-u-chu eine bemerkenswerte Ähnlichkeit mit Atcha, dem Namen einer fernen, prächtigen, aber verschollenen Stadt der alten Ägypter, in der das untergegangene Atlantis anklingt. So könnte At-ach-u-chu »Mann von Atcha« (Atlantis) bedeuten.

In Peru wie in Mittelamerika glichen Pyramiden weniger der Großen Pyramide auf dem Gizeh-Plateau als den Pyramiden der frühen Dynastien, wie der des Djoser in Sakkara oder der sumerischen Zikkurat von Ur. Dass diese Pyramiden auf beiden Seiten der Welt gleichzeitig gebaut wurden, verweist auf ihre gemeinsame Inspirationsquelle. Ein gut erhaltenes typisches Beispiel ist eine Stufenpyramide im Chicana-Tal. Die Ähnlichkeit mit einer Zikkurat oder einer Pyramide des Djoser in der Alten Welt wird durch den ummauerten und unterteilten Vorplatz unterstrichen, der mit jenen der ägyptischen Pendants identisch ist (siehe Abb. 17.3).

Das zeremonielle Zentrum in Vilcashuamán ist mit Sicherheit ebenfalls mehr Zikkurat als Pyramide, während die Huaca del Sol (Sonnenpyramide) bei Trujillo einen Vorplatz hat, der den ägyptischen Grundrissen sehr ähnlich ist. Die sanduhrförmigen Klammern, mit denen die massiven Steinblöcke in Medinet Habu zusammengehalten wurden, sind in der Tat identisch mit jenen, die im Gebäude von Tiahuanaco für denselben Zweck verwendet wurden. In Medinet Habu steht übrigens der Siegestempel, mit dem Ramses III. seinen Triumph über die Seevölker von Atlantis feierte. Viele Pyramiden der Anden, wie die Huaca del Sol der Moche, waren dem Sonnengott geweiht, so wie ihre ägyptischen Gegenstücke gemeinhin als »Berge des Ra« bekannt waren. Ra war die oberste Sonnengottheit der Ägypter. Die Sonnenpyramide Perus und die Große Pyramide Ägyptens haben dieselbe Seitenlänge: 231 Meter. Dies war laut Platon auch die Dimension der Zitadelle im Zentrum von Atlantis.

Chavín de Huántar war eine einflussreiche peruanische Kultstätte mit einer nach Osten ausgerichteten Pyramide als Haupttempel. Menschliche Figuren mit Tierköpfen stehen im Vordergrund, insbesondere solche von Adlern und Falken – alle mit verblüffender Ähnlichkeit mit ägyptischen religiösen Motiven. Prescott gelangte sogar zu dem Schluss, dass die Ähnlichkeiten der Anden mit dem frühdynastischen Ägypten »über die architektonischen Gemeinsamkeiten hinausgehen und zahlreiche kulturelle Parallelen umfassen« (Prescott 1948, 182). Diese Parallelen erstrecken sich über Ägypten hinaus auch auf andere Kulturen der Alten Welt, auf die atlantische Flüchtlinge Einfluss hatten. In der minoischen Schriftsprache Linear B ist das Wort für Gold beispielsweise *kuruso*; in Quechua, der Sprache der Inka, ist es *kuri*. Das minoische Wort für Schiff, *cara-mequera*, ist der gleiche Name, mit dem die Tupi und Guaraní ihre legendäre, Atlantis ähnelnde »Stadt der glänzenden Dächer« bezeichnen.

Im Trojanischen (Patumnili) sowie in anderen anatolischen Sprachen, insbesondere in luvianischen und hethitischen, bedeutet *Tepe* einen Hügel oder Berg. So ist Kültepe beispielsweise der Name einer wichtigen Stadt mit Tempeln und Palästen, die rund um einen großen zeremoniellen Hügel, etwa achthundert Kilometer östlich von Troja, errichtet wurden. Kültepe war ab dem neunzehnten Jahrhundert vor Christus ein bedeutendes Handelszentrum für Metalle und Textilien. Bei Ausgrabungen in vorassyrischen Schichten wurde ein Megaron beziehungsweise ein großer rechteckiger Raum freigelegt, eine Grundeinheit der späteren griechischen Architektur, mit Vorgängern im Ilios der frühen Bronzezeit.

Abb. 17.3. Wie seine Gegenstücke in Mesoptamien, Ägypten und Mexiko stellt dieses Steinmodell einer Stufenpyramide den ursprünglichen heiligen Berg dar, von dem die Gründer der Anden-Zivilisation nach einer schrecklichen Überschwemmung in ihre neue Heimat aufbrachen. (Museum für präkolumbianische Kunst in Cusco, Peru)

Wai-Tepu, Berg der Sonne, war die brasilianische Version von Manco Cápac, Sohn der Sonne. Tepe-Quem ist ein erloschener Vulkan am unteren Amazonas, wo einst Diamanten abgebaut wurden. Interessanterweise bezieht sich der gleiche Name in der Sprache der Maya ebenfalls auf einen Berg und bedeutet »großer Stein«. Im Zapotekischen, einer der beiden Hauptsprachgruppen in Oaxaca, Mexiko, ist das anatolische Wort für Hügel, *Tepe*, immer noch präsent.

Hiram Bingham, der Entdecker von Machu Picchu, der »verlorenen Stadt der Inka« (siehe Abb. 17.4), schrieb, dass »einige der Krüge mit zwei Henkeln fast identisch sind mit solchen aus dem antiken Troja« (Bingham 1939, 20). Er bemerkte, dass die Dächer der Häuser in Machu Picchu mit Stroh auf Steingiebel gebunden waren – dasselbe Konstruktionsmerkmal, das auch in den kleineren Gebäuden der trojanischen Hauptstadt Ilios verwendet wurde. Homet, der zu Beginn des zwanzigsten Jahrhunderts den unteren Amazonas erforschte, entdeckte dort bikonische Urnen, die mit Fischgrätenmustern, Swastikas, Spiralen und Zickzacklinien bedeckt waren, die typisch für die Keramikdekoration in Troja sind. Er kam zu dem Schluss, dass die Funde am Amazonas minderwertige trojanische Arbeiten waren. Dieselben Hakenkreuze und Spiralen fanden sich auch auf einem großen Felsen – Pedra Pintada –, ebenfalls am unteren Amazonas, wo nach der Niederlage Trojas und der endgültigen Zerstörung von Atlantis möglicherweise Kriegsschiffe Südamerika erreichten. Der amerikanische Forscher und Autor Harold T. Wilkins, der sich Mitte des zwanzigsten Jahrhunderts jahrelang mit den Einflüssen von Atlantis in Südamerika befasste, lernte von den Muyscas-Indianern in Kolumbien ihr Wort für Sonne: *sua*. *Suastika* bedeutet im Sanskrit der Alten Welt »Sonnenrad«.

Wie die von Platon beschriebenen atlantischen Könige trugen die Inka-Herrscher Roben in voller Länge aus kaiserlichem Purpur. Ihre Mäntel waren mit Farbstoffen aus Insekten und Schnecken gefärbt – etwas, was außerhalb Trojas bis zum nachbronzezeitlichen Aufblühen der phönizischen Kultur unbekannt war. Der aztekische Kaiser Montezuma II. trug ein azurblaues Gewand, als er die Spanier empfing.

Die Mumifizierung bei den Inka wurde bereits im Zusammenhang mit dem bei Indios seltenen blonden Haar der Toten erwähnt. Moseley weist darauf hin, dass Mumifizierung in Peru »zu derselben Zeit bekannt war, als die alten Ägypter begannen, Einbalsamierungsverfahren für ähnliche Zwecke einzusetzen« (Moseley 1994, 93).

Zwischen Ägypten im Osten und Peru im Westen wurde die Mumifizierung auch von den Guanchen, den Bewohnern der Kanarischen Inseln, praktiziert.

Abb. 17.4. In der heiligen Bergstadt Machu Picchu lebten die Aclla Cuna oder »Jungfrauen der Sonne«, ein Kollegium ausgewählter Frauen der Inka, die die hohe Weisheit von Kon-Tiki Viracocha mündlich bewahrten, dem Begründer der Anden-Zivilisation, der über das Meer kam.

Henry Gilman bemerkte in *Ancient Man in Michigan*, dass »die Hügelbauer Perus und Mittelamerikas sowie die jungsteinzeitlichen Völker in Frankreich und auf den Kanarischen Inseln den außergewöhnlichen Brauch hatten, ein kreisförmiges Loch in die Schädeldecke ihrer Toten zu bohren, damit die Seele leicht ein- und ausgehen kann« (Gilman 1898, 111). Inka-Priester hängten um den Hals des Verstorbenen ein Gefäß der Rechtfertigung mit geweihtem Wasser zum Gedenken an die Große Flut, nach der Helden und Götter in die Anden kamen. Derselbe Begräbnisritus wurde auch von den Maya und den Ägyptern praktiziert.

All diese verschiedenen Übereinstimmungen der Anden-Zivilisation mit Ägypten, Troja, dem minoischen Kreta und den Kanarischen Inseln sind durch das Phänomen Atlantis miteinander verbunden, das sie alle beeinflusste.

Als die Spanier im frühen sechzehnten Jahrhundert das erste Mal in Kolumbien an Land gingen, wurden sie von ihren indianischen Gastgebern darüber informiert, dass sie ins Land des Amuraca gekommen waren. Den königlichen Titel Amuraca (»Schlange«), so sagten sie, trug ein weißhäutiger bärtiger Mann, der den Konquistadoren selbst nicht unähnlich war. Er war vor langer Zeit hier angelangt, nach einer schrecklichen Flut, die ihn und seine Begleiter gezwungen hatte, sich eine neue Zuflucht zu suchen. Sodann brachte er den Eingeborenen die Errungenschaften von Landwirtschaft, Medizin und Religion und erbaute die erste von mehreren steinernen Städten.

Amuracas Ähnlichkeit mit der Gefiederten Schlange kann nur bedeuten, dass die gleichen Kulturträger der Alten Welt auf dem gesamten amerikanischen Kontinent eingetroffen sind. Auch zeigt sich hier eine weitere sprachliche Verbindung zur antiken Welt im Namen des Inselreiches, von dem aus Amuraca nach Kolumbien segelte: Amurru. Dieser Name bedeutet »westliche Länder« auf Akkadisch, in der Sprache der Semiten, die Sumer am Ende des dritten Jahrtausends vor Christus eroberten, was mit der dritten Atlantischen Katastrophe im Jahr 2290 vor Christus zusammenfiel.

In Quechua hießen die sieben sichtbaren Sterne der Plejaden auch Aclla Cuna – die Auserwählten Frauen oder Kleinen Mütter. Die Plejaden waren mit der Großen Flut verbunden, vor der Kon-Tiki Viracocha nach Südamerika geflohen war. Aclla Cuna war auch der Name des heiligsten Mysterienordens der Inka, in den mit zehn Jahren ausschließlich die schönsten, tugendhaftesten und klügsten Frauen aufgenommen wurden, die die hohe Weisheit und die überlieferten Traditionen der Ayar-manco-topa mündlich bewahrten. Diese Auserwählten Frauen wurden mit den Plejaden oder Atlantiden identifiziert, wie die Atlanter im griechischen Mythos genannt werden.

Die in atlantischen Farben (rot, weiß und schwarz) gekleideten Kleinen Mütter lebten in Keuschheit und besaßen prächtige Anwesen in Cusco, der Hauptstadt des Inka-Reiches, sowie in der Bergzitadelle von Machu Picchu. Aus noch unbekannten Gründen verschwanden sie aus ihrem hochgelegenen Bergkloster. Dort wachsen heute seltene rote Orchideen aus Rissen in den massiven Blöcken aus wunderschön geschnittenem Stein. Diese Blumen sind laut der lokalen Aymara-Legende wiedergeborene Seelen der Aclla Cuna und kommen zurück, um die abgelegene heilige Stadt Machu Picchu zu schmücken.

All dies erinnert an ein geheimnisvolles mittelalterliches Buch von der anderen Seite der Welt, die *Ura-Linda-Chronik* der Friesen. Der anonyme Autor erzählt, wie ein Anführer eine Gruppe von Überlebenden der Katastrophe von Atland über das Meer führte. Sie folgten seinem blauen Banner in den Westen, und von ihnen wurde nie wieder etwas gehört. Der Anführer hieß Inka.

SCHLUSSWORT

Eine Warnung für unsere Zeit

Für diejenigen, die Augen hatten, um zu sehen, war die Tiefe ihrer Entartung offensichtlich genug. Für die Mehrheit, deren Urteil durch oberflächliche Erscheinungen abgelenkt wird, schienen sie im Streben nach ungezügelter Maßlosigkeit und Macht auf dem Höhepunkt ihres Glücks zu stehen. Aber Zeus, der Gott der Götter, der durch Gesetze regiert und dessen Auge solche Dinge sehen kann, beschloss, als er den bedauernswerten Zustand dieses ehemals bewundernswerten Volkes wahrnahm, sie zu bestrafen und durch seine strenge Gerechtigkeit zu vermindern.

PLATON: *KRITIAS*

Leser des vorliegenden Buches könnten sich von den zahlreichen Informationen möglicherweise etwas überflutet fühlen. Doch wie sollten wir uns einem weltweiten Drama, das sich über zweitausendachthundert Jahre erstreckte, annähern, ohne die neuesten wissenschaftlichen Erkenntnisse und eine

Fülle von volkstümlichem Material von beiden Seiten des Atlantischen Ozeans zu zitieren?

Am Ende kommt es jedoch nicht auf das Sammeln von Fakten an, sondern auf den Gesamteindruck, den diese hinterlassen. Für manche formt sich daraus die Erinnerung an ein Ereignis, das einen Großteil der Menschheit traumatisiert hat. Es beginnt erst jetzt, nach so vielen Jahrtausenden, in unserem kollektiven Bewusstsein aufzutauchen, weil die Wissenschaft die Teile eines grundlegenden Bildes wiederfindet, die durch eine dunkle Epoche vor langer Zeit fragmentiert und zerbrochen waren.

Aber warum diese Geschichte immer wieder aufrühren? Warum nicht die Vergangenheit auf dem Meeresboden im Vergessen schlummern lassen? Zumindest können wir dadurch die Zerbrechlichkeit unserer eigenen Zivilisation erkennen. Zweifellos glaubten die Atlanter auf dem Höhepunkt ihrer Blütezeit, sie könnten ewig so weiterleben. Wer oder was sollte sie nach mehr als dreitausend Jahren des Fortbestands und der Kontrolle über ein globales Imperium von Amerika bis zum Mittelmeer aufhalten? Sie waren sich ihrer wirtschaftlichen und militärischen Überlegenheit bewusst und gingen davon aus, dass der Rest der Menschheit unter einem atlantischen Kriegsherrn besser aufgehoben wäre. Es war dieselbe Art von Arroganz, die seitdem schon viele andere Supermächte vor ihrem Untergang gezeigt haben. Die Geschichte ist übersät mit Trümmern zerbrochener Hochkulturen, deren Völker glaubten, dass ihre besondere Lebensweise anderen zu deren eigenem Wohl aufgezwungen werden sollte, unabhängig davon, ob diese einer derart rücksichtslosen Zumutung zustimmen.

Atlantis begann als eine Gruppe steinzeitlicher Bauern, die sich lose zu Stämmen verbanden, reifte dann zu einem bronzezeitlichen Königreich heran, prosperierte als Seemacht und ging während einer Naturkatastrophe unter.

Dieses Muster hat sich schon oft wiederholt, nur die Ursachen des endgültigen Untergangs variierten. Ob Hethiter, Maya, Inka, Perser, Römer, Habsburger oder Sowjets – alle stellten sich vor, sie seien von den Zyklen der Geschichte ausgenommen. Amerika begann als Ansammlung religiöser Gemeinschaften, wurde zu einer Republik und will nun genau das sein, gegen das es anfangs rebellierte: ein Imperium. Die wahre Tragödie dabei ist, dass die Angehörigen einer Gesellschaft im Niedergang in der Regel zu arrogant oder zu machtlos sind, um aus der Vergangenheit zu lernen und ihre Lektionen rechtzeitig anzuwenden, um einen Zusammenbruch zu vermeiden.

Ein Motiv, das sich durch alle globalen Überlieferungen des atlantischen Unglücks zieht, ist die Annahme, dass es sich nicht ausschließlich um ein natürliches Unglück handelte und dass seine Opfer nicht völlig unschuldig waren. Vielmehr waren sie am Ende korrupt und hatten all die Tugenden verloren, für die sie lange Zeit bekannt waren, so dass ihr Schicksal als göttliches Gericht über sie kam. Dieser moralischen Interpretation begegnen wir von Platons *Dialogen* bis hin zu den mündlichen Berichten der nordamerikanischen Mandan-Indianer und von den Indiostämmen Brasiliens bis zu den Wikingern in Skandinavien. Ägypter, Sumerer, Babylonier, Guanchen, Iren, Waliser, Berber, Gallier, Etrusker, Iberer – alle behaupteten, die Atlanter seien irgendwie für ihre Zerstörung selbst verantwortlich gewesen. Kriege wurden für andere Zwecke als zur Selbsterhaltung geführt, Selbstsucht hatte Vorrang vor allgemeinem Wohlergehen, und Gier ersetzte Ideale. Dies waren die charakteristischen Merkmale einer Gesellschaft in Verwirrung. Dabei sahen die Alten eine sehr reale Beziehung zwischen sozialer und kosmischer Harmonie: Die eine war nur ein Ausdruck der anderen. Ein ernsthaftes Ungleichgewicht in menschlichen Angelegenheiten zuzulassen, bedeutete, den Himmel herauszufordern. Daher galten die Atlanter als moralisch verantwortlich für die Katastrophe, die sie ihrer Größe beraubte.

Lassen wir ihre Geschichte also eine Warnung für unsere Zeit sein. Andernfalls könnte eines Tages jemand ein Buch mit dem Titel *Die Überlebenden des 21. Jahrhunderts* schreiben. Bewahren wir unsere Welt.

Bibliografische Hinweise

EINLEITUNG: Eine Million Tonnen Kupfer

Benedict, C. Henry. *Red Metal.* Ann Arbor: University of Michigan Press 1958.

Brendt, George. »Great Lakes Geology«, *North American Geological Symposium* (1983): 33.

Brown, Charles E. *The Wisconsin Archaeologist*, no. 5 (September 1926).

Coles, J. M. & A. F. Harding. *The Bronze Age in Europe*. London: Thames & Hudson 1979.

Drier, Roy W. »Prehistoric Mines in the Copper Country«, in: Octave DuTemple (Hrsg.), *Ancient Copper Mines of Upper Michigan.* Calumet: Marlin 1962.

DuTemple, Octave (Hrsg.) *Ancient Copper Mines of Upper Michigan.* Calumet: Marlin 1962.

Ferguson, William P. F. »Michigan's Most Ancient Industry: The Prehistoric Mines and Miners of Isle Royale«, in: Octave DuTemple (Hrsg.), *Ancient Copper Mines of Upper Michigan.* Calumet: Marlin 1962.

Fisher, James. »Historical Sketch of the Lake Superior Copper District«, *Mining Gazette* 7 (September 1929).

Fox, George R. »The Ancient Copper Workings on Isle Royale«, *Wisconsin Archaeologist*, no. 10 (1915): 74.

Holmes, W. H. »Aboriginal Copper Mines of Isle Royale, Lake Superior«, *American Anthropologist*, no. 3 (1901): 137.
Houghton, Jacob. »The Ancient Copper Mines of Lake Superior«, in: Octave DuTemple (Hrsg.), *Ancient Copper Mines of Upper Michigan*. Calumet: Marlin 1962.
Joseph, Frank. *Atlantis in Wisconsin*. St. Paul: Galde 1995.
Murock, Angus. *Boom Copper*. New York: Macmillan 1943.
Parker, Jack. »The First Copper Miners«, *Compressed Air* (January 1975): 8.
Plato. *The Dialogues*. Übers. von William Taylor. London: University of London Press 1902. – Dt. Ausgabe: *Platon – Dialoge*. Franklin Bibliothek, Ottobrunn 1983.
Roeder, Patrick. *Indians of the Upper Great Lakes*. New York: Harper 1922.
Savage, Dean James. »Dug for Copper in Prehistoric Days«, *Sunday Mining Gazette* 7 (May 1911).
Scott, William P. »Reminiscences of Isle Royale«, *Michigan History Magazine*, no. 9 (1933): 38.
Whittlesey, Charles. »The Ancient Miners of Lake Superior«, *Annals of Science*, no. 1 (August 1852).
Winchell, N. H. »Ancient Copper of Isle Royale«, *The Engineering and Mining Journal* (December 1881): 102.

EINS:
Atlantis im Krieg

Anderson, R. C. *Oared Fighting Ships*. New York: Percival Marshall 1962.
Blegen, C. W. *Troy and the Trojans*. New York: Praeger 1963.
Blegen, C. W. *Troy: The Excavations Conducted by the University of Cincinnati, 1932 to 1938*. 4 vols. Princeton: Princeton University Press 1958.
Brestead, James. *A History of Egypt*. New York: Scribner's 1964.
Casson, Lionel. »New Light on Ancient Rigging and Boat-building«, *American Neptune*, vol. 1, no. 14 (1964).
Casson, Lionel. *Ships and Seamanship of the Ancient World*. London: Gollancz 1971.
Coles, J. M. & A. F. Harding. *The Bronze Age in Europe*. London: Thames & Hudson 1979.

Deuel, Leo. *Memoirs of Heinrich Schliemann*. New York: Harper & Row 1977. – Dt. Ausgabe: *Heinrich Schliemann: Eine Biographie*. Hanser, München 1979.

Doria, Charles & Harris Lenowitz. *Origins: Creation Texts from the Ancient Mediterranean*. New York: Doubleday 1976.

Graves, Robert. *The Greek Myths*. New York: Brazilier, 1961. – Dt. Ausgabe: *Griechische Mythologie*. Rowohlt, Reinbek 1984.

Gurney, O. R. *The Hittites*. New York: Malcoms 1952.

Hutchinson, R. W. *Prehistoric Crete*. Baltimore: Penguin 1968.

MacKenzie, Donald A. *Crete and Pre-Hellenic Myths and Legends*. London: Senate Press 1912.

MacQueen, J. G. *The Hittites and Their Contemporaries in Asia Minor*. London: Richter 1975.

Mylonas, G. E. *Mycenae and the Mycenaean Age*. Princeton: Princeton Publishers 1966.

Ovid. *Metamorphoses*. Übers. von R. J. Littlejohn. London: Beckwith 1959. – Dt. Ausgabe: *Metamorphosen*. Reclam, Stuttgart 1994.

Page, D. *History and the Homeric Iliad*. Berkeley: University of California Press 1959.

Schliemann, Heinrich. *Ilios*. New York: Arno 1976. – Dt. Ausgabe: *Ilios, Stadt und Land der Trojaner*. F. A. Brockhaus, Leipzig 1881.

Simpson, R. H. *Mycenaean Greece*. Park Ridge: Noyes 1981.

Steinhoff, George & Kenneth Seele. *When Egypt Ruled the East*. Chicago: University of Chicago Press 1957.

Vergil. *The Aeneid*. Übers. von W. F. Jackson Knight. London: Penguin, 1956. – Dt. Ausgabe: *Aeneis*. Reclam, Stuttgart 2012.

Wilkins, Harold T. *Mysteries of Ancient South America*. Kempton: Adventures Unlimited 2000.

ZWEI:
Die Strafe des Imperiums

Bass, George Cape. *Gelidonya: A Bronze Age Shipwreck*. New York: American Philosophical Society 1967.

Brestead, James. *Ancient Records of Egypt: The Historical Documents*, vol. 4. Chicago: Oriental Institute Press 1906.

Casson, Lionel. *Ships and Seamanship of the Ancient World*. London: Gollancz 1971.

Edey, Maitland A. *The Sea Traders*. New York: Time-Life Books 1974.

Edgerton W. F. & J. Wilson. *Historical Records of Ramses III: The Text of Medinet Habu*. Chicago: University of Chicago Press 1964.

Homer. *The Iliad*. Übers. von W. Schmidt. London: Standford House 1960. – Dt. Ausgabe: *Ilias*. Reclam, Stuttgart 1986.

Homer. *The Odyssey*. Übers. von Dennis Lindzwerg. Chicago: Regnerey 1963. – Dt. Ausgabe: *Odyssee*. Reclam, Stuttgart 1986.

Lehmann, Johannes. *The Hittites: People of a Thousand Gods*. New York: Viking 1977.

Morrison, D. J. *The Empire Builders*. New York: Time-Life Books 1980.

Murname, W. F. *United with Eternity: A Concise Guide to the Monuments of Medinet Habu*. Chicago: University of Chicago Press 1980.

Page, D. *History and the Homeric Iliad*. Berkeley: University of California Press 1959.

Quintus von Smyrna, *Posthomerica*. Übers. von Westbrook Murphy. New York: Macmillan 1960. – Dt. Ausgabe: *Die Fortsetzung der Illias. Deutsch in der Versart der Urschrift*, FB & C Limited, Classic Reprint 2018.

Roebuck, Carl. *The World of Ancient Times*. New York: Scribner's 1966.

Ryan, Walter. *Bronze Age Troy*. London: MacVey 1959.

Sanders, N. K. *The Sea Peoples, Warriors of the Ancient Mediterranean*. London: Thames & Hudson 1973.

Taylour, William. *The Mycenaeans*. New York: Praeger 1958.

Thompson, George. *The Prehistoric Aegean*. New York: Lawrence & Wishart 1954.

Virgil. *The Aeneid*. Übers. von W. F. Jackson Knight. London: Penguin 1956. – Dt. Ausgabe: *Aeneis*. Reclam, Stuttgart 2012.

Wilkins, Harold T. *Mysteries of Ancient South America*. Kempton: Adventures Unlimited 2000.

Wyse, Elizabeth (Hrsg.) *Past Worlds: The Times Atlas of Archaeology*. New York: Crescent 1995.

DREI:
Die vier Katastrophen

Abbot, Patrick L. *Natural Disasters*. Boston: McGraw-Hill 2004.

Caroli, Kenneth. Persönliche Mitteilung an den Autor im Sommer 2003.

Chang, Kwang-chih. *Shang Civilization*. New York: Macmillan 1980.

Childress, David Hatcher. *Lost Cities of China, Central Asia and India*. Kempton: Adventures Unlimited 1985.

Corliss, William R. *Ancient Structures*. Glen Arm: Sourcebook Project 2001.

Drews, Robert. *The End of the Bronze Age*. Princeton: Princeton University Press 1993.

Fong, Wen (Hrsg.) *The Great Bronze Age of China*. New York: Macmillan 1980.

Godwin, David. *Godwin's Cabbalistic Encyclopedia*. St. Paul: Llewellyn 1991.

Goldsmith, Donald. *Nemesis, the Death Star and Other Theories of Mass Extinction*. New York: Walker 1985.

Hewitt, R. *From Earthquake, Fire, and Flood*. London: Scientific Book Club 1958.

Joseph, Frank. *The Destruction of Atlantis*. Rochester: Bear and Company 2002. – Dt. Ausgabe: *Der Untergang von Atlantis*. AMRA Verlag, Hanau, 2019ff.

Knight, Christopher & Robert Lomas. *Uriel's Machine*, Rockport: Fair Winds 1999. – Dt. Ausgabe: Uriels Auftrag. Scherz, Bern-München-Wien 1999.

Mifsud, Anton. *Malta: Echoes of Plato's Island*. Valleta: A. C. Aquilina 2001.

Oera Linda Book. Übers. von Howard Schnell. London: Truebner 1876. – Dt. Ausgabe: *Die Ura-Linda-Chronik*. Verlag der Manufaktur, Horn 1993.

Oppenheimer, Stephen. *Eden in the East*. New York: Orion 1999.

Palmer, Trevor & Mark E. Bailey (Hrsg.) *Natural Catastrophes During Bronze Age Civilizations: Archaeological, Geological, Astronomical, and Cultural Perspectives*. Oxford: Archaeo Press 1988.

Plato. *The Dialogues*. Übers. von William Taylor. London: University of London Press, 1902. – Dt. Ausgabe: *Platon – Dialoge*. Franklin Bibliothek, Ottobrunn 1983.

Rosi, Mauro. *Volcanoes*. Ontario: Firefly 2003.

Schoch, Robert M. *Voices of the Rocks*. New York: Harmony Books 1999.

Scrutton, Robert J. *The Other Atlantis*. London: Daniel 1977.

Wright, Karen. »Empires in the Dust: Collapse of Bronze Age Cultures in 2000 B.C.E.«, *Discover*, Vol. 12, No. 59 (March 1998).

Xu, H. Mike. *Origin of the Olmec Civilization*. Edmond: University of Central Oklahoma Press 1996.

VIER:
Atlanter kommen nach Ägypten

Aldred, Cyril. *The Egyptians*. New York: Praeger 1962.

Baines, John & Jaromir Malek. *Atlas of Ancient Egypt*. Oxford: Oxford University Press 1980.

Barrett, Clive. *The Egyptian Gods and Goddesses*. London: Aquarian Press 1992.

Bernal, Martin. *Black Athena*. New Brunswick: Rutgers University Press 1987. – Dt. Ausgabe: *Schwarze Athene*, List, München 1992.

Boylan, Patrick. *Thoth, the Hermes of Egypt*. Oxford: Oxford University Press 1922.

Brestead, James. *A History of Egypt*. New York: Scribner's 1909.

Budge, E. A. Wallis. *Ancient Egyptian Amulets and Talismans*. New York: University Books 1968.

Budge, E. A. Wallis. *The Egyptian Book of the Dead*. New York: Harcourt 1907. – Dt. Ausgabe: *Das Ägyptische Totenbuch*, Barth, Weilheim 1970.

Clark, R. T. Rundle. *Myth and Symbol in Ancient Egypt*. London: Thames and Hudson 1959.

Emery, Walter B. *Archaic Egypt: Culture and Civilization in Egypt Five Thousand Years Ago*. London: Penguin 1961.

Heyerdahl, Thor. *Early Man and the Ocean*. New York: Allen & Unwin 1978. – Dt. Ausgabe: *Wege übers Meer*. Bertelsmann, München 1980.

Imel, Martha Ann & Dorothy Myers. *Goddesses in World Mythology: A Biographical Dictionary*. London: Oxford University Press 1993.

Ions, Veronica. *Egyptian Mythology*. London: Hamlyn 1968.

Joseph, Frank. *The Destruction of Atlantis*. Rochester: Bear and

Company 2002. – Dt. Ausgabe: *Der Untergang von Atlantis.* AMRA Verlag, Hanau 2019ff.

Kronkheit, C. A. *A Dictionary of Ancient Egyptian Terms.* Chicago: University of Chicago Press 1929.

Lauton, Ian & Chris Ogilvie-Herald. *Giza: The Truth.* Montpelier: Invisible Cities 2001.

Leonard, R. Cedric. *Quest for Atlantis.* New York: Manor 1979.

Mercatante, Anthony S. *Who's Who in Egyptian Mythology.* New York: Clarkson N. Potter 1978.

Mercer, A. B. Samuel. *Horus, the Royal God of Egypt.* Cambridge: Society of Oriental Research 1960.

Petrie, W. M. Flinders. *A History of Egypt.* Vol. 3, *The IX and XX Dynasties.* London: Methuen 1896.

Plato. *The Dialogues.* Übers. von William Taylor. London: University of London Press 1902. – Dt. Ausgabe: *Platon – Dialoge.* Franklin Bibliothek, Ottobrunn 1983.

Steinhoff, George & Kenneth Seele. *When Egypt Ruled the East.* Chicago: University of Chicago Press 1957.

West, John Anthony, *The Serpent in the Sky.* New York: Harper and Row, 1979. – Dt. Ausgabe: *Die Schlange am Firmament*, Zweitausendeins, Frankfurt am Main 2000.

FÜNF:
Noah war ein Atlanter

Campbell, Joseph. *The Masks of God.* New York: Macmillan, 1961. – Dt. Ausgabe: *Die Masken Gottes.* Sphinx Verlag, Basel 1991.

Emery, Walter B. *Archaic Egypt: Culture and Civilization in Egypt Five Thousand Years Ago.* London: Penguin 1961.

Filby, F. A. *The Flood Reconsidered.* London: Pickering 1970.

Gaster, Theodore H. *Myth, Legend and Custom in the Old Testament.* New York: Harper & Row 1969.

Graves, Robert & Raphael Patai. *Hebrew Myths: The Book of Genesis.* New York: Greenwich House 1964. – Dt. Ausgabe: *Hebräische Mythologie.* Rowohlt, Reinbek 1998.

Heidel, A. *The Babylonian Genesis.* Chicago: University of Chicago Press 1938.

Hooke, S. H. *Babylonian and Assyrian Religion.* New York: Hutchinson's University Library 1953.

Imel, Martha Ann & Dorothy Myers Imel. *Goddesses in World Mythology: A Biographical Dictionary.* Oxford: Oxford University Press 1993.

Keller, Werner. *The Bible as History*. London: Hodder & Stoughton 1970. – Dt. Ausgabe: *Und die Bibel hat doch recht*. Econ, Düsseldorf 1955.

King, Leonard. *Legends of Babylon and Egypt in Relation to Hebrew Tradition*. London: Oxford University Press 1918.

Kramer, Noah. *The Sumerians*. Chicago: University of Chicago Press 1969.

MacKenzie, Donald A. *Mythology of the Babylonian People*. London: Bracken 1996.

Mallowan, M. E. L. *Early Mesopotamia and Iran*. New York: McGraw Hill 1965.

McKerrell, H. »Seafaring Merchants of Ur?«, *Antiquity 51*, No. 21 (1977).

Renfrew, Alfred M. *The Flood.* St. Louis: Concordia 1951.

Sanderson, Stuart. *Babylon*. New York: Praeger 1958.

Spence, Lewis. *Myths and Legends of Babylon and Assyria*. London: George G. Harrap 1916.

The Epic of Gilgamesh. Übers. von N. K. Sandars. Harmondsworth, Middlesex, U.K.: Penguin 1970. – Dt. Ausgabe: *Das Gilgamesch-Epos*. Reclam, Stuttgart 2009.

SECHS:
Das Wissen der Griechen

Apollonius Rhodius. *The Argonautica*. Übers. von R. C. Seaton. London: Heinemann 1955. – Dt. Ausgabe: *Die Fahrt der Argonauten*. Reclam, Stuttgart 2010.

Graves, Robert. *The Greek Myths, Vol. 2*. New York: Brazilier 1960. – Dt. Ausgabe: *Griechische Mythologie*. Rowohlt, Reinbek 1984.

Hesiod. *The Complete Hesiod*. Übers. von Westbrook Murphy. New York: Macmillan 1958. – Dt. Ausgabe: *Sämtliche Werke*. Carl Schünemann, Bremen 1984.

Imel, Martha Ann & Dorothy Myers Imel. *Goddesses in World Mythology: A Biographical Dictionary.* Oxford: Oxford University Press 1993.

Kerényi, Karl. *The Gods of the Greeks.* Übers. von Norman Cameron. New York: Grove 1960. – Dt. Ausgabe: *Die Mythologie der Griechen,* Deutscher Taschenbuch Verlag, München 1979.

Markale, Jean. *The Templar Treasure at Gisors.* Rochester: Inner Traditions 2003.

McEvedy, Colin. *The Penguin Atlas of Ancient History.* New York: Penguin 1980.

Morford, Mark P. O. & Robert J. Lenardon. *Classical Mythology.* New York: Longman 1971.

Taylor, Frank. *The World of the Greeks and Romans.* New York: Doubleday 1959.

Taylour, William. *The Mycenaeans.* New York: Praeger 1958.

Zangger, Eberhard. *The Flood from Heaven.* New York: William Morrow & Company 1992. – Dt. Ausgabe: *Atlantis. Eine Legende wird entziffert.* Droemer Knaur, München 1992.

SIEBEN:
Atlanter durchqueren die Sahara

Briggs, Cabot. *The Stone Age Races of Northwest Africa.* London: Oxford University Press 1973.

Daniel, Glyn. *The Illustrated Encyclopedia of Archaeology.* New York: Crowell 1977.

de Prorok, Byron K. *In Quest of Lost Worlds.* Kempton: Adventures Unlimited 2001.

Fitzgerald, L. J. *The Great Migration.* London: Skeffington 1933.

Hope, Murray. *Atlantis.* New York: Western Tradition Books 1970. – Dt. Ausgabe: *Atlantis. Mythos oder Wirklichkeit?* Zweitausendeins, Frankfurt am Main 1994.

Plato. *The Dialogues.* Übers. von William Taylor. London: University of London Press 1902. – Dt. Ausgabe: *Platon – Dialoge.* Franklin Bibliothek, Ottobrunn 1983.

Porch, Douglas. *The Conquest of the Sahara.* New York: Knopf 1984.

Renfrew, Colin (Hrsg.) *Past Worlds: The Times Atlas of Archaeology.* Avenel: Crescent 1995.

Spence, Lewis. *The History of Atlantis.* New York: Bell 1968.

Zimmerman, J. E. *Dictionary of Classical Mythology.* New York: Bantam 1971.

ACHT:
Die Amazonen und Atlantis

Bord, Colin & Janet Bord. *Mysterious Britain.* St. Albans, U.K.: Granada 1975.

Conrad, J. R. *The Horn and the Sword: The History of the Bull as a Symbol of Power and Fertility.* New York: Dutton 1957.

Davies, Nigel. *The Ancient Kingdoms of Mexico.* London: Penguin 1982. – Dt. Ausgabe: *Die versunkenen Königreiche Mexikos.* Econ, Düsseldorf 1983.

de Acuna, Cristovel. *Expeditions into the Valley of the Amazons.* Übers. von C. R. Markham. London: Hakluyt Society 1859.

de Prorok, Byron K. *In Quest of Lost Worlds.* Kempton: Adventures Unlimited 2001.

Diodorus Siculus. *The Geography.* Übers. von C. H. Oldfather. London: Heinemann 1968. – Dt. Ausgabe: *Diodoros Historische Bibliothek*, marix, Wiesbaden 2014.

Doria, Charles & Harris Lenowitz. *Origins: Creation Texts from the Ancient Mediterranean.* New York: Doubleday 1976.

Emery, Walter B. *Archaic Egypt.* London: Pelican 1961.

Graves, Robert. *The White Goddess.* New York: Creative Age 1948. – Dt. Ausgabe: *Die weiße Göttin.* Rowohlt, Reinbek 1988.

Herodot. *The Histories.* Übers. von Aubrey de Selincourt. Baltimore: Penguin 1954. – Dt. Ausgabe: *Historien.* Reclam, Stuttgart 2019.

Hood, Sinclair. *The Minoans, Crete in the Bronze Age.* London: Thames & Hudson 1971.

Howey, M. O. *The Horse in Myth and Magic.* London: Ashington 1972.

Imel, Martha Ann & Dorothy Myers Imel. *Goddesses in World Mythology: A Biographical Dictionary.* Oxford: Oxford University Press 1993.

Petrie, Flinders. »The Hill Figures of England«, Paper presented to the Royal Institute, London 1930.

Rothery, G. C. *The Amazons in Antiquity and Modern Times.* London: Griffiths 1910.

Spence, Lewis. *The Occult Sciences in Atlantis.* London: Rider & Company 1942.

Willets, R. F. *Cretan Cults and Festivals.* London: Routledge & Keagan Paul 1962.

NEUN:
Verloren im Hades

Abreu de Galindo, J. *The History of the Discovery and Conquest of the Canary Islands*. London: Antiquary 1894.

Älian, Claudius. *The Nature of Animals.* Übers. von A. Graubart. Lawrence: University of Kansas Press 1971. – Dt. Ausgabe: *Die tanzenden Pferde von Sybaris*. Reclam, Leipzig 1978.

Espinosa, Alonsode. *The Guanches of Tenerife*. Übers. von Sir Clements Markham. London: Longmans 1891.

Gambier, J. D. »People of the Canary Islands«, *Smithsonian Institution Report* 31, no. 4 (June 1903): 111.

Hooten, Ernest. *The Ancient Inhabitants of the Canary Islands.* Cambridge: Harvard University Press 1915.

Howey, M. O. *The Cults of the Dog*. London: Ashington 1972.

Mercer, John. *Fuerteventura of the Canary Islands*. Mechanicsburg: Stackpole 1973.

Myhill, Henry. *The Canary Islands*. London: Faber & Faber 1968.

Reid, Howard. *In Search of the Immortals*. New York: St. Martin's 1999.

Rössler, Otto. *Die Weltsäule im Glauben und Brauch der Kanarier.* Hermann Hühne Verlag, Leipzig 1941.

Wölfel, Dominik J. »Die Kanarischen Inseln, die westafrikanischen Hochkulturen und das Mittelmeer«, *Paideuma*, Bd. 4, 1950, 231-253.

Yeoward, Eileen. *The Canary Islands*. London: Stockwell 1975.

ZEHN:
Kinder von Atlantis

Arribas, A. *The Iberians*. New York: Praeger 1958.

Bloch, Raymond. *The Ancient Civilization of the Etruscans*. Geneva, Switzerland: Nagel 1969.

Bloch, Raymond. *The Etruscans*. New York: Praeger 1961. – Dt. Ausgabe: *Die Etrusker*, Heyne, München 1977.

Caroli, Kenneth. Persönliche Mitteilung an den Autor im Sommer 2003.

Hencken, Hugh. *Tarquinia and Etruscan Origins*. New York: Praeger 1967.

MacKendrick, Paul. *The Iberian Stones Speak*. New York: Funk & Wagnalls 1969.
Massa, Aldo. *The World of the Etruscans*. Geneva: Editions Minerva 1973.
Ogilvie, R. M. *Early Rome and the Estruscans*. New York: Humanities Press 1976.
Pallottino, M. *The Etruscans*. New York: Harper & Row 1978.
Pardo, A. *The World of Ancient Spain*. Geneva: Minerva 1976.
Plato. *The Dialogues*. Übers. von William Taylor. London: University of London Press 1902. – Dt. Ausgabe: *Platon – Dialoge*. Franklin Bibliothek, Ottobrunn 1983.
Savory, H. N. *Spain and Portugal*. New York: Praeger 1968.
Whishaw, Elena Maria. *Atlantis in Spain*. Kempton: Adventures Unlimited 1994.

ELF:
Atlantische Könige in Irland und Wales

Bonwick, James. *Irish Druids and the Old Irish Religions*. London: Dorset 1986.
Darah, John. *The Real Camelot*. London: Thames & Hudson 1981.
de Jubainville, Arbois. *Irish Myth*. Dublin: Haversock House 1902.
Fox, Aileen. *Southwest England*. New York: Praeger 1962.
Geoffrey of Monmouth. *The History of the Kings of Britain*. Übers. von Lewis Thorpe. London: Penguin 1969.
Howard, Robert E. »The Thing in the Crypt«, in: *The Collected Short Stories of Robert E. Howard*. New York: Anderson House 1962. – Diese chronologisch erste Conan-Geschichte schrieben Lin Carter & L. Sprague de Camp. Als »Der Kampf in der Grabkammer« ist sie enthalten im 1. Band der Conan-Saga (Gelbe Ausgabe), Heyne, München 1982.
Hoyle, Fred. *On Stonehenge*. London: Heinemann 1977.
Imel, Martha Ann & Dorothy Myers Imel. *Goddesses in World Mythology: A Biographical Dictionary*. Oxford: Oxford University Press 1993.
MacCana, Prosinas. *Celtic Mythology*. London: Hamlyn 1970.
O'Brien, Henry. *The Round Towers of Atlantis*. Kempton: Adventures Unlimited 2002.
O'Kelly, Claire. *New Grange*. Cork: Houston Printers 1973.

Palmer, Trevor & Mark E. Bailey (Hrsg.) *Natural Catastrophes During Bronze Age Civilizations: Archaeological, Geological, Astronomical, and Cultural Perspectives*. Oxford: Archaeo Press 1998.

Piggott, Stuart. *The Druids*. New York: Praeger 1968.

Powell, T. G. E. *The Celts*. New York: Praeger 1959.

Roberts, Anthony. *Atlantean Traditions in Ancient Britain*. London: Rider 1975.

Sharkey, John. *Celtic Mysteries: The Ancient Religion*. London: Thames & Hudson 1970.

Spence, Lewis. *The History and Origin of Druidism*. Yorkshire, U.K.: E. P. Publishers 1976.

Spence, Lewis. *The Problem of Atlantis*. New York: University 1965.

Tolstoy, Matthew. *The Quest for Merlin*. London: Glendower 1985.

ZWÖLF:
Als die schlimmen Tage kamen

Allardice, Pamela. *Myths, Gods and Fantasy: A Sourcebook*. New York: Avery 1991.

Blachetta, Walther. *Das Buch der deutschen Sinnzeichen*. Fritz Ehler Verlag, München1941.

Brogger, A. E. *The Viking World*. New York: Grosset & Dunlap 1959.

Colum, Padraic. *Nordic Gods and Heroes*. New York: Dover 1996.

Crossley-Holland, Kevin. *The Norse Myths*. New York: Pantheon 1980.

Davidson, Ellis H. R. *Gods and Myths of Northern Europe*. New York: Penguin 1982.

Davidson, Ellis H. R. *Pagan Scandinavia*. New York: Praeger 1963.

Davidson, Ellis H. R. *Scandinavian Mythology*. New York: Bedricks 1988.

DuChalliu, Paul B. *The Viking Age: The Early History, Manners and Customs of the Ancestors of the English-Speaking Nations*. London: Murray 1889.

Gimbutas, Marija. *The Language of the Goddess*. San Francisco: Harper 1989. – Dt. Ausgabe: *Die Sprache der Göttin*. Zweitausendeins, Frankfurt am Main 1995.

Gimbutas, Marija. *The Civilization of the Goddess: The World of Old Europe*. San Francisco: Harper 1991. – Dt. Ausgabe: *Die Zivilisation der Göttin*, Zweitausendeins, Frankfurt am Main 1996.

Gimbutas, Marija. *The Living Goddesses*. Berkeley: University of California Press 1999.

Green, Roger Lancelyn. *Myths of the Norsemen*. New York: Penguin 1984.

Grimm, Jacob. *Teutonic Mythology.* 4 vols. Übers. von Steven Stallybrass. New York: Dover 1966. – Dt. Ausgabe: *Deutsche Mythologie,* 3 Bde., Dieterich'sche Buchhandlung, Göttingen 1835.

Imel, Martha Ann & Dorothy Myers Imel. *Goddesses in World Mythology: A Biographical Dictionary.* Oxford: Oxford University Press 1993.

Jones, Gwyn. *A History of the Vikings*. New York: Oxford University Press 1984.

Kehoe, Alice B. »Vestiges of the Natural History of Archaeology«, in: *Across Before Columbus?* Edgecomb: NEARA 1998.

Leach, Maria (Hrsg.) *Funk and Wagnalls Dictionary of Folklore, Mythology and Legend*. New York: HarperCollins 1984.

Oera Linda Book. Übers. von Howard Schnell. London: Truebner, 1876. – Dt. Ausgabe: *Die Ura-Linda-Chronik*, Verlag der Manufaktur, Horn 1993.

Scrutton, Robert J. *The Other Atlantis*. London: Daniel 1977.

Spence, Lewis. *The History of Atlantis*. New York: Bell 1958.

Spengler, Oswald. *The Decline of the West*. New York: Random House 1962. – Dt. Ausgabe: *Der Untergang des Abendlandes*. C. H. Beck, München 1922/23.

Sturluson, Snorri. *The Prose Edda*. Übers. von Jean I. Young. Berkeley: University of California Press 1954. – Dt. Ausgabe: *Die Snorra-Edda*. Reclam, Leipzig 1947.

Walker, Barbara G. *The Woman's Encyclopedia of Myths and Secrets*. San Francisco: Harper 1983. – Dt. Ausgabe: *Das geheime Wissen der Frauen*, Deutscher Taschenbuch Verlag, München 1995.

DREIZEHN:
Amerikanische Ureinwohner erinnern sich an Atlantis

Armstrong, R. A. *The Mythology of All Races*. New York: Cooper Square 1964.

Beckwith, H. W. *The Illinois and Indiana Indians*. Chicago: Fergus Printing 1884.

Blackett, W. S. *The Lost History of America*. London: Truebner 1883.

Catlin, G. *Illustrations of the Manners, Customs, and Conditions of the North American Indians*. New York: Dover, 1970.
Childress, D. H., *Lost Cities of North and Central America*. Kempton: Adventures Unlimited 1992.
Ford, J. & C. Webb. *Anthropological Papers of the American Museum of Natural History* 46, 1956.
Hennes, D. *The American Aborigines: Their Origins and Antiquity*. New York: Cooper Square 1963.
Hodge, F. W. *The Handbook of the American Indians North of Mexico*. 30 vols. Washington, D.C.: Bulletins of the Bureau of American Ethnology 1907.
Joseph, Frank. *The Destruction of Atlantis*. Rochester: Bear and Company, 2002. – Dt. Ausgabe: *Der Untergang von Atlantis*. AMRA Verlag, Hanau 2019ff.
Marriott, A. & C. K. Rachlin. *American Indian Mythology*. New York: New American Library 1968.
Peithmar, I. M. *Echoes of the Red Man*. New York: Expectation Press 1955.
Spence, Lewis. *Atlantis in America*. New York: Bell 1975.
Tyler, H. A. *Pueblo Gods and Myths*. Norman: University of Oklahoma Press 1964.
van Over, R. *Sun Songs: Creation Myths from Around the World*. New York: New American Library 1980.
Waters, Frank. *The Book of the Hopi*. New York: Viking 1963. – Dt. Ausgabe: *Das Buch der Hopi*, Droemer Knaur, München 1999.

VIERZEHN:
Gefiederte Schlangen aus versunkenen Städten

Boswick, W. *Scottish Lore*. London: Strath-Gordon 1924.
Brundage, H. *Aztec Myth and Symbol*. New York: Doubleday 1960.
Burland, C. A. *The Gods of Mexico*. London: Eyre and Spottiswoode 1970.
Burland, C. A. *The Fifth Sun: Aztec Gods, Aztec World*. Austin: University of Texas Press 1983.
Burland, C. A. & W. Forman. *Feathered Serpent and Smoking Mirror*. New York: Putnam 1975.
Coryn, J. H. (Übers.) *The Prophet*. Lima, Ohio: Antioch Press 1931.

Forman, W. *Aztec Gods and Goddesses*. London: Thames & Hudson 1968.

Frazer, J. G. *The Golden Bough*. London: Macmillan 1922. – Dt. Ausgabe: *Der goldene Zweig*, Hirschfeld, Leipzig 1928.

Hendrick, B. C. *Quetzalcoatl*. Carbondale: Southern Illinois University Press 1967.

Irwin, C. *Fair Gods and Stone Faces*. New York: St. Martin's 1963.

Nutall, Z. *The Fundamental Principles of Old and New World Civilizations*. Cambridge: Peabody Museum, Harvard University 1900.

Savoy, G. *On the Trail of the Feathered Serpent*. New York: Bobbs-Merrill 1974.

Spence, Lewis. *Atlantis in America*. New York: Bell 1975.

Spinden, H., *Mesoamerican Myth*. New York: Roundtree 1947.

van Over, R. *Sun Songs: Creation Myths from Around the World*. New York: New American Library 1980.

FÜNFZEHN:
Die erste Einwanderungswelle aus Atlantis

Borges, Jorge Luis. *Atlas of the Mountain*. New York: Praeger 1980.

Budge, E. A. Wallis. *The Egyptian Book of the Dead*. New York: Harcourt, 1907. – Dt. Ausgabe: *Das Ägyptische Totenbuch*. Barth, Weilheim 1970.

Burland, C. A. *The Gods of Mexico*. London: Eyre & Spottiswoode 1970.

Coe, Michael D. *Mexico*. New York: Praeger 1966.

Corliss, William R. *Ancient Structures*. Glen Arm: Sourcebook Project 2001.

Davies, Nigel. *The Ancient Kingdoms of Mexico*. London: Penguin 1982. – Dt. Ausgabe: *Die versunkenen Königreiche Mexikos*. Econ, Düsseldorf 1983.

de Landa, Diego. *Yucatán before and after the Conquest* (Relacion de las Cosas de Yucatán). New York: Dover 1977.

del Castillo, Bernal Diaz. *The True History of the Conquest of New Spain*. Übers. von Alfred P. Maudslay. London: Hakluyt Society 1910.

Donnelly, Ignatius. *Atlantis: The Antediluvian World*. New York: Harper 1882. – Dt. Ausgabe: *Atlantis, die vorsintflutliche Welt*. Edition Geheimes Wissen, Graz 2008.

Gallenkamp, Charles. *Maya.* London: Muller 1960.
Jairazbhoy, R. A. *Ramses III, Father of America.* London: Karnak 1992.
Jakeman, M. Wells. *The Origin and History of the Mayas.* Los Angeles: Research Publishing 1945.
Lindsay, Richard. *The Zodiac.* London: Twelve Trees Press 1969.
Morley, Sylvanus. *The Ancient Maya.* California: Stanford University Press 1946.
Sahagún, B. *Florentine Codex: General History of the Things of New Spain.* Übers. von A. J. O. Anderson und C. E. Dibble. New Mexico: Worther 1963.
Tedlock, Dennis (Übers.) *Popol Vuh.* New York: Simon and Schuster, 1985. – Dt. Ausgabe: *Popol Vuh.* Diederichs, München 1995.
Thompson, Gunnar. *American Discovery.* Seattle: Argonauts Misty Isles Press 1994.
Vaillant, George C. *Aztecs of Mexico.* New York: Doubleday 1962.
Xu, H. Mike. *Origin of the Olmec Civilization.* Edmond: University of Central Oklahoma Press 1996.

SECHZEHN:
Die zweite Welle von Überlebenden

Banincourt, Michael. *Five Letters of Cortez to the Emperor.* New York: Norton 1962.
Brundage, Henry. *Aztec Myth and Symbol.* New York: Doubleday 1960.
Campbell, Joseph. *The Masks of God.* New York: Macmillan, 1961. – Dt. Ausgabe: *Die Masken Gottes.* Sphinx Verlag, Basel 1991.
Cavendish, Richard & Brian Innes. *Man, Myth and Magic: The Illustrated Encyclopedia of Mythology, Religion, and the Unknown.* New York: M. Cavendish 1997.
Childress, David Hatcher, *Lost Cities and Ancient Civilizations of North and Central America.* Kempton: Adventures Unlimited 1992.
DeCamp, L. Sprague. *Lost Civilizations.* New York: Dover, 1970. – Dt. Ausgabe: *Versunkene Kontinente.* Heyne, München 1975.
Donnelly, Ignatius. *Atlantis: The Antediluvian World.* New York: Harper 1882. – Dt. Ausgabe: *Atlantis, die vorsintflutliche Welt.* Edition Geheimes Wissen, Graz 2008.

Duran, Fray Diego. *Book of the Gods and the Rites of the Ancient Calendar.* Übers. von Fernando Horcasitas und Doris Heyden. Norman: University of Oklahoma Press 1971.

Forman, Werner. *Aztec Gods and Goddesses.* London: Thames & Hudson 1968.

Gleadow, William. *Roots of Astrology.* London: Carmichael 1961.

Heyerdahl, Thor. *The Ra Expeditions.* New York: Doubleday 1972. – Dt. Ausgabe: *Expedition Ra – Mit dem Sonnenboot in die Vergangenheit.* Bertelsmann, Gütersloh 1971.

Hooten, Ernest. *The Ancient Inhabitants of the Canary Islands.* Cambridge: Harvard University Press 1904.

Irwin, Constance. *Fair Gods and Stone Faces.* New York: St. Martin's 1963.

Jairazbhoy, R. A. *Ramses III, Father of America.* London: Karnak 1992.

Jakeman, M. Wells. *The Origin and History of the Mayas.* Los Angeles: Research Publishing 1957.

Joseph, Frank. *The Destruction of Atlantis.* Rochester: Bear and Company 2002. – Dt. Ausgabe: *Der Untergang von Atlantis.* AMRA Verlag, Hanau, 2019ff.

McNice, Alice. *Astrology.* New York: Macmillan 1955.

Menninger, Ralph. *Numbers in Myth and Magic.* New York: Holloway House 1949.

Moreley, S. *The Ancient Maya.* Stanford: Stanford University Press 1946.

Mulhall, Marion M. *Beginnings or Glimpses of Vanished Civilizations.* New York: Longmans and Green 1911.

Nicholson, I. *Mexican and Central American Mythology.* London: Hamlyn 1967.

Nutall, Zelia. *Fundamental Principles of Old and New World Civilizations.* Cambridge: Peabody Museum, Harvard University 1900.

Oppenheimer, Stephen. *Eden in the East.* New York: Orion 1999.

Prescott, William H. *Prescott's The Conquest of Mexico.* Hrsg. von Marshall McClintock. New York: Julian Messner 1948.

Rowe, J. H. *Diffusion and Archaeology.* New York: Asherwood 1966.

Stacy-Judd, Robert B. *Atlantis, Mother of Empires.* Kempton: Adventures Unlimited 1999.

Thompson, Gunnar. *American Discovery: The Real Story.* Seattle: Argonauts Misty Isles Press 1994.

Thompson, J. Eric *The Rise and Fall of Maya Civilization.* Norman: University of Oklahoma Press 1954.

Tompkins, Peter *Secrets of the Mexican Pyramids.* New York: Harper & Row 1970.

Tozzer, Alfred M. *A Maya Grammar.* New York: Dover 1978.

von Hagen, Victor. *Ancient Sun Kingdoms of the Americas.* London: Panther 1967. – Dt. Ausgabe: *Sonnenkönigreiche.* Verlag Buch und Welt, Klagenfurt 1962.

Wicke, R. *Olmec.* Tucson: University of Arizona Press 1971.

SIEBZEHN:
Atlantische Söhne der Sonne

Bingham, Hiram. *Lost City of the Incas.* New York: Scribner's 1939.

Bushnell, G. H. S. *Peru.* New York: Praeger 1967.

Childress, David Hatcher. *Lost Cities and Ancient Mysteries of South America.* Kempton: Adventures Unlimited 1986.

de Onis, Harriet (Übers.) *The Incas of Pedro de Cieza de Leon.* Norman: University of Oklahoma Press 1959.

Engl, Lieselotte & Theo Engl. *Twilight of Ancient Peru.* New York: McGraw-Hill 1969.

Furgeson, James. *Rude Stone Monuments.* London: Rudder 1872.

Gilman, Henry. *Ancient Man in Michigan.* Chicago: Regnery 1898.

Grimal, Pierre. *Larousse World Mythology.* New York: Putnam 1958.

Heyerdahl, Thor. *The Ra Expeditions.* New York: Doubleday 1972. – Dt. Ausgabe: *Expedition Ra – Mit dem Sonnenboot in die Vergangenheit.* Bertelsmann, Gütersloh 1971.

Homet, William. *Mysteries of the Amazon.* New York: Ryder 1961.

Lanning, Edward P. *Peru before the Incas.* New Jersey: Prentice-Hall 1967.

Leicht, Hermann. *Pre-Inca Art and Culture.* New York: Orion 1960.

Metraux, Alfred. *The History of the Incas.* New York: Penteon 1969.

Moseley, Michael E. *The Incas and Their Ancestors.* London: Thames & Hudson 1994.

Osborne, Harold. *South American Mythology.* London: Hamlyn 1970.

Prescott, William H. *Prescott's The Conquest of Mexico.* Hrsg. von Marshall McClintock. New York: Julian Messner 1948.

Reader's Digest (Hrsg.) *Mysteries of the Ancient Americans*. New York: Reader's Digest 1986.
Spence, Lewis. *Atlantis in America*. New York: Bell 1975.
Wilkins, Harold T. *Ancient Mysteries of South America*. Kempton: Adventures Unlimited Press 2000.

SCHLUSSWORT:
Eine Warnung für unsere Zeit

Plato. *The Dialogues*. Übers. von William Taylor. London: University of London Press 1902. – Dt. Ausgabe: *Platon – Dialoge*. Franklin Bibliothek, Ottobrunn 1983.

Register

Q

R

S

Helfen Sie mit,
das Paradigma
zu ändern.

Marlies Pante
DAS GROSSE ERWACHEN
Heilungsbuch der Arcturianer
240 Seiten, gebunden, oranges Leseband
€ [D] 19,99 / € [A] 20,60 • ISBN 978-3-95447-468-4

Die Arcturianer sprechen über die immer stärkere Verbundenheit der Menschen, die Bedeutung des jetzigen Moments, die Energie der Neuen Erde, die Heilung unserer Seele und unseren wahren Ursprung, das Ablegen von Manipulation, das Erschaffen unseres künftigen Selbst, die wachsende Verbindung zur Quelle, die Schönheit des Erwachens und die Unmöglichkeit für jeden Menschen, *nicht* zu erwachen.

Mit Heilungsblättern »Mein Erwachen« für die energetische Arbeit an sich selbst.

Michael E. Salla
ANTARKTIS – DIE VERBOTENE WAHRHEIT
Sklavenarbeit für transnationale Konzerne und außerirdische Flüchtlingskolonie
432 Seiten, gebunden, oranges Leseband
€ [D] 26,99 / € [A] 27,80 • ISBN 978-3-95447-395-3

Trump enthüllte kürzlich die Existenz einer U.S. Space Force, Macron erklärte, eine französische Weltraumflotte sei jetzt in Planung. Tatsächlich arbeiten in der Antarktis bereits seit 1955 Unternehmen des US-Militärs und internationale Konzerne an diesem Projekt – unter Nutzung von Sklavenarbeit. Und all dies geschah von Anfang an unter Mitwirkung von Aliens.

Die wahre Geschichte der Antarktis.

Len Kasten
DIE DUNKLE FLOTTE
Das Geheime Weltraumprogramm der Reptiloiden und die Schlacht um das Sonnensystem
288 Seiten, gebunden, oranges Leseband
€ [D] 24,99 / € [A] 25,70 • ISBN 978-3-95447-418-9

Antischwerkrafttechnologie, Kontrolle des Massenbewusstseins und Teleportation sind nur einige der erstaunlichen Mittel, durch die nach dem Zweiten Weltkrieg eine Weltraumallianz entstand. Sie errichtete Raumhäfen in der Antarktis und auf dem Mars sowie eine elfstöckige Basis auf dem Mond. Sie treibt Bergbau im All und hält unzählige menschliche Sklaven – mit Unterstützung von Reptiloiden.

»Eine zutiefst beunruhigende und gleichzeitig unverzichtbare Lektüre.« – Michael E. Salla

Alle Bücher auch als eBooks. Leseproben auf www.AmraVerlag.de